江苏当代作家评传丛书

丁帆 —— 主编

张弦评传

季进 著

江苏凤凰文艺出版社

图书在版编目（CIP）数据

张弦评传 / 季进著. —南京：江苏凤凰文艺出版社，2019.11
（江苏当代作家评传丛书）
ISBN 978-7-5594-3821-8

Ⅰ.①张… Ⅱ.①季… Ⅲ.①张弦—评传 Ⅳ.①K825.6

中国版本图书馆CIP数据核字(2019)第114983号

张弦评传

季　进　著

出 版 人	张在健
总 策 划	韩松林
特约编审	张王飞
责任编辑	查品才
装帧设计	刘　俊
责任印制	刘　巍
出版发行	江苏凤凰文艺出版社
	南京市中央路165号，邮编：210009
网　　址	http://www.jswenyi.com
印　　刷	苏州越洋印刷有限公司
开　　本	718 mm×1000 mm　1/16
印　　张	17
字　　数	210千字
版　　次	2019年11月第1版　2019年11月第1次印刷
书　　号	ISBN 978-7-5594-3821-8
定　　价	68.00元

江苏凤凰文艺版图书凡印刷、装订错误可随时向承印厂调换

"江苏当代作家研究中心"研究丛书
编委会

主　任　王燕文
副主任　徐　宁　范小青　韩松林
委　员　丁　帆　王　尧　王彬彬　朱晓进
　　　　　李敬泽　吴　俊　吴义勤　汪　政
　　　　　张王飞　张红军　施战军　贾梦玮
　　　　　阎晶明

目录

- 1 第一章 坎坷的人生之路
- 26 第二章 在青春激情中起步
- 48 第三章 受难与复出
- 70 第四章 风靡一时的小说创作
- 103 第五章 走向成熟的小说创作
- 144 第六章 双线分合的精神探索
- 187 第七章 "坠入电网"的灵魂书写（上）
- 224 第八章 "坠入电网"的灵魂书写（下）
- 253 张弦文学创作年表
- 263 后记

第一章 坎坷的人生之路

20世纪30年代的上海,已经发展成为一个繁华的国际大都市,也是当时中国最大的通商口岸,一个充满着现代性魅力,同时又保留着东方情调的远东都市,被称为"东方巴黎"和"冒险家的乐园"。1934年6月22日(农历五月十一日),张弦就出生于上海福煦路,原来名叫张新华,"张弦"是后来写作时所取的笔名,如今原名早已被人们淡忘。

张家的祖籍其实是杭州,并非土生土长的上海人。张弦从小就知道"上有天堂,下有苏杭"的说法,后来填写履历表时,总是自豪地写上"浙江杭州人"。他的父亲张祖荫,是前清道台府的一个幕僚的儿子,一生都在黑暗的官场中讨生活,目睹了太多的残酷的官场争斗,所以临死前千叮万嘱不准儿子再当官。于是,张弦父亲很早就进了洋学堂,学习西方知识,主攻化学,学成之后,怀抱着"实业救国"理想,开过工厂,办过铁路,可惜都没成功,破了产,"实业救国"的梦也彻底破灭,20世纪30年代初,张弦父亲到上海中国银行当会计主任,过起了老百姓的小日子。他父亲的前妻生下两男一女后就去世了,他父亲在五十三岁的时候续弦,娶了浙江南浔的一个小蚕丝厂厂主的女儿。她母亲自幼丧父,从小就在开丝厂的伯父家长大,也上过洋学堂,接受过新式教育。由她伯父作主,嫁给了比她大三十岁、有三个子女的张弦父亲续弦,但他母亲对此似乎颇为满足,从无怨言,对他父亲一直以"少爷"相称,从来不叫名字,这让年幼的张弦十分纳闷。父母亲结婚的第二年,张弦呱呱坠地。张弦自述,他的记忆中不记得有过什么幸福的童年,也许三岁以前的孩提时代,有过一段优裕而欢乐的日子,但随着抗日战争的爆发,全家人四处流浪,居无定所,从此就在兵荒马乱中度过了自己的童年。

1937年11月12日,日军侵占上海,上海沦陷。除了城市中心公共租界的中区、西区和法租界日军尚未进入之外,上海四周都已为沦陷区所包括,形成了所谓的"孤岛"。当时日本同欧美各国尚未交战,上海租界里依旧是灯红酒绿,太平盛世。1941年12月8日,日军偷袭珍珠港,太平洋战争爆发。日本正式向英美宣战,进驻上海租界苏州河以南区域,把这些租界内的西方公民圈入集中营,至此上海全部沦陷,"孤岛"时期宣告结束。全面沦陷后的上海市民,也陷入了无比恐慌的状态,物价飞涨,生活无着,战争威胁,许多市民开始纷纷逃离。也就在这个时候,张弦父母带着全家老小,走上了逃难之路。两个哥哥在途中奔向大后方参加抗战去了,后来都成了国民党机关的职员。父母带着姐姐和张弦经过南京跑到了安徽的芜湖,后来生活还是无着,不得不又经南京,重新回到沦陷后的上海。在上海,全家人的日子也不好过,原来的银行已搬迁,父亲找不到工作,全靠原来的一点家底硬撑着,撑了没有多久,实在撑不下去了,全家只得又再次迁回南京。这个时候,张弦已经七岁了,已在上海读了两年小学。汪精卫伪政府成立后,南京形势略有平定,父亲终于在汪伪政府的"财政部"谋到了一个会计的职位,收入微薄,只能维持全家的最低生活,勉强度日。在张弦的童年记忆中,他父亲总是一张阴郁的脸,唉声叹气,牢骚不断,肺病也越来越严重，到南京的第二年，就不幸去世了，那年张弦才九岁。张弦的外公早逝，外婆在他父亲去世前，也来到南京与全家生活在一起。父亲去世的第二年，外婆也去世了。从此，南京成了张弦不是故乡的故乡，给他后来的生活与创作都留下了深刻的影响。"我在她怀抱里成长。离开了她而终又未能远去。她给过我可怕的噩梦，也给了我理想的晨曦，初春的芳馨。别时，她使我魂牵梦绕；相见，我又不能不寄以深切的期望。"这是最好的城市，也是最坏的城市，美好与恐怖的记忆并存，两极化的生活体验都曾有过。"相处如同陌生，阔别却又觉得亲。"①

七岁左右的张弦

一个曾经的大家庭，经此变故，完全陷入了困顿。父亲病故，两个哥哥早已离家去了大后方，母亲独自撑起了这个家庭。母亲学会了打字，当了打字员，又给姐姐谋了个雇员的职业，以两人微薄的工资养活外婆和张弦，生活十分清苦。有一年夏天，家里来了客人，母亲买了个西瓜招待客人。这大概是张弦童年时第一次吃西

---

① 张弦：《最初的启示和召唤》，《南京日报》增刊《周末》1982年5月22日。

瓜，吃相不雅，一粒瓜子吞落下肚，就惊慌地哭叫起来，弄得母亲很难堪。客人走后，挨了母亲狠狠的一顿打。与母亲、姐姐以及外婆一起生活，让张弦从小就感受到来自女性的宠爱，而她们的哀伤和愁苦，也对他幼小的心灵产生了很深的影响。特别是母亲，比他父亲小三十岁，三十三岁时就守了寡，母亲的痛苦张弦也许小时候不理解，但成年之后，他会常常回忆起来，深为同情。这些潜在的意识和感性认知，也许成了张弦特别关心妇女命运的主要原因。

张弦的童年与少年时代，一直处在一种国难家仇的艰辛环境之中。南京没有给他以温柔的歌声，相反，回响在耳边的是日本宪兵队的可怕足音，还有父亲病重时的痛苦呻吟和母亲无望的痛苦哭泣之声。当然期间也不乏美国军用吉普刺耳的喇叭声，新街口倒卖银元牟取利益的钱币贩子手中叮叮作响的声音，以及国大代表竞选的政治闹剧中念诵候选人名单诸如"孙科、李宗仁……"的唱票广播。此外，尚有"反饥饿、反内战"学生游行的口号，然而它的回音却是雨花台下的枪声。[①] 在种种烦嚣混杂的时代声响的交织之下，少年张弦敏感的心绪饱受影响与折磨："深深的苦闷和悲怆，过早地压抑着我的少年的心。"这种刺激迫使了少年张弦努力寻求一些可堪寄托的爱好，或至少是能够将他的注意力暂时从不堪的世相中稍微转移到别处的事物。这时他发现读书和写作或许能借以遣怀。文学于是成了"最初的启示和召唤"，似乎也隐然暗示了在以后的人生岁月中，张弦看待和描述世界的方式并非直接的回应，而总是略有缓冲曲折，以更为柔软的形式而出之。大概是早年所经历的忧患与困苦，使得他养成了某种与人世纷繁保持一定距离，悄悄躲在一隅，进行个人观察的习惯。这样的习惯不无逃避的意味，却

---

① 这一部分有关张弦早年在南京读书和写作的回忆，参考了张弦《最初的启示和召唤》一文。解放军文艺出版社1999年7月版。第362页。（原载1982年5月22日《南京日报》增刊《周末》）

也提供了某种冷眼静观的可能。在张弦的观察与记录之中亦不乏饱满充沛的浪漫诗情，这也就将往昔的苦难有所冲淡，且不无苦中作乐的积极意味。对过去的翻新、检视和重识，也表现了一个人超越现实、克服艰困的不凡能力。当终有笑对苦难的那一日到来的时候，从前的忧伤都不算什么了，因它们都是可以被涤净、冲刷并带走的。

正如大仲马名作《三个火枪手》的结尾处，达达尼昂所得到的赠言："你还年轻，还有足够的时间将痛苦的记忆变成甜美的回忆。"回忆的净化和升华作用，能多少化渡过往的不悦遭际，并让它们在被再度建构的过程中重新得到打量，并且妥善地被安置。适当地梳理过去是对现在的负责与交代，也是为了更好地面对未来。一旦对过去的看法改变了，人就能更加正视未来，也会随之对自己的人生态度和处世方法做出相应的调整和变动。

张弦曾谈及自己早年所受的教育和阅读，从小学起，他就养成了在书摊上租书来读的习惯。兴许是书非借不能读也，他面对书本，胃口大开，不择精粗，像老饕一样饱读遍寻可以获取的书籍。张弦家附近有块空地，一年到头，总有一个评书艺人在那里摆摊卖艺。张弦每天放了学，经过那里，总禁不住驻足，似懂非懂地在那里听上两段评书，什么"秦琼卖马""林冲夜奔""三气周瑜"等等，都让他百听不厌，如痴如醉。听了这些，又引起读书的兴趣，想方设法，四处搜罗各种小说来读。他读到的第一本书是《说岳全传》，后来还弄到了一套《七侠五义》，读完以后还异想天开地想自己写书。正好有个志同道合的同学，每天同路上学放学，你一言我一语地编故事，张弦负责回家把它写下来。同学姓陈，就设计了个主角叫"出洞虎陈忠"，另一个主角当然是姓张了，叫"托天手张义"。可惜这部"书"只写了三回，陈忠、张义结拜为兄弟之后，就怎么也想不出下文来了，只得作罢。

1945年7月，张弦小学毕业。转眼8月15日，日本天皇向全日本广播，接受《波茨坦公告》，无条件投降，结束战争。从1931年"九一八事变"，历经十四年的艰苦卓绝的抗战终于宣告结束，举国欢腾。抗战胜利后，国民党政府即着手准备还都南京，成立了国民政府还都大典筹备委员会。1946年5月1日，国民政府正式发布还都令，宣布5月5日"凯旋南京"。蒋介石乘"美龄号"专机离开重庆，途经西安、汉口，于5月3日抵达南京。南京城里处处张灯结彩，旌旗招展，一派节日景象。5月5日，在长江路国民大会堂举行了首都各界庆祝国民政府还都典礼，南京从此又进入了一个新阶段。

少年张弦，此时已进入南京市第二临时中学（后改名南京市立五中）读书，对外面热闹的"改朝换代"的大事，并没有什么感觉，倒是在学校附近的一些书店里，找到了一片新天地。那时学校附近有许多出租小说的书店，租价很低，张弦成了那里最热心的顾客之一。不管什么书抓到便读，剑侠、神怪、言情乃至色情的，都囫囵吞枣，两三天一本地吞下去，根本无暇、也不知道选择。但读得多了，也渐渐感到那些书都是老一套，没多大意思，这才开始接触真正的文学作品，开始读茅盾、巴金、老舍这些新文学作家的作品，还有张恨水、还珠楼主等通俗作家的作品，眼界大开，十分振奋。他发现，原来现实社会是这样的，原来周围的人是这样生活着、追求着、奋斗着的！张弦仿佛一夜之间，被文学所启蒙，从书本中抬起头来，懂事了不少，对自己的未来似乎也有了朦胧的期待。

1948年7月，张弦从南京市立一中初中毕业，转到了南京市第一补习高级中学。他热爱文学，热爱写作，成了学校墙报的主要作者。高中一年级的时候，有个高三的同学看了他的墙报稿之后来找他，不仅好好表扬了他的墙报稿，甚至还建议他给报纸投稿。这位同学还拿出他发表在报上的文章给张弦看,这让张弦颇受鼓舞,就尝试着写起了杂文。年少的嗜读者张弦所要面临的还是周遭席卷而来的时代洪流。外面是乱哄哄的世道和严酷的现实生活,报上的头条新闻总是什么《中央银行今起抛售黄金》《大米一夜间又涨三成》等等,从早到晚,形形色色的人们,熙熙攘攘,或为生存,或为发迹,拥挤于人世。这一幕幕色彩鲜明也不无奇幻的真实生活图景,对当年的张弦的心理冲击和情感震荡都是巨大的,第一次将"生活究竟是什么,生活的意义又在何处"这样严酷的人生命题直接推送到了这位少年的面前。虽然他一时还无力,更加无能解答这一重大问题,然而如饥似渴的阅读,似乎提供给了他某些可供汲取的养分,甚至鼓舞人心的力量,使他不至于茫然孤立于人世间而一无所恃。书中精彩的故事和人物亦可携带他暂且逃离不堪直视的生活现场,奔赴另一个能游之忘忧的文学世界。从阅读起始的奇妙旅程,也唤起了张弦对于写作的尝试和兴趣。文学少年不但是热心的读者,也是勇敢的探索和实践者。张弦于是就地取材,将跟前人们乱世求生的各种情态当作书写题材,很快写就了一篇讽刺杂文《挤》,投寄于《救国日报》,竟然发表了。他心里当然暗自得意,但也不敢告诉家里,母亲、姐姐一向反对舞文弄墨,总是担心文字会惹来是非。他只能跟几位要好的同学偷偷分享自己的喜悦。

早在1947年元旦,国民政府就颁布宪法,4月,国民政府依据政协决议案改组政府,容纳制宪各党进入政府,结束一党专政。1948年3月29日,古都金陵寒意未消,原本冷清的国府路(今长江路)上张灯结彩、好不热闹。"行宪国大"在一片吵闹声中在国民大会堂匆匆开幕了。国民政府宣布将政权移交给民选国民大会,国民大会依照宪法与选举法选举产生中华民国总统与副总统,并在5月20日由总统召集五院集会。至此中华民国正式进入宪政时期。然而,这并未能改变国民党在军事战场上的败象。1948年,中国人民解放军发动辽沈、淮海、平津三大战役，历时百余天，消灭了国民党的主要军事力量，彻底改变了国共双方的军事力量对比，国民党军队防线逐渐由华北退至华中，甚至华南。中国人民解放军也挥师南下，南京国民政府陷入空前的动荡之中。

张弦的二哥张新时，当时是江西上饶市的粮食局的科长，冬天时就把母亲和张弦接到了上饶，以逃避乱局。哥哥收入低微，供他上学有困难，只有设法通过亲戚关系，把张弦送到附近的玉山县扶轮（铁路员工子弟）中学住读，那里是免收学费的。这个学校虽说设在玉山这样的小县城里，但是同学都来自浙赣线上的各城市，思想十分活跃，革命空气很浓。学生们还组织了一个进步的文艺社团"青青社"，悄悄传唱着从解放区传来的歌，什么《南泥湾》《大生产》，什么《解放区的天是明朗的天》……昂扬明丽的旋律与国统区的靡靡之音迥然不同，大家兴奋而深感刺激。张弦入学不久也就加入了他们的活动，唱歌、跳舞、排戏、联欢、闹学潮，每天的日子都那么紧张而充实。对于长期生活在政治重压的南京城和单调寂寞的家庭里的张弦来说，那一个学期的日子确实无比丰富，令人难忘。就在这样的气氛中，张弦和同学们迎来了玉山县城的解放。解放军一进玉山县城，整个学校沸腾了，第二天很多年龄大些的同学就参了军，"青青社"的骨干都成了文工团员。当时张弦才刚满十五岁，个子又瘦又小，空有一份热情，只有羡慕的份儿。

转眼到了1949年春天，人民解放军大举南下，第二、三野战军和第四野战军一部，准备在长江中下游强渡长江，对国民党军汤恩伯、白崇禧两集团军进行战略性进攻。1949年4月20日，国民党政府最后拒绝在《国内和平协定》上签字，21日，毛泽东和朱德发布了《向全国进军的命令》，号召打过长江去，解放全中国。1949年4月20日晚和21日，人民解放军第二、三野战军遵照中央军委的命令和总前委的《京沪杭战役实施纲要》，先后发起渡江，在西起湖口、东至靖江的千里战线上强渡长江，迅速突破国民党军的江防，摧毁了国民党军的长江防线。4月23日，第三野战军一部解放了南京，南京政府垮台。接着，各路大军向南挺进，先后解放了杭州、南昌、上海、武汉等城市，渡江战役胜利结束，为人民解放军继续南进，解放南方各省创造了有利条件。就在解放军准备渡江前夕，根据上峰指令，上饶市的一些政府工作人员纷纷调动，张弦的二哥受命调往武汉，当然不宜再带着母亲，南京的姐姐、姐夫也没有工作，所以母亲只得又回到了上海，寄居在一个亲戚家。张弦等学期结束，放了暑假，也到了上海与母亲会合。

上海刚解放，一切都处于新旧交替状态。街头常常可见庆祝上海解放的秧歌、腰鼓大游行，电车上悬挂着毛泽东和朱德照片，处处回荡着"解放区的天是明朗的天"的旋律，人们无比兴奋地迎接着新中国的到来。上海成立了市军事管制委员会和上海市人民政府，陈毅出任上海市市长，街上到处是迎接解放的标语，还有政府的各式公告，报上也不断登出各种消息，比如收缴了敌伪高官房产啦，清除了敌人埋设的爆炸物啦，反击各种谣言，维护金融稳定啦，等等。张弦一时也无法继续上学，就到处找工作，终于找到了一家私营的化工原料商行当学徒。这家商行其实是掮客性质的，自己没有资本，在原料厂与纺织、印染厂之间做转手买卖。"写字间"设在哈同大楼的一间小屋里。一个经理，三个学徒，两部电话。张弦的工作是跑银行送支票、押送货物，兼做杂事。工资很微薄，只够自己零用，但管三餐饭。他在那里干了七个月，随着上海工商业管理渐入正轨，这种小商行也不得不停业了。这时，南京的姐姐、姐夫也找到了工作，把母亲接回了南京。1950年三四月间，经过一年多求学和谋生的漫游，张弦也就跟着一起又回到了阳光灿烂的南京城。

张弦凭着自己的聪明，自己在家复习功课，还自学了高二的课程，很顺利地考取了南京市五中高三年级的插班生。在这里，张弦遇到了一位非常优秀的启蒙老师、班主任蒙圣瑞老师。他教语文，给学生们讲的第一课就是何其芳的《我为少男少女们歌唱》："呵，歌唱，歌唱！歌唱早晨，歌唱太阳！歌唱时代的初春，初春的时代！"这唤起了少男少女的美好期望，高中岁月也成为张弦记忆中的美好一页，甚至成为他后来生活道路上的一个启示、一声召唤。蒙圣瑞老师曾在解放区当过记者，学识广博，思想水平高，教学生动活泼，善于启发同学思考。在他的指导下，张弦和几个爱好文学的同学办起了"五中文艺"墙报来。张弦任副总编辑，分管编辑工作。蒙老师亲自给大家开会，指导审稿、修改、排版和抄写。第一期墙报竟然在南京市大中学校墙报比赛中获得了第一名。消息传来，小小的编辑部欢呼雀跃，大家拥抱、握手，可惜大家身无分文，只有用白开水干杯，以示庆贺。南京市文联的刊物《文艺》上还选登了张弦在墙报上发表的一篇评论和一首快板，评论其实是在蒙老师指导下，借用了蒙老师的一些思想；另一篇快板，题目是《美帝美帝你走了板》，完全是学习和模仿《李有才板话》的习作。《文艺》杂志还给了一本书和两叠稿纸作为奖励。这给了张弦莫大的鼓励，想当作家的念头不禁油然而生，也许自己可以以文为生，用自己手上的笔，来记录新中国，讴歌新时代。

  不过，在考虑高考志愿时，张弦左思右想，百般踌躇，最后还是报考了工科大学。因为张弦从苏联的很多工程师写的作品中感到，做个工程技术人员，直接投身于经济建设，是祖国最需要的；而且如果能有深切的感受，写出作品来，同样可以成为作家，写不出作品，就老老实实做个工程师，也很好。1951年7月，张弦从南京市五中高中毕业，考上了北京华北大学工学院冶金专修科。暑假后来到了北京上学，校址就在东皇城根亮果厂。1951年9月，张弦入学时学校名称是华北大学工学院，到了寒假，就改成了北京工学院，即北京工业学院的前身。1952年，全国高校院系调整，钢铁机械专修科并入清华大学的钢铁学院。1953年，张弦他们毕业时，钢铁学院才正式成立，因此，说起来，张弦既是清华大学的，又是钢铁学院的学生，当然，严格来说是后者。大学两年是张弦最难忘的日子，除了上课，就是大量阅读各类文学作品，这两年是他读书读得最多、最广的时期。"我通读了《鲁迅全集》和大量茅盾、巴金、曹禺的著作，以及中外古典名著。我最倾心的是托尔斯泰、巴尔扎克、屠格涅夫和杰克·伦敦，苏联反映卫国战争和战后建设的作品也使我热血沸腾。"[①] 1952年7月，他还加入了新民主主义青年团。这些都对他的成长与发展起了决定性的作用。

1953年夏天，张弦终于大学毕业了。毕业前，大家都豪情满怀地希望"到祖国最需要的地方去"，心中充满了参与祖国建设的宏大理想。张弦和十几位同班同学幸运地分配到了举国瞩目的鞍钢，那正是第一个五年计划的开始，作为三大重点工程的建设者，他们内心无比的自豪，全身心地投入到了新的工作之中。他们任务紧张，责任重大，把全副精力用来学习、工作尚且不够，哪有时间看小说、练写作呢？搞创作，做作家的念头，这个时候只有抛在一边了。

1955年时的张弦

幸运的是，张弦无意之中又与文学相遇了。当时的鞍钢其实集聚了一批颇有影响力的作家，比如写过《原动力》《火车头》等作

[①] 张弦：《张弦自传》，《作家》1984年第5期。

11

品的草明就是第一炼钢厂党委副书记,写过《南行记》《丰饶的原野》等作品的艾芜几乎同时也来到了鞍钢工作,此外还有工人作家李云德是鞍钢的测量技术员、写《钢铁工人》的陈淼是第二炼钢厂党委副书记、写过《赵一曼》的编剧于敏也在1956年落户鞍钢。只不过张弦平时技术工作很忙,暂时无暇顾及文学,也不知道鞍钢竟然集中了一批作家,只听过于敏的一次报告。但是,创作来源于生活,沸腾的生活不断地冲击着他,让他激动不已,无法安宁。他觉得如果不把自己的感受写出来,简直是一种失责,一种对新生活的建设者们的负债。于是,从1955年秋天起,张弦每天下班后就回到办公室,挪开图板上的图纸,开始偷偷地写作,写出了第一个电影剧本《大学毕业生》。写完初稿,却不知往哪儿寄。这时他想起了钟惦棐这个名字,他曾读过他不少见解深刻的电影评论,就冒昧地把稿子寄给了他。不久,他收到一封信,牛皮纸信封上印有"中国共产党中央宣传部"的红字,吓了一跳,原来正是钟惦棐的回信。钟惦棐说,读了剧本,感到"清新、流畅","经过修改是可以成立的"。还说,如果方便时来北京面谈更好。要知道,钟惦棐早年参加革命,长期从事革命文艺工作,1950开始写电影评论,发表了《〈无罪的人〉为什么不是消极影片》《评〈祝福〉》等评论文章,是当时已经比较有影响的评论家。能够得到权威人士的肯定,让张弦特别开心,信心大增。

正好1956年春天,张弦被调往北京黑色冶金设计院工作,到了北京后,张弦就迫不及待地去拜访钟惦棐,从此之后,开始了相当密切的交往,经常登门请教。他后来回忆说:"钟惦棐同志思想深邃,学识渊博,待人热情、真诚,给我留下很深的印象。此后我就经常登门受教。他谈我的剧本,谈电影文学的特性,更多的是谈思想、谈生活、谈历史、谈社会。听他谈话,是一种享受。每次离开他的家门,我都觉得自己聪明了许多,充实了许多。我为找到了

1956年张弦在北京黑色冶金设计院

一位良师而深感庆幸。"① 在钟惦棐的帮助下，张弦把《大学毕业生》这个剧本修改了两次，钟惦棐建议改名为《锦绣年华》，还写了一篇题为《写青年人的和青年人写的》的评论，一并投给了刚刚创刊的《中国电影》杂志，编辑部很快就决定刊发于第二期（1956年11月号）。这对于张弦来说，简直是意外的惊喜和巨大的鼓舞，显然，如果没有钟惦棐的帮助，他在文学创作的道路上，还不知道要摸索多久。就在剧本付排前，钟惦棐问他要不要用什么笔名。张弦原名张新华，所以希望保留张姓，另取个单名，于是钟惦棐就说："你从南京来，南京有个玄武湖。就用"玄"字，再加个"弓"旁。这样含义也深些。怎么样？"从此，张弦就成了他的笔名，以至于原名已被人淡忘。后来，在"文化大革命"中，张弦还因为这个笔名，被斗了三天，说什么"张弦就是张开弓弦，张开了弦要干什么？当然是射箭！箭射向谁？当然是射向党、射向社会主义！"这实在让张弦哭笑不得。

---

① 张弦：《张弦自传》，《作家》1984年第5期。

就在修改剧本《锦绣年华》期间，张弦又一鼓作气写了一篇小说《上海姑娘》，投给了《人民文学》，编辑改了名字叫《甲方代表》，也很快发表于《人民文学》1956年11月号。"我也没有想到这就成了我小说创作道路上的第一步。我当时在北京的一个设计院里担负着繁重的设计工作。根本没有想到要专搞写作这一行。我只是想，有点感受，自己觉得非写不可时，就写。没有感受，就作罢。一大堆图纸在我的制图板上等着我呢。"① 这篇小说不仅顺利发表了，而且还引起了北京电影制片厂汪洋厂长和成荫导演的兴趣，邀请他尽快改编成剧本。1957年初，剧本很快通过审查并投入拍摄。不过它有点生不逢时，拍摄期间"反右"斗争开始了，电影经过了导演的修改，加上了一位党委书记，但仍然被认定有"有严重错误"，1959年初，电影公映，却遭到了批判。那时张弦已经在工厂"监督劳动"，偷偷地买了了票，到电影院看了一场，散场时真是百感交集，心中说不清是什么滋味。也就在《甲方代表》发表后不久，张弦有幸获得《文艺报》的邀请，参加了一次短篇小说座

写作《上海姑娘》时期的张弦（前排右二）

---

① 张弦：《谈我的第一篇小说》，《青春》1982年第10期。

谈会，座谈会由《文艺报》副主编侯金镜主持。在这次会上，张弦有幸认识了林斤澜、王蒙、邓友梅、刘绍棠、王愿坚等著名作家，他们大都与他年龄相仿，但早已成绩斐然。能够跻身其间，一起交流短篇小说创作的经验，这让张弦既兴奋，又惭愧。这次会议上，张弦给王蒙留下了不错的印象："他给我的印象是一个大学生，温文尔雅，俊秀整洁。"① 从此张弦与王蒙结下了长达几十年的深厚感情。

虽然接连发表了几篇短篇小说，还有电影剧本，在文坛崭露头角，但张弦还是感到自己的作品比较肤浅、单薄，自己很不满意。他很想写出能触及社会生活本质，挖掘得也比较深的作品来，他将自己的感想、思考和困惑，一股脑地倾诉给钟惦棐，钟惦棐细细地帮他分析生活、分析作品，鼓励他要不断地创作，这给了张弦很多的启发和极大的信心。1957年春，他创作了中篇小说《青春锈》，写完时正值新民主主义青年团改名为共青团，于是他充满激情地在稿子末尾署上了"初稿于1957.5.14——共青团诞生前夕"。万万没料到，他给自己埋下了一个祸根。

1982年张弦与恩师钟惦棐合影

---

① 王蒙：《善良者的命运——谈张弦的小说创作》，《文学评论》1982年第5期。

不久，全国性的"反右"运动轰轰烈烈地开展起来。1957年9月，《人民日报》突然披露了"电影界大右派"钟惦棐的"罪行"。钟惦棐1956年发表的《电影的锣鼓》，曾经引起广泛争论，现在就因为这篇文章的论点而被划为"右派"。年轻的张弦大惊失色，不知所措。接着，文化部"整风领导小组"找他谈话，要他揭发钟惦棐，并指定他在批判大会上公开发言。二十三岁的张弦从未经历过政治风浪，陷入了极大的矛盾和痛苦之中。在他的面前，一边是党，一边是钟惦棐；党当然是正确的，可是钟惦棐又错在哪里呢？钟惦棐是他的恩人、他的导师，他怎么能揭发他，又能揭发他什么呢？张弦第一次懂得了什么叫痛苦的煎熬。最终，他还是按照"领导小组"的意见写了批判稿，在批判钟惦棐的大会上念了，虽然口是心非，但毕竟是念了批判稿，这成为压在他心上的一块巨石，备受道德和良心的谴责。二十一年后，张弦又与钟惦棐重逢，钟惦棐一如既往的热情坦荡，谈笑风生，绝口不提这段往事，张弦也没有机会开口向他真诚道歉。"也许他完全忘了，我也至今没有对他说过一句道歉的话。说什么呢？即便说上千万句，又能消除我心中长久而深重的负疚之情么？"①

单纯、幼稚的张弦被那种高压的政治氛围完全笼罩了，在"反右"高潮过去之后的"向党交心"运动中，他竟然主动走向党支部办公室，交出了《青春锈》的手稿，真诚地说："一篇小说，我写的。没有寄出去。……'反右'斗争开始以来，我渐渐发现这篇小说反映了我的许多错误观点，我请求组织上审阅一下，批评我，帮助我提高认识。"回答他的，是支部书记亲切、赞许的笑容，但他万万没有想到，就在这一刻，他亲手制造了自己的灾难。"几个月以后，突然宣布他停职检查。刹那间，满墙的大字报揭发'披着业余

---

① 张弦：《张弦自传》，《作家》1984年第5期。

青年作家外衣的右派分子'。小说手稿已被打印成册,冠以'反党大毒草'的标题,正分发给同志们批判。……这个二十三岁未经世事的不幸小伙子,面对光明正大的'阳谋',只觉得眼前发黑,耳边嗡嗡作响,差一点儿晕过去。"① 当然,跟当时许多相同处境的人一样,张弦毫不怀疑党的正确和伟大,只有一遍又一遍地检讨自己:"对自己彻底地怀疑,坚决地否定;接过别人的鞭子痛打自己的要害;撬开灵魂的缝隙灌进污水,再抽出污水在显微镜下化验;勇猛地把自己推向敌人,再在敌人的地位举手就擒;……而这样做,恰恰完全出自理智的、虔诚的、甘心情愿的、心灵深处的忏悔!"②

1959年张弦离开北京下放前夕

1959年春,张弦跟随干部劳动锻炼的队伍来到了湖南岳阳的荣家湾公社,监督劳动。这是他第一次真正走进农村,亲身体验农村生活。张弦拼命干活,脏活累活抢着干,很快就由一个"四体不勤,五谷不分"的书生,变成了一个会车水、会插秧,能挑一百四五十斤担子走远路的壮劳力。"从此,青春的欢乐和欢乐的青春飘逝而去,额头上过早刻下的皱纹,记载着我的困惑、苦恼和沉思。不过,后来我得以重新拿起了笔,倒发现这些都成了自己的财富和力量。"③ 一年以后,张弦回到北京,

---

① 张弦:《小说以外的苦恼——写在〈苦恼的青春〉前面》,《钟山》1980年第2期。
② 张弦:《小说以外的苦恼——写在〈苦恼的青春〉前面》,《钟山》1980年第2期。
③ 张弦:《〈挣不断的红丝线〉后记》,《挣不断的红丝线》,人民文学出版社,1983年。

到安定门外北京黑色冶金设计总院附设的农场工作，当上了赶马车的车把式，学会了甩长鞭，直着嗓子指挥牲口，在马棚里度过"瓜菜代"的时期。①

1959年9月16日，中共中央、国务院发布《关于确实表现改好了的右派分子的处理问题的决定》。《决定》说：凡是已经改恶从善，并且在言论和行动上表现出确实是改好了"右派分子"，即摘掉他们的"右派"的帽子。此举对于教育"右派分子"，对于教育资产阶级分子、资产阶级知识分子和民主党派成员，将会大有作用，会使他们感到只要自己真正接受改造，就的确会有前途。《决定》还规定，摘掉帽子的"右派分子"的数目，以控制在10％左右为好。摘掉"右派分子"帽子的具体条件有这样几条：一是真正认识错误，口服心服，确实悔改；二是在言论上、行动上积极拥护党的领导和社会主义道路，拥护总路线、"大跃进"和人民公社；三是在工作和劳动中表现好，或者在工作和劳动中有一定的贡献。到12月底，全国已经摘掉"右派分子"帽子的有28165人，占"右派分子"总数的6.4％。1961年10月，张弦熬过了几年"反右"运动，也终于摘掉了"右派分子"的帽子。正好安徽马鞍山设计分院（钢铁设计院）成立，于是他主动请调，于11月份从北京来到了马鞍山市，离开了北京这个伤痛之地。

马鞍山距南京只有五十公里，即使在当年交通很不发达的时候，往来也很方便，所以张弦时常回南京家里，常常到老同学张震麟家里玩，因此认识了他的妹妹张玲。张震麟是他的中学同学，当时是南京堂子街中学的语文老师。张玲刚刚高中毕业，没有考上大学，就在工厂做工，两个人交往多了，也互有好感。张弦先是谈了

---

① 20世纪60年代以前的传记部分，主要根据《张弦自传》以及张弦本人的一些回忆自述改写而成，特此说明。

几次恋爱，可惜没一次成功的。张玲心里并不介意，对张弦仍是一往情深。随着"文化大革命"的爆发，张弦再一次遭到了批判，而张玲此时却勇敢地表达了她的爱情，成为张弦的坚强后盾。1967年，在外面混乱不堪，个人前途未卜的情况下，两人毅然走到了一起。没有举行什么豪华的婚礼，只是静静地走到了一起，风雨同舟，一起承担起了生活的重负，度过了漫长、艰难的岁月。这一年，张弦33岁，而张玲比他小8岁，才25岁。

1962年3月2日至26日，文化部和中国戏剧家协会联合在广州召开了全国戏剧创作会议。3月2日，周恩来向参加话剧、歌剧、儿童剧创作座谈会的戏剧家以及在广州参加科学工作会议的科学家作了著名的《关于知识分子的报告》，谈到了知识分子和知识界的地位的问题，如何团结知识分子的问题，知识分子的自我改造等问题，对知识分子提出了殷切的希望。3月6日，陈毅也作了长篇报告，充分肯定了新中国成立以来知识分子、戏剧工作者在党的领导下所取得的成就和做出的贡献，他呼吁要给作家选择题材的自由、创造艺术风格的自由、探讨艺术问题的自由，提出要尊重作家的劳动，尽可能给作家创造良好的创作条件，否则只会扼杀作家创作的积极性。与会的田汉、阳翰笙、老舍、曹禺、李健吾、焦菊隐、黄佐临、陈白尘、贺敬之等160多位剧作家、戏剧理论家、导演以及文化、戏剧部门的领导人，都在大会上作了报告或发言，热烈讨论了进一步促进戏剧创作百花齐放、百家争鸣和表现人民新时代等问题。这次会议如一股春风，迅速吹遍整个文艺界、戏剧界，大大调动了大家的积极性。

大概在1961年底，张弦跟老同学张震麟闲聊时，不知怎么聊到南京的名胜莫愁湖。"记得我从小在南京就听到过关于莫愁女的民间传说，那是个凄婉感人的故事。但一直未见有人把它搬上舞台，遂想与震麟同志合作，写一个剧本。"① 正是在这样的氛围下，张弦和张震麟这两个老同学，深受鼓舞，决定合作把莫愁女的故事写成越剧。张震负责收集材料，1962年夏天，张弦利用在南京家中养病的机会，开始动笔，到8月底很快就写出了初稿。与此同时，两人还合作了一篇小说《寻表的故事》（载《安徽文学》1963年6月号）和一篇评论《美丑试辨》（载《文汇报》1963年3月）。出于政治上的原因，估计用张弦一个人的名字难以发表，所以两人就商定一起署名，由张震麟投稿。"因为以前没有写过戏曲剧本，对越剧也很陌生，初稿比较初糙。江苏省戏剧界的顾尔镡、叶至诚等看过后，提出了宝贵的意见；南京市越剧团的导演杨欣，更是多次参加讨论，帮助我们进行修改。团长、著名演员竺水招也提出了很多意见。"② 1963年春节，《莫愁女》由南京市越剧团公演，一时好评如潮。马鞍山市文化局正好需要编剧，于是就把张弦调到了文化局，从此一待就是20年，一直到1983年才调回江苏。

也是在写作《莫愁女》的过程中，张弦对文学、对写作也开始有了自己的体悟。他在给张玲的信中写道："文学，正如你已经了解的，是一个极其广阔的领域。创作，是一种极为艰巨的劳动。有志于终身学习创作的人心要诚。就是说，绝不允许有各色各样的私心杂念：名、利、地位、风头、虚荣……只有这样才能终身如一日。坚定地、不骄不躁地、踏实地往前走。急躁的情绪除掉给你带来苦恼和不安之外，什么好处也没有的。"他深深地感到，生活是文艺的源泉，"文学既是生活的教科书，既有教育人民的使命，那么学写作者首先学会做人，懂得生活。这也就是说，技巧、方法，

---

① 张弦：《电影〈莫愁女〉后记》，《张弦文集》（电影卷），中国戏剧出版社，2001年。
② 张弦：《电影〈莫愁女〉后记》，《张弦文集》（电影卷），中国戏剧出版社，2001年。

总是次要的。而且思想高度是决定性的。要对生活有政治热情和阶级观点，要深刻地理解政策，正确地理解和不断地探索生活中出现的问题。"①

但是，要热情地拥抱生活、深刻地理解政策、正确地表现时代，对于年轻的张弦来说，又是谈何容易啊。当了专业编剧后，更感觉到写作之难。1964年，他写了一个戏，领导却决定以"集体创作"为名参加省现代戏调演。就在这次调演中，传达了"两个批示"的精神。1963年12月12日，毛泽东在《柯庆施同志抓曲艺工作》一文上批示："各种艺术形式——戏剧、曲艺、音乐、美术、舞蹈、电影、诗和文学等等，问题不少，人数很多，社会主义改造在许多部门中，至今收效甚微。许多部门至今还是死人统治着。不能低估电影、新诗、民歌、美术、小说的成绩，但其中问题也不少。至于戏剧等部门，问题就更大了。社会经济基础已经改变了，为这个经济基础服务的上层建筑之一的艺术部门，至今还是大问题。这需要从调查研究着手，认真地抓起来。"这就是后来被称为毛泽东对文艺界的"两个批示"中的第一个批示。1964年1月3日，刘少奇主持召开了由中共中央宣传部和文艺界有关人士30余人参加的座谈会，传达了毛泽东的批示，开始在文艺界开展整风学习。5月8日，中共中央宣传部起草了《关于全国文联和各协会整风情况的报告（草稿）》，6月27日，毛泽东批示："这些协会和他们所掌握的刊物的大多数（据说有少数几个好的），十五年来，基本上（不是一切人）不执行党的政策，做官当老爷，不去接近工农兵，不去反映社会主义的革命和建设，最近几年，竟然跌到了修正主义的边缘。如不认真改造，势必在将来的某一天，要变成像匈牙利裴多菲俱乐部那样的团体。"这就是毛泽东对文艺界的"两个批

---

① 《张弦致张玲》（1962年8月12日），未刊。

示"中的第二个批示。

久经运动考验的张弦,看到这个形势,就知道运动又来了!等着挨整吧!王蒙还写信鼓励他,目前的运动,"自然会给我们极大的教育和震动,相信你会有更多的收获的。文学、文学,这个事业确实比我们原来想的更广大和尖锐严峻得多呢。期以十年,希望我们都能在思想和写作上有长进"。[1] 可是,他们都没有想到的是,随之而来的十年"文革",给个人、给国家、给民族,所带来的伤害,都远远超过了他们的想象。张弦从此坠入了另一种人生。

很快,张弦在本单位遭到了大规模的批斗、揭发,没完没了的开会、学习、交代,成了生活的常态。《莫愁女》演了四十多场,这时不得不停演了。作为执笔者,"炮制大毒草《莫愁女》"之罪,一直到1978年末,还堂而皇之地列入"重新戴上右派帽子"的结论之中。[2] 1966年3月,他改编的《艳阳天》剧本,也不了了之。局里贴满了批判他的大字报,大字报的标题都是《张弦与邓拓穿的是一条裤子》《不许反党分子张弦到处放毒》《反党反社会主义分子张弦想砸社会主义之锅》《反党分子张弦把你的黑帮统统交代出来!》《坚决把反党分子张弦斗倒,斗臭!》《〈莫愁女〉是反党反社会主义大毒草》《揭露张弦反对毛泽东思想的罪恶事实》……他不得不无休无止地反复检讨,还被逼揭发别人,交代罪行,还有他与程庆民、张震麟、王蒙等人的社会交往与社会关系。

比如程庆民,即鄂虹,是北京大学数学系的老师,张弦与他是清华大学时的同学,大家都是文艺爱好者,所以很谈得来。毕业后往来并不密切,一直到1962年,张弦从刊物上读到了老同学的小说《丹凤朝阳》,就想把它改成电影剧本,便同他联系,这才重新

---

[1] 《王蒙致张弦》(1965年1月18日),未刊。
[2] 张弦:《电影〈莫愁女〉后记》,《张弦文集》(电影卷),中国戏剧出版社,2001年。

有机会见面。他的另一篇小说《祭红》，也很想改为电影，希望张弦帮忙，但张弦没有时间，只写了一个万把字的提纲给他，他根据张弦的提纲改写了电影剧本《祭红》，发表于《电影文学》1964年7月号。程庆民希望两个人同时署名，张弦觉得自己劳动甚少，就没同意，后来以"鄂虹"的笔名发表了。由于在改编《祭》《丹》两剧时交换意见较多，两人也成了无话不谈的朋友。程庆民直言不讳地表示，他最反对虚伪和奴性，毛主席思想是个大框，一切都要服从它。毛泽东军事思想了不起，其他都是马克思、列宁讲过了的，解放这么多年农民生活水平仍很低……。张弦也向老同学袒露心迹，过去以为解放了自己就是国家的主人，"反右"以后才知道根本不是这么回事，所谓的"辩证法"就是厉害，有时强调这一面，有时强调那一面，总是对的，苏联越向右，我们越向"左"，越是极端、绝对化，哪个有权哪个说了算，没有什么道理可讲。……

我们现在从张弦留下来的一个笔记本上，还能看到他1966年7月的日程安排，可以想象当年学习、检讨、批斗、交代之频繁：

  7月1日下午小会

  7月1日晚小会设计院晚上去取信

  7月2日上午写程庆民的交代

  7月3日上午学习，写孙大字报

  7月3日下午小会《狗眼》

  7月4日下午小会《莫愁》，回去交代

  7月5日上午与陈局长谈陈局长指会检查交代

  7月5日写交代

  7月6日写交代

  7月7日上午写交代（完），下午写大字报（刘赤诚），晚

写揭吕宕大字报

7月8日上午去取《评梅芙》及信三封，写大字报稿，下午写大字报（吕宕）

7月9日上午吕在会上交代，下午继续后写大字报，晚写大字报，共21张

7月10日上午开会交代，下午写大字报，晚写大字报

7月11日上午开会学习文件（母亲来），下午写大字报（杨）

7月12日上午学习二小时后写大字报，下午学习、搬柜子、栽花后写大字报（杨），晚写大字报（上午学习湖北省委代表会）

7月13—14日写大字报

7月15日上午学习，下午大会（斗争杨振球），晚上大会（批判斗争杨振球杨校长总结）

7月16日上午学习（讨论杨的问题），下午学习，晚休息

7月17日（星期日）上午休息，下午学习李葆华重要报告，晚学习

7月18日上午学习报告文件，下午讨论、学习，晚学习（今起不跟人6/26—7/17）

7月19日上午看学文件，下午讨论，晚讨论

7月20日上午学习文件，糊大字报纸，下午糊纸劳动铲草，晚自学（糊纸）

7月21日上午自学（写材料）

7月22日上午学习

7月23日上午学习《讲话》，下午写大字报（晚上休息）

7月24日上午休息，下午写大字报

7月25日上午学习刘主席声明，下午糊纸

  7月26日上午糊纸，下午糊纸
  7月27日上午学习《讲话》，下午写大字报
  7月31日上午休息，下午听阎校长动员报告，晚新的小组学习

  即便如此，张弦还是劝慰张玲，虽然自己的情况不大好，可以说是相当不好，前途未卜，但他还是努力地在同"旧我"斗争，要尽力使自己在烈火中成为新人。[1] 1967年1月，张弦为自己的事，去了一趟北京，竟然有机会参加了造反派的一个集会，得到了周总理的接见。张弦觉得周总理神采奕奕，同十年前一样年轻。见到总理，张弦觉得没有白来这一趟，自我感觉从精神上提高了信念，对于运动，对于自己都开始有了正确的理解，投入到了战斗的激流之中。他在给朋友的信里说："当你意识到自己的行动是在保卫毛主席的革命路线，你难道能不献出自己的一切？"[2] 张弦就在战斗生活中，得到了从未得到的快乐。当然，每当他回到自己的小屋，还是会出现隐隐的苦恼，不知是希望，是忧虑，是思念还是掩饰，是忙碌还是困惑，他自己也不清楚。

---

[1] 《张弦致张玲》(1966年12月15日)，未刊。
[2] 《张弦致李鸿云》(1967年，日月不详)，未刊。

第二章　在青春激情中起步

1956年，张弦以电影剧本《锦绣年华》和短篇小说《上海姑娘》，跃上文坛，正式亮相。前者发表于《中国电影》，后者发表于《人民文学》，起点不可谓不高。而剧本与小说的同步，似乎又预示了张弦未来文学和影视齐头并进的创作路向。刘心武在纪念张弦的文章《曾经的"锦绣年华"》中写道，有一次参加颁奖典礼时遇到张弦，见人思文，触发了潜伏多年的关于张弦作品的记忆，"我和张弦一见如故。我尝试跟他聊聊《上海姑娘》，他只浅笑，不怎么呼应。但是我提到他那个没能拍成的电影剧本《锦绣年华》，他眼睛忽然亮了，有些惊异地问：'你看过？还记得？'"[1] 两位写作者之间的情谊令人动容。张弦未必在小说的技巧和风格上对刘心武有什么直接的启悟，但显然已经在刘心武的阅读经验中占据了重要的地位。根据人的遗忘曲线和记忆暂留规律，即使是多年前所阅读的作品，作为一个人的知识储存和素材积累，反而会随着时间的流逝，在整体印象中重新沉淀出深浅明暗的区分度。有所记忆的未必

---

[1] 刘心武：《曾经的"锦绣年华"》，见中国作家网（http://www.chinawriter.com.cn/wxpl/2014/2014-01-30/190526.html，存取日期：2018年6月15日）。

是直接给予写作上指导的那些,却可能是其他的篇目在此灵光一闪,呈现出"远显近隐"的状态,乃至于其他更为复杂的作用模式来。刘心武的记忆,恰恰证明了张弦初登文坛时的风光。

张弦因《上海姑娘》(原名《甲方代表》)这篇小说而声名鹊起,收到了来自各界的赞誉,但"冠盖满京华,斯人独憔悴",外在的接受模式,甚或是读者反应批评终究与作者本人对作品的感受认知有所差异。一部作品的风靡当时,或许大大超出了作者的预期,不知其何以如此之红,能够引发众人的共鸣和激赏。作者因自知而对此总会抱憾,也非常明了作品存在的缺点。因此,外在赞誉和自我认识的不对等,产生的往往并非一味的狂喜激动,反而有可能是怀疑失落的状态。况且据刘心武的记叙,电影《上海姑娘》的实际摄制,确实出现了意想不到的变故。这可能也是张弦对于他的询问笑而不答的真正原因。"后来知道,是张弦坏了事,电影被认为有'小资产阶级情调',不健康,但耗费了不少资金拍成。毕竟影片也没有更大的政治问题,为收回成本计,洗印成黑白的拿出来放一下"。[①]

相对于《上海姑娘》的降格放映,《锦绣年华》的命运毋宁更为跌宕起伏。它虽然是作者张弦早期完成的电影剧本,却因故未能真正上映过。在那个动辄得咎的年代,即使拥有真诚的态度和出色的写作能力,张弦的作品仍然时常面临着触犯政治禁忌的困境。这是大环境的不得已,也由此愈加反衬出坚持本心、秉承一己的文学观念创作之可贵。电影剧本《锦绣年华》主要表现的是20世纪50年代大学毕业生面临毕业之际工作分配时,对未来生活和友谊、爱情的希冀与展望,剧本对一代人的生活场景与精神面貌做了生动有

---

① 刘心武:《曾经的"锦绣年华"》,中国作家网(http://www.chinawriter.com.cn/wxpl/2014/2014 - 01 - 30/190526.html,存取日期:2018年6月15日)。

趣的描绘，写出了那个时代的大学生朝气蓬勃、青春灿烂的生命状态，是一曲对人生、对国家心怀无限期盼的颂歌，具备了面向未来的时间指标。正如文中青年们所唱的歌那样："明天，我们要奔向远方，在密密的椰子林中，在终年积雪的高山底下，新的工厂——我们幸福的家。古老的民族，年轻的手，年轻的臂膀，肩负着古老的国家。锦绣年华，锦绣年华，它属于你和我，也属于我们新的国家。"从个人的前途一直延伸到家庭、民族、国家的未来愿景，逐层加深扩大，开拓了整体的抒情境界。青年们对自己的前程是饱含希望的，在一生之中最宝贵的青春年华中，能将个人前程与国家发展两相结合，无疑是幸运又幸福之事。"幸甚至哉，歌以咏志"的心情便也可以想见。这是名副其实的"锦绣年华"，但并非顺理成章，年轻人的困惑如同一道阴影悄然掠过万里晴空。

张弦跃上文坛的这两篇剧本和小说，直接来自于他身处其中的火热生活。张弦觉得处女作若过分精打细算，反而失去了其本意和乐趣。它就应该在作者本人尚未察觉和在意之时自然而至。它就应当保持一定的神秘特质，也许有些盲目、有些奇妙，还可能有些不可思议。然而它一定是非常真挚和坦诚的，亦是发自肺腑的心灵呼唤，具有美妙的和谐与默契感。也许一位作者正可借此良机，起步、进取、奋斗、成功，终至瓜熟蒂落，立业成家。不过也有很大的可能，在处女作写成之后，它只是昙花一现，流星一闪，而转向了挣扎、失败、凋零和消逝，终极的结局是沉寂，了无生息。不过尽管如此，这一份写作经验也是依旧值得珍视和保存的，可贵而美好。由于它是作者的文学初恋，也是真情实感，是在个人生活中独特的感受。[①]

1953年，张弦从清华大学钢铁机械专修科毕业后，被分配到

[①] 张弦：《谈我的第一篇小说》，《青春》1982年第10期。

鞍钢设计公司之后的所见所闻所感。他由衷赞叹，这是多么令人振奋的年代和多么令人自豪的地方！适逢第一个五年计划开始的时候，全国的经济和劳动力量都在集中支援鞍钢搞建设，又配备了当时最为先进的设备：大型无缝七高炉。工地上热火朝天，混响着汽笛、哨音以及《我们要和时间赛跑》的嘹亮歌声，显得热闹而喧嚣。还有那被高炉渣水染得火红的夜空，让钢锭烤得发烫的起重机吊杆，以及载重卡车驶过掀起的尘土，带着硫化物的刺鼻空气。这一切都使张弦和他的工友们，这批年轻的建设者们感到无比兴奋、骄傲和激荡不安。除了投身眼前的建设任务本身，他们几乎很少考虑其他的身外之物，也不大在意个人得失如何。他们投注精神的唯有工作，工作成了他们当下生活的全部中心和生活方式。他们那时有着热情而坚定的信念，相信所有属于个人的东西，包括暗暗期待着的爱情，都只需奋不顾身地工作，就会自然而然地来临的，因此无须为之伤神烦恼。[①]

不久，张弦和工友们的宿舍楼里忽然搬来了一群女大学毕业生。她们来自上海。大概是不习惯这里相对艰苦的环境，他们时常能清晰地耳闻她们三五成群，聚在一处叽叽呱呱抱怨这不行那不行，这些话从走廊和盥洗室不断地传来，满不在乎地干扰着这些单身汉的宁静。张弦本人即出生于上海，并且在一家商行里做过一段时间的学徒，可能因这样的接触和了解，对上海这座城市和上海人都难免产生了一种偏见，故而这几位娇气的上海小姐也引起了他不小的反感。张弦常常对她们活泼的笑声报以冷漠的神色。因为在他看来，这些女大学生不知忧愁，讲究生活，她们的打扮、爱好、气质和生活习惯等等，都和伟大且轰轰烈烈的建设完全不搭调，甚至显得突兀而刺眼。她们来到鞍钢，充其量是一种多余而不适切的点

[①] 张弦：《谈我的第一篇小说》，《青春》1982年第10期。

缀式的存在罢了。

然而后来的一次偶然事件，促成了张弦和工友们对上海女大学生们的看法开始转变。在一个大雪纷飞的傍晚，张弦与他的同学一起去办公室加班，发现走在他们前边的是女邻居中的两位。她们身着漂亮的呢子大衣，围着鲜丽的花围巾。他们暗自揣度，她们如此盛装打扮，一定是要去参加舞会的准备。其实按照一般的逻辑，工作八小时以外，下班之后去娱乐休闲，本来无可厚非，也是出于个人的爱好和自由选择。何况只是去跳跳舞而已，又算得了什么大事？但可笑的偏见让张弦和同学们认为这恰恰说明了她们耽于享乐，思想落后，不要求进步，工作态度也不够积极等等。于是他们且行且议论，并远远地跟随在她们身后，以求一探究竟，印证自己的猜想是否正确。结果完全出乎他们的意料，一点都不是他们想的那回事。两位女生走进一座新建的教学楼，门前挂着个牌子：某某公司业余外语进修班。不必多说，当张弦和那位男同学彼此交换了一个非常惭愧的眼神以后，两人都急急地跑开了。接连好几天，他们两人在走廊再与女学生们相遇时，都不敢正眼打量她们，仍然觉得自己以小人之心度君子之腹，甚感愧疚。作为弥补和追赶的方式，他们每天一早分外积极地背起俄语单词来了。

这件事过去一些时日后，张弦又去到工地现场要解决一个问题。那是因他们工作小组在设计图纸上出了一点小误差，而导致施工过程中的部分环节需要返工。一旦有这类事情发生，往往需要擅长"外交"的人士出面协商斡旋，也就是俗称的扯皮，力求坚持，扯来扯去，扯到成功为止。大事化小，小事化无。张弦此前曾处理过几起类似的事件，因而自觉积累了一定的处事经验，就颇为自信地出马了。在现场，他也与施工（乙方）的工长和技术员谈得差不多了。大体可以免去"开红票"（也就是由设计方承担事故责任的意思）之虞。不料半路杀出个程咬金，突然出现了一位工厂（甲方)代表,正是张弦的女邻居之一。张弦一时间差点没认出她来,因和当日路遇她衣着时髦光鲜的样子判若两人。此时的这位上海女生,穿了一身油迹斑斑的工作服,脚蹬一双高筒牛皮靴,手臂下夹了一只饭盒。她曾在宿舍里表现出的那种十指不沾阳春水,怯怯娇弱的大小姐样态,此时竟然荡然无存。女生开口了,泼辣大方、严肃认真,侃侃而谈,却句句在理,让人一时之间很难辩驳。她坚持要张弦承认设计方确实犯了错误,并承担相应的过失责任。上海女生带有沪上口音的普通话里,又具有着上海女性特有的温和、亲切和周到。在责备了对方之余,又不忘留了下台的空间,而不至于咄咄逼人,堪称进退得宜,有礼有节。可想而知,这次"外交"周旋,张弦自然是狼狈地铩羽而归了。尤其不堪一击和彻底惨败的,实际上是他的偏见。实践出真知,这时他终于不得不承认,刚刚交过手的这位上海姑娘,还有她的同学们,绝非此前自己想象的那种好逸恶劳、不负责任的上海小姐,而是工作积极负责、精神境界很高的,属于这个崭新时代的上海姑娘。

跟踪观察和"外交"斡旋这两件事,在热火繁忙的生活中,本来是两件极其平常的小事。但张弦却心有所感,并将它们与自己的思绪和情感互相交织融合起来了。这里遂显现了一个感情变化的阶段与流程:偏见——反感——破除偏见——产生好感——尊敬、仰慕、愧疚、自我谴责——受到鼓舞和激励——产生美好的、向上的感情。尽管直到那时为止,张弦还全然不知那几位女生姓甚名谁。后来她们陆续搬离了这座宿舍楼,更加是芳踪杳杳无处寻。张弦与她们的因缘也就到此为止,其后都没有再作联络。但这些上海女生活泼生动的形象,就像凸现在伟大的建设高潮图景上的浮雕,使他念之久久难忘。并且这不仅是单纯的难忘,还在张弦的心中不断地翻腾,这种意念在不断地迫使他想要把内心的感受表达出来,告诉给其他人一些什么。如果还没说出来,就总会觉得憋得慌、急得慌,也愧得慌——总感到多少有点对不起那些(当然远不止是这几位上海姑娘)忘我的建设者们。

由于存了这样的心思,原始的素材便慢慢地在张弦心中酝酿发酵着,也是自己同自己商量培养着,只是还在努力寻找一个恰当的出口也就是表达的机会。终于,张弦构思了自己的第一篇短篇小说《上海姑娘》。这篇小说发表在1956年11月《人民文学》上时,编辑同志曾将其改名为《甲方代表》;及至重新收入《1956年短篇小说选》时,就恢复了原名。

经过改名成为《上海姑娘》的《甲方代表》,在获得新的命名之后也被注入了新的生命力。张弦善于塑造女性形象,叙写她们的人生故事,后来以此著称的题材风格,在这里已经开始形成。"上海姑娘"在当时相对拘谨封闭的社会环境下,不啻为一道活泼的清流,令读者感到耳目一新;而"甲方代表"的语意色彩相较之下就平淡中性得多,甚至还有定位不清,乍看之下表意不明的问题,很难凭此引起额外的关注。

上海姑娘显然也是新女性面貌的代表,有一种时代风气之先的时髦感和优越性。张屏瑾就将《上海姑娘》中的女性形象与上海文学中的其他几种女性形象加以比较,做了综合讨论,敏锐地指出:"1949年以后的上海,一方面其都市文化成为意识形态重点改造的对象;另一方面其经济生产也是全国的领头军,一直到80年代,几乎承担了'背起中国'的重担。这双重身份使得一切与'上海'有关的形象符号的意味,都不那么简单了。我们可以通过这一时期的小说来进一步读解这一点。"[①]

[①] 张屏瑾:《摩登女郎—上海姑娘—上海宝贝:女性形象与城市空间变迁》,《艺术广角》2009年第2期。

作家张弦从正面创造出了"上海姑娘"这一形象,在"上海姑娘"的故事中,从上海来的支援边区建设的姑娘最初被组织怀疑仍然残留有"摩登女郎"的某些毛病,然而她在社会主义社会的艰苦劳动中得到了人们(全国人民)的重新理解,而这一重新理解也就是"上海"(去"摩登化")与"姑娘"(去"女郎化")的双重再造的过程。在小说的开头,主人公"我"第一次与来自上海的白玫相遇,首先看见的是她无意中掉在地下的"洋娃娃"———与"白玫"这个名字一样是典型的"上海化"符号,然后"我"发现了这个姑娘看起来的与众不同之处。"这时,我才发现,她非常美,头发梳着特殊的花样,脸娇嫩而秀丽,眼睛上长着长长的睫毛,笑起来,露出雪白的牙齿。穿得并不华丽,可是棉衣十分合身,式样看起来特别舒服。即使不听她们刚才的讲话,我也差不多可以从这样的脸型和装束上判断出来,她是上海人。"[1]

白玫在同代人群体中,因其样貌、妆容、衣着和配备而显得佼佼出群,不同于侪辈,因此迅速获得了"我"的关注和注意。"上海"和"姑娘"既是前段引文所谓的"双重再造",也是在时代前进,预警变换之后的"重新组合",以前所未遇的形式,让彼此之间碰撞生成新的概念。"上海姑娘"虽然去摩登化,去女郎化,但不可避免地携带了其内蕴的时新讯息,以及女性独有的柔美气息,仍能给人较为强烈的视觉冲击与感性印象。"上海姑娘"本身自成一派,为时时焕发新意的魔都大城平添了一道亮丽的风景线。女性形象亦即城市面貌,在阳性主导的历史与文学书写样态中,有着不

---

[1] 张屏瑾:《摩登女郎—上海姑娘—上海宝贝:女性形象与城市空间变迁》,《艺术广角》2009年第2期。

可替代的变革意义和隐喻意味。

新中国成立以后,上海这一带有资本主义和旧殖民地色彩的大都市,同样处于社会主义改造的蓬勃进程之中。在过去风行很久时间的"摩登女郎"形象作为城市女性的主力军,已经渐渐因不合潮流要求而悄然处于退场的状态之中,随之而起的则是充分响应时代召唤,和工农兵领导阶级非常契合的"铁姑娘"这类女性。她们的特征是"妇女顶起半边天",名副其实,像钢铁一样坚韧强劲,具有"阳化女性"的性别气质,与之前的都会女郎烟视媚行之形貌大相径庭。如果以此来审度新中国成立后上海文学中女性人物形象的光谱,当可发现这种显著的断裂和跳接状况。恰逢此时,张弦在其小说《甲方代表》中塑造了有别于时代主流"铁姑娘"们的"上海姑娘",试图在强干和温柔中找到一种新的平衡,赋予了时代女性更为可亲可感、魅力倍增的人格与性情特质。"上海姑娘"既具有要求进步、踏实勤恳的优秀品格,同时又在个人装扮和精神面貌上都具有吸引力,不仅是现实主义的表现手法,也带有一定程度的理想色彩。她们并未因才貌双全而成为"高大全"的夸张不实人物,仍然是植根现实土壤才得以茁壮长出的理想之花。

张弦的贡献在于不仅创造了一类独特的人物形象,还循此开创了一种全新的叙事模式。这种模式在《上海姑娘》之前尚未见于同期的小说创作之中,亦即欲扬先抑,通过一个看似有争议的人物起笔,令其身上所存在的争议处和矛盾点成为故事推进的内在驱动力,以层层追问的方式去接连不断地考察该人物真实的言行与作为,求得纠正偏见,以明眼耳的目的。

叙事者"我"对于"上海姑娘"的认知变化和理解过程,堪称整篇小说的主要线索和最为动人的情节构成,又是不可忽视的观念突破。"我"经历了一波三折的内心自我诘问,一次次重新考量白玫对"我"的意义究竟何在。客观审视与主观情感的不同步、不对位，亦使得叙事者的心理活动波澜起伏，精彩纷呈。

"我"对白玫显然是有着直觉之下的好感，从初见时便具备了一见钟情的倾向。这点在前文已经提到过。但其时他对于"上海姑娘"引人非议的特质尚有存疑犹豫的心情。"也许是旧的上海在我的印象中太深的缘故，对于上海人，我总有一种不好的成见。上海姑娘常常给我这样的感觉，她们爱打扮、爱时髦、爱玩、爱闹、爱叽叽喳喳没完没了地说话……就是不爱干活。——你看，这么大的人了，还从家里带来个洋娃娃，准是个家里从小惯坏了的宝贝儿。"(《上海姑娘》)对上海、上海人过去固有的先见，使得"我"对"上海姑娘"这一群体也有了先入为主的负面感受。但就一般的恋爱心理而言，"我"此时对白玫的腹诽、訾议等等，又未尝不是企图对之前非常积极正面的第一印象的反拨与平衡，是无意识地在挽回自己的尊严，没有那么甘心就此沦陷。故而"我"要用一些贬抑的语句来求得一定程度的心理安慰。内心情感的波澜起伏，既丰富了"我"的所思所想，也使得白玫连同她所代表的"上海姑娘"这一群体形象一并丰满和生动起来。此前不乏识者发现了张弦对人物心理刻画的重视与凸显："人的心灵，是最神秘的世界。张弦的作品，从一开始就表现出对人物内心的关注。他在《上海姑娘》中，就曾自问式地提出：'我们老是谈论她们的表面，看不惯她们叽叽喳喳的谈话，可我们想到去理解她们的内心没有？'其作品结构也是为更好地、逐层地揭示出白玫的美好心灵，并最终净化'我'的心灵服务的。"[①] 形式与内容的相互配合，彼此结合成为一个有机的整体，也是此篇小说堪称佳作的成因之一。作者或许未必对此有明确的意识，只是循着其自身经验和直觉而写，却已悄然形成了可供后来书写者心摹手追的一种写作范式。

[①] 陆广训："前言"，《张弦代表作》，第10页，河南人民出版社，1994年。

而地域特色、城市景观这些因素对人的形塑作用从来都不可忽视，"一方水土养一方人"，人地之间潜移默化的彼此影响和改变，都会有鲜明的表现，很难掩其形迹。诸如此类，和"上海姑娘"情味近似的还有"港女""台妹"等等，一个城市的女性形象经常首当其冲，被看作是城市风貌的主要构成部分，代表了外来人士对此地的直观感受。她们还构成了这个城市的性别文化、日常生活风习、装扮时尚等种种方面的重要主体。张弦在其时对"上海姑娘"的发掘和捕捉，体现了他对时代脉搏的把捉功夫和出色的文学转化能力。在社会主义现实主义的文化艺术长廊中，"人"才是真正的确立风格之本。能独立自主地创造出被人久久记忆的典型人物，在当代文学创作中越来越属难得之事。张弦的《上海姑娘》不但在小说创作模式上别开生面，而且为当代文学的人物画卷留下了难能可贵的一个形象。白玫的一颦一笑会永远留在读者的美好的阅读经验之中。

"后来他写了《上海姑娘》，这剧本，我是喜欢的。倒也不是说它在电影文学上有何等高超，而是它为我们当时写往事，写政策，带来了新的信息——新的人，新的事，我们生活中正在出现的新的方面。作者从他亲历和够得着的方面提炼出新的电影主题。其时北影的新班底新从苏联学习回来，正筹建新厂，一时没有合适的剧本，就把它拿去拍了。"[1] 从小说转换为剧本形式的《上海姑娘》，在前辈同行的评议中亦获得了一个"新"字的评价，不可不谓是颇高的赞誉之词了。

"亲历"连同"够得着"之形容，也可见张弦没有贪大求全，而是从力所能及的程度出发去撰写此剧本，以新颖的人事素材提炼出前所未见的主题，为当时的电影局面带来了新的生机与活力。这

---

[1] 钟惦棐："序"，《张弦电影剧本选集》，第2页，中国电影出版社，1984年。

个剧本虽然是适逢其时，填补了北影的一时之需，到后来却仍难免被淡化处理、降级播出的命运。对此，这位前辈剧作家则是如此评价的："真实的生活是如此美丽动人，而我们的银幕则怀旧者多，局限于政策措施者多，板着面孔的教训者多……生活开始了它新的时期，文艺进入了新的时代，观众所希冀于银幕的，比之我们在解放区的广场演出，也大不相同。"[①] 他指出了生活的真实状况即使能为剧作家所再现，现实中的政策和观众的接受程度仍不免对真正上映的电影有所拘泥限制，这是不能不考虑到的和有时要被迫接受的不利条件之一。

然而一部作品既然能经过时间的筛选和时代的考验，在社会条件前后变化巨大的不同年代，都能较为稳定地保有其艺术价值，正是其最好的自证。辗转于文学创作和影视剧本创作的平行双轨之上，即便遭遇过现实与理想的绝大落差，张弦依然没有舍弃他行之不易的跋涉长途。一时的折损并未能抹杀他这部作品于当时、于文学史上的创新和开拓意义。此篇即使置诸今日的短篇小说之中，亦不会因时代变迁、世相大异而显得过时褪色。张弦善于描写女性，非但摹其形，而且传其神，形神兼具，亦能写心。他对女性所遭遇的情感问题总能出之以细致微妙的独特之笔这一个人风格。举凡"十七年文学"时期及其前后，历数当代文学中优秀的爱情篇章，张弦不仅具有一席之地，更是当之无愧的先行者。无论是作为初始阶段的《上海姑娘》，抑或是后来令其声名大躁的《被爱情遗忘的角落》，比之于同时期的邓友梅《在悬崖上》、宗璞《红豆》等知名短篇亦不逊色，且贡献了专属其个人的一份诠释。

《上海姑娘》在各方面体现出来的先锋性，都使得它在时隔多年以后仍有重读的价值和余裕。张弦因此剧本而一度不得抒发心

---

① 钟惦棐："序"，《张弦电影剧本选集》，第 4 页，中国电影出版社，1984 年。

志，却也由于其成就而被铭记。成败都关乎此作。《上海姑娘》及其作者的命运起伏，恐也是同时同代一部分作者作品的遭遇之缩影。这篇小说所经历的升降沉浮，不妨被看作是一个文本在社会实践中的旅行。它经受了时代语境变化后的自然过滤筛选，与几代读者的一再重新阅读。在此过程中，变与不变的相互辩证，让它不同层面的意义一点点展现出来。它自身的丰富性使得它不愧当时的赞誉，并且也经得起"再解读"的这一重考验。

从《锦绣年华》到《上海姑娘》的两重周折，张弦的作品和创作理念都在历史潮流的跌宕起伏中得到了不止一次的考验。这对于作者来说，既有限制，也是难得的机缘。而之于后来的读者和创作者，需要拨开历史的重重迷雾，重新去认识和研读一位有价值的作家及其作品。这也是一个长期而有意义的过程。但凡经得起时间检验的文本，必然能通过一代代读者与研究者的接受和再解读，从而焕发出别样的神采。在文本到电影的转换，几度命名的更替之间，作者最初创作的核心意志与文艺精髓即使有所形变，却仍然得到了有力的传达贯彻。

张弦创作于同期的短篇小说还有《最后的杂志》和《羞怯的徒弟》，和《上海姑娘》一样写于1957年，在题材的选取上也很是近似，都注目于彼时最为红火热闹的工业建设领域，并且特别观察了大时代里的青年人。他尤其感兴趣和擅长的关注点在于年轻人初入社会，进入职场，在参加工作之际的心灵迷惘和人际处理等种种事态情由。这是他们人生的关键时刻，因其拼尽全力去对待对他们很是重要的人事，从而迸发出非同一般的能量和光彩。张弦笔下的各位青年或许并非完人，甚至有着这样那样的缺点，他们却因此而获得了充分的个性特点和吸引人的部分，唯其不完美，那凹陷的所在才引发读者去探究的兴趣。仿佛面容上可能会有的小缺憾那样，"大概就因为这颗痣，她这个人就像在这世上落了墨"。

《最后的杂志》里书店女店员和工作之余不忘勤勉阅读的年轻工人之间,仿佛具有某种心照不宣的默契。女店员暗生情愫而并未表露,工人毫不知情依然故我,他们共同演绎了一出有些像欧·亨利短篇一样,诙谐富有生趣,兼有巧合存在的短剧。有论者指出:"小说的构思和技巧在 50 年代显得比较超前。小说采用双线结构。在波澜不惊的前景,展示了红芬盘点账目的心不在焉,而背后却隐藏着红芬丰富复杂、充满期待的'意识流',展现她爱上一个好学上进的青年工人的过程——更妙的是,这个工人在整个小说里根本就未登场。这种精巧的'意识流'手法,要在新时期初的一些小说中才能看到,但在 50 年代,技巧显然不如主题那样引人关注,这部小说的特别之处很遗憾地被忽略了。"[①] 确实,虽然这篇小说并不是张弦的代表作,甚至可以说少有人知,但放诸当年的时代语境来看,意识流手法的使用堪称是一种文学先锋派的实验性尝试。作者在小说技巧的使用、情感的幽微传达上都别具特色,使得这个故事如同一股清新的气流,冲破了同时同代主题为先的压倒性写法。这是作者的慧心巧思一次小小的实践,即使拿到今天来看,小说仍有其新鲜可喜之处,对人物的心理描摹和彼此关系尤为不落俗套,点到即止,不做过分牵强的延伸和扩展,而是把遐想的空间和再创作的可能性充分交给读者。这样的处理方式不失为一种留白的艺术。

而《羞怯的徒弟》中,张弦也是不动声色地使用近似于《上海姑娘》里已经大放光彩的欲扬先抑法,写出了在工厂师父和徒弟之间的心情感受起伏。开始严必胜对温玉宽的感觉可以说是格格不入,既觉得这位女徒弟在干活操作时笨手拙脚,又对其内向羞怯、寡言少语的性格不适应和看不顺眼。但随着相处的时间增加,他们

---

① 刘志权:《现实主义的探索与困境——张弦小说创作简论》,《扬子江评论》2015 年第 6 期。

彼此在劳动协作中的接触机会也越来越多，最初的误会和偏见在随着互相了解而一点点趋向消融。终至在温玉宽以其温柔倔强的性格特质，陪伴并帮助严必胜一起度过工作中的紧要关头之时，他在感激感动之余，心头也闪现过了别样的悸动："他忽然在胸中激起了一种古怪的、从未产生过的感觉。"从量变到质变，由偏见而扭转为好感，甚至无以名状的窃慕，徒弟的羞怯之态仿佛在此时悄悄转移到了师父的身上。张弦细致地捕捉到人与人之间的情感暗涌和观感的悄然转换，又用心成就了一则颇具趣味的小品之作。

此时张弦较为引人注目的小说还有《青春锈》（这是最初的名称，后来更名为《苦恼的青春》）。但不巧的是，这篇小说没有在当时得到足够的重视。以至于同类题材和相似内容的刘心武《班主任》抢占先机，成为中国当代文学史上的名篇。张弦的《青春锈》却叨陪末座，不如《班主任》那么广为人知。如今看来，张弦对于一个受极"左"思潮侵蚀而不自知的进步少女李兰形象的塑造，无疑是深刻而成功的。她有着真诚热情、关怀他人等优秀品质，却在无意中将一些条条框框扩而大之，甚至过分绝对化，最终成了束缚自我和他人的双重枷锁。"其实，这部作品，正标志着作者艺术思想的一次可贵的飞跃。他通过生活表象，发现了别人尚未注意、尚未认识的东西，写出了当代文学史中还未有过的典型人物——李兰。与作者在《上海姑娘》中塑造的白玫等人物一样，李兰也属于建国初期蓬勃向上的青年一代。但是，她又不同于白玫。'左'的教条主义的毒素，已渗透进李兰的血液中。她善良、正直、纯朴，却又保守、偏激、僵化。她迷信上级，脱离群众，却又自以为'一贯正确'。结果，走到了反面，被群众唾弃，成了自我否定的悲剧角色。"[①] 但张弦又是留有余地的，他选择在小说结尾处让李兰通

---

① 钟惦棐："序"，《张弦电影剧本选集》，第3页，中国电影出版社，1984年。

过干部落选一事，初步对自己过去的错误和行为失当有了一定的意识。因此这个开放式的结尾仍然是充满希望的，青春的苦恼亦是常见之事。读者被作者感染，与其一同期待着李兰未来的蜕变，迫不及待地想要看她破茧成蝶。

综合来看，以《锦绣年华》《上海姑娘》为先导，其后接踵而上的《最后的杂志》《羞怯的徒弟》等短篇小说，虽然在题材上有所相通，所使用的技巧有时也略微相似，但因其侧重点不同，展现出来的面貌各异，故而读起来并无重复之感，反而是一同形成了张弦早期写作尝试的作品集群。诚如论者所言，这些作品着眼于对青春、爱情和理想的关注，而这三者又互相关联，"爱情的产生往往源于主人公优秀品质的体认；同时，主要着重于爱情产生的过程（与追求理想同步）而非结果。……作者几乎都没有直接写男女主人公恋爱关系的确立，往往都是留下一个含蓄温情而开放的结尾"。[①] 不强行安排人物命运，不讲求凡是故事必要有结果，而是留给了人物和读者更多发想回味的空间，从这样的手法选用亦可见张弦创作之时心怀的浪漫和别有意趣，也体现了其早期作品纯真富有朝气的特色。

在以《上海姑娘》和《锦绣年华》等作品初步踏上写作之路后，张弦在20世纪60年代还有短篇《寻表的故事》发表（《安徽文学》1963年第6期）。这个短篇是与张震麟合著的，具有较为鲜明的时代特色。它可能是张弦现存作品中较少被论及的篇章之一，因和他其他的短篇相比，显得题材独异，不大容易归类到某一集合中去，因此或许就失去了得到有效的"共名"和进一步流传以及被讨论的机会。如果依照其主人公的身份年龄来看，就算将其视为少

[①] 刘志权：《现实主义的探索与困境——张弦小说创作简论》，《扬子江评论》2015年第6期。

儿小说亦并无不可。小说设置了鲜明而起伏的情节线索，大体可概纳为如下的纲要：意外捡表——（想要）送表——大意被骗表——努力寻表——最终得表。小说叙述两位少先队员马大宝和丁小龙，在路上偶然捡到一块手表，和同学江梅梅达成一致，想要把它送到派出所。但在派出所门口，他们却被别有用心的无赖王疤眼佯装失主，骗走了手表。为了弥补过失，他们和张老师一起来到派出所求助，终于在丁小龙的回忆下，凭王疤眼所带的菜箩上"兴隆菜场"四个字作为搜寻线索，顺藤摸瓜，找到了骗子的住所，又在公安协助之下，最终找回了失去的手表。单从人物和情节的设置看，故事并不复杂，出场的人物也数量不多，因此节奏明快，转折清晰，起笔和收尾都干净利落。中间有几次人物心理随情节转变而高低上下的情况，也表现得符合人物年龄身份，显得稚拙而有童趣，又能引得读者跟随人物一起担忧、一起解颐，获得了很有代入和参与感的阅读之乐趣。

小说紧密贴合时代特色的是，对于少先队员的拾金不昧、亡羊补牢和做了好事还要亲力追查到底的一连串做法描绘得有声有色，如闻其声，如见其人。以此彰显了20世纪60年代初期社会主义接班人的思想觉悟之先进，精神风貌之积极向上。马大宝和丁小龙既有一般少年儿童的活泼顽皮，又不乏社会主义小战士的自觉要求。他们戏谑正经，有意无意间是以建设者和保卫者的意识与身份来自我想象，并努力实践的。正如丁小龙和马大宝一来一往的对话："你听他在说：'……三个侦察兵就由树林中间插入，任务是潜伏在敌人后方侦察地形……''那里地形我了解，让我去！'小队长插上一句。'不，我亲自带两个人去！'丁小龙早有安排，一挥手，斩钉截铁地说；'你在连部等着接应我们。''那……那谁来告诉我消息呢？'对呀？又没有电话，通讯员是谁呢？丁小龙站住了。他怎么没有考虑这个问题呢？马大宝也跟着他站住了。他知道丁小龙马上

就会说：'我亲自回来告诉你消息！'……"(《寻表的故事》)

这里表面写的是两个少年互相配合，角色扮演的日常游戏，但何尝不是在比拟后文要展开叙写的合作无间，且肩负起了小小侦察兵的侦察任务。无论是捡拾别人掉落的手表想要及时交公，还是后来斗智斗勇坚持一直追踪到骗走表的骗子家中，联系起来看都是一次真正的侦察，也是成功的出任务了。

这部分象喻性的叙述贯穿始终，将两位少年的自我认知和想象同他们的实际行动交错写出，并有对比参照和虚实相间的意味，让小说的内在呼应和关联变得紧密。如在两人拾表后的这段描写："'向前进——向前进！战士的责任重——嗡，啦多多西啦嗖啦！'想到今天做了一件有意义的事，丁小龙高兴得大声唱起歌来。他俩在一起，只要你唱出第一个音符，他就会跟着哼了上来。"足见两人的唱和何其默契。"歌以咏志"，丁小龙的歌声既是某种程度上的写实，又以此直抒胸臆的方式传递了他兴奋昂扬的心情和做了好事勇往直前、精神十足的状态。到了故事结尾，丁小龙在公安帮助下成功找到骗子追回手表时，他心中喜悦，不禁再次唱起了这首歌："向前进，向前进！战士的责任重——嗡，啦多多西啦嗖啦！……"(《寻表的故事》)显然，即使前后两次唱出的是相同的歌词，唱歌者的心情和状态却是大有不同的。前一次他自认做了好事，迫不及待地要公布给世界自己难以抑制的兴奋，可没意料到之后马上要发生的周折，还是少年易冲动、爱表现的心性无法按捺。后一次终于彻底解决了问题，丁小龙又一回深感开心，同时也是对未来自己的责任有所展望，便再度唱起这开心的歌儿来。因此这两次唱歌，不是无意义的反复而是作者有所用心的重复，在重复中见出细微的变化，深化了主题兼推进了情节。

作者善于揣摩各个人物心理，制造巧妙的应和，这样就使得文本内部有所统一和连贯，且凝结于某些具有汇合意义的"情节生长点"之上。马大宝和丁小龙之间既是好玩伴又是小战友的关系属于良性互动,而王疤眼这个手表骗子在花言巧语说得两人误信他就是失主时,也不是没有花了一番心思的。他的称赞是这样成本大套的肯定之词:"哎呀!真是太好了!你们两个好学生,好队员,好孩子,拾金不昧,物归原主,真是共产主义的道德品质。我一定要好好表扬你们,给你们写大字报、写光荣榜、写表扬信。"(《寻表的故事》)这真是作者所形容"放鞭炮"式的一口气流畅吐出,而且言辞夸张,语带谄媚。王疤眼揣摩了少年人很需要得到肯定和表扬的心理特点,这段说辞里的肯定方式也恰好符合了马大宝和丁小龙对自己"小侦察兵"式身份想象与定位。甚至从语义传达上,他所言亦非虚——两位少年的拾金不昧行为着实值得赞颂,但他谎称的"物归原主"就与事实大有出入了。王疤眼用了一整套堂皇耀眼的说辞,看似有理有据,其目的却是低劣猥琐地骗取财物,可谓是语义传达与交际功能的严重失衡和不对位。由此在第三人称全知叙述者的眼光下,和后来读者的接受中,就产生了滑稽突梯的笑谑效果,给整个故事增添波澜,又加生趣。刻意排比的用词也提示了王疤眼的虚浮不实,语言形式的丰俭有时可以暗中透露使用者的表达可信与否,往往夸饰愈烈,可信度愈低。

另一处饶可玩味的地方是丁小龙寻表时,无意间听到老少两位工人的对话。"……到底是老师傅的技术高,装了料不多久,就听见你打铃要出钢,我一看表,只有三十二分半!"青年工人说。"哪里哪里!"那位老工人笑呵呵地说,"我没有别的什么技术,就是时时刻刻掌握时间,一面看火花,一面看表!"(《寻表的故事》)他们口中一再谈到的"表"这个字眼,忽然打动了丁小龙。他由此顺理成章地想到了自己"这半天神圣的使命"何在。"哎呀!这块表要是个炼钢叔叔丢的,那不是糟了吗?他想起那次去参观炼钢厂的情景来,钢花直往屋顶上冲,轰轰地震得地皮都在动,起重机按时来

到了炼钢炉前，炼钢炉就倾倒出钢水来……那里真是一秒钟、半秒钟耽误不得的啊！"（《寻表的故事》）

这里的妙趣点在于，言者无心，听者有意。手表作为个人所持有的时间象征物和指示器，通过两位工人的对话，无意中为丁小龙讲解了其有用性和必要性。而且还不仅仅是简单的日常生活中手表看钟点、知道时间这般的简单，是为了要在生产建设过程中"时时刻刻掌握时间"，"一面看火花，一面看表"及时对照实况，以把握关键的出钢节点，保证工业出品质量，避免无谓的浪费原材料，不出残品次品。看似不起眼的小小手表，在工业大生产中其实扮演了颇为关键的辅助物角色。老工人对年轻工人所讲的自己没有什么技术，但是注重随时把握时间，像是经验的传授，其实也是对于生产重要环节的坦诚透底。在卖油翁式"无他，但手熟耳"的心得上，实际又增添了一重专注端凝，必须要全力集中投入到工作中的要求。而且这是将丁小龙过去参观炼钢厂的实际所见所闻，与眼前两位工人的谈话对接印证起来的，因此不会显得为强加意义而刻意设计眼前的情节，制造巧合，而是给予了人物梳理经验，结合现实的重新整合之余裕。"必须得找回失去的时间，可千万不能耽误了生产建设。"对这一重大问题的危机意识，遂成了丁小龙一定要克服万难，寻找王疤眼，重获两人捡拾到的手表的关键动力。

这里插入了有关炼钢厂的回忆和炼钢工人的对话，应该与张弦本人的经历有关。前面已经说到，他于1953年夏天从清华大学毕业，大家都情绪高昂地表达了"到祖国最需要的地方去"的志愿。他与十几位同班同学都颇为幸运地被分配到了鞍钢。其时适逢第一个五年计划的开始，鞍钢正是举国瞩目的前沿建设阵地，热火朝天，气势惊人。身为三大工程之一的亲身参与者和实际建设者，这些刚出校门的年轻人何其自豪。任务紧张，责任重大。虽然此时奋斗在生产第一线，无暇投入阅读和写作，但沸腾的生活本身每天都在不断地冲击着张弦，让他心头时时刻刻处于激动难抑，甚至无法安眠的自我灼烧状态。他认为这时要是不把自己热腾腾带着温度的感受好好地写出来，简直是一种身为文字爱好者的失职，也是一种对新生活的建设者们的负债。故而《寻表的故事》中有关炼钢厂和炼钢工人的情节，应是切实从张弦的经历和感受中得来，再予以加工写成的。

因此在全篇寻表过程的行动主线之外，被隐藏和暗示的重要主题就是关于生产建设中时间的紧迫性，和精准把握时间的必要性。张弦没有大张旗鼓将这部分意见直接抛出，而是采取了以人带事，一层层将隐含的意图渐渐释出的写法，使得整个行文风格轻松流畅，不至于有沉重粘滞之弊病，也没有落于主题先行的窠臼。在20世纪五六十年代文学风格仍以主题为重，技巧为轻的主流思潮和习惯写法对比下，张弦的举重若轻，并且尝试使用一些不落痕迹的技巧的做法显得不落俗套，别有巧思。

《寻表的故事》还带有轻度的推理悬疑色彩，主要体现在丁小龙一波三折的寻表历程中，他起先兴奋唱歌是觉得捡到表准备交公乃是"做了一件有意义的事"。到后来他连同张老师和马大宝一起在派出所和公安说明情况，且提供了寻找线索之后，又一次想到回家之后和家人讲述时的情景大概会是："但是，他可不在乎这一套！先把书包一扔，坐下来喘一口气，然后胸有成竹地对他们说：'我今天做了一件有意义的事。'"这里丁小龙两次提到的"有意义的事"的内涵已经悄然发生了转变，第二次的"有意义的事"包括了后来被骗表以及报案的那部分情节。不但是"事"的范畴随着情节的变化推进在扩大，其意义亦在不断有所加成的动态之中，一时并未成为稳定状态。一直要到最后直捣骗子的老巢，认定了其本人，并在公安员协助下令其不能狡赖，丁小龙步步历险的寻表事件才终于可以称为告一段落，事件的意义也于焉丰满完整了。从这个意义上讲，《寻表的故事》又有着双重的结构线索，它们内外呼应，彼此咬合，共同构成了一个有机的整体。《寻表的故事》应该算得上是张弦短篇小说的遗珠之一，今日捡出重读，仍然可堪细味，不失为一篇别具一格的文学作品。

《寻表的故事》写于1963年，那也是1957年被打成"右派"之后，张弦创作大大减量中难得一见的小说作品。及至他重出江湖，再以更为夺目的篇章放置在公众面前时，却已经是到了1979年了。虽然相隔有年，却不失为又一次重新出发的开端。这一回，张弦先后以《记忆》《被爱情遗忘的角落》重回大家的视野，并交出了产生深远影响的几篇小说。

第三章　受难与复出

1967年11月，在一种惶惶不得安宁的心态下，张弦和张玲结婚了。虽然结婚了，但两人还是分居两地，彼此间鸿雁传书，交流着各自的信息。张玲听大哥张震麟说，马鞍山有人来南京要了电影剧本《莫愁女》，生怕又有人在准备材料批斗张弦，赶紧提醒张弦，千万不要再做什么引人注目的事了。张玲还告诉张弦，南京开始"三清一查"了（清政治、清组织、清经济，一查即查打、砸、抢、抄）。文艺界又开始斗一些人了，"江苏工农兵文艺作者革命造反兵团"要斗李进、章品镇、亚明等人。这些消息都让张玲为张弦捏着一把汗。但张弦告诉张玲，马鞍山的情况很好，很正常，"鲁迅"要退出"红色文艺"，第三派能不能成立尚未定夺，但成立起来也好，"乱"总是难免的。他们那里的文化系统已经联合起来成立"大联委"。当然，张弦他们几个人，仍旧是靠边站，他乐得做个旁观者。不久，文化局办起了学习班，张弦当然是参加对象。学习班的情形同过去差不多，闲议漫谈居多。他似乎对这些已经麻木了，倒是喜滋滋地告诉张玲："今天上午终于把户口簿、粮油卡领到了，成为一个合法的定居户了。"[①] 1968年儿子呱呱坠地，1970年，女

[①]《张弦致张玲》（1968年3月29日），未刊。

儿出生，一双可爱儿女的诞生，给小夫妻俩的凄惶生活，带来了不少的乐趣，也带来了深重的家累。每月生活费25元。这对于一个四口之家来说，实在入不敷出，时时挣扎在贫困线上。张弦最深刻的记忆，就是每月放一次假，回家第一件事是翻箱倒柜找出可以变卖的衣物，以维持家用。

　　1969年下半年，各地开始检查对照落实知识分子政策，还出台了下放干部回城政策，正在五七干校学习劳动的张弦，也多次去找领导，希望能对自己有个明确的结论。1970年春节前，周围陆陆续续宣布了许多人的去向，有的比他晚的人，都有了处理结果，而他的材料早就报上去了，大家对他的表现也一致好评，就等着上面的批复。传说春节干校的人大部分都要走，张弦心里也是充满了期待和焦虑。如果这次还不能解决的话，那说明又要面临复查等烦琐的手续了，这是他所不愿意看到的。当然，这是张弦自己无法掌控的，只有不断地向领导申诉，焦灼地等待。1970年2月，张弦的问题终于宣布了处理结果，"重新戴上'右派分子'的帽子，交群众监督劳动，每月生活费暂发25元"。这样的结果，大大出乎大家的意料，也是张弦作了最坏的思想准备也没有料到的。张弦感到，自己的问题完全是因为赶在当前的形势下才从严处理的，不是自己不作努力，他已经尽了最大的力量，他感到无比委屈。张弦硬着头皮去找了干校的负责人，汇报了自己的想法，认为对自己的处理偏严了。负责人对他也颇为同情，表示如果有意见的话，可以帮张弦转上去。于是，张弦连夜在煤油灯下，写了一份《关于从宽处理的报告》，陈述事实，袒露心迹，希望能得到重新宽大处理。他明明知道不会有什么作用，只不过尽尽人事而已。这份报告的初稿，还保留在他当年的笔记本中，成为那个时代的一个生动注脚。

　　1970年2月27日，五七干校革委会宣读了关于我的定案处理决定，给我重新戴上右派分子的帽子，交群众监督劳动，暂发生活费25元。对此我提出以下的请求和申述。

我今年36岁，家庭出身职员，个人成分学生。1953年于清华大学钢铁学院毕业，分配到鞍钢工作。1956年调北京黑色冶金设计院工作。1958年因在业余写作时写了一篇毒草小说《青春锈》（未发表），被定为右派分子。1961年摘帽，调马鞍山设计院工作。1963年调马鞍山市文教局剧目组工作。

我在摘帽以后，对右派分子程庆民等人散布一些有严重错误的言论，并写过有毒作品。在文化大革命初期被作为重点批斗，后来我参加了一派的群众组织，做了不少坏事。清队中，再次被揪出。然而，党的政策一贯是"坦白从宽，抗拒从严"。从我的问题来看，性质是严重的。

在清队开始不久，我学习了毛主席的519批示，对我进行批斗期间，毛主席的12·1指示又下达了。毛主席明确地指出："对反革命分子和有错误的人，必须注意政策，打击面要小，教育方面要宽……"

我被揪出以后，摆在我的面前有两条可供选择的道路，一条是抗拒交代、隐瞒错误，同革命群众对抗，抗拒从严的路。一条是老老实实交代出一切错误言行，上纲上线批判认识以求得宽大处理，即坦白从宽的路。在这关键的时候，毛主席的光辉的政策思想，给我指明了道路。在毛主席的伟大的政策思想感召下，我坚决选择了坦白从宽的路，交代了我摘帽以后与右派分子程庆民等人在谈话、信件中所有错误言论，交代了我在摘帽以后所写的一切有错误的作品，交代了我在"文化大革命"中一切活动，并对这一切错误罪行进行批判认识。与此同时，我彻底揭发了程庆民、吕宕等其他人的问题。

当时我的坦白交代，曾得到本组广大革命群众和领导的公开的肯定，他们鼓励我继续向人民靠拢，向人民投降，并把我的坦白交代作为好的典型教育、帮助其他清理对象。这些情况可以向当时的组长熊世俊（现在市安置办公室工作），周小林（现在贫宣队），群众代表谢德昌（现下放和县）、陈文国（现调金革厂工作）以及后来的指导员陈胜夫（现在"一打三反"办公室）了解。

在彻底坦白的同时，我在群众队的监督下也决心老老实实认真劳动改造自己。这方面的表现，专政队队长卓玉堂（现调三铁厂）、队员余德中（现回公交站）都是了解的。

现在，在宣读我定案处理的大会上所宣布我的罪行，其中除个别与事实有出入而外，绝大部分都是我主动坦白交代的。

至于我在"文化大革命"运动中，插手一派群众做了不少坏事的问题，也有我的特殊情况。我在运动初期就被作为重点来批斗的，在批判资反路线时，造反派把我作为群众解放出来，给予平反。因此我在感情上倾向于最初起来造反的一派，甘心为他们服务，以至走上了违背毛主席革命路线的邪路上去而不自觉。

从我当时的言行来看，并不是蓄意破坏"文化大革命"的，这一方面，当时"市联总"的负责同志（黄一汉等同志和文化系统造反派负责人何望铮、王杰等同志）是了解的。

我认为我所犯的错误确实性质严重，但我不是一个死心塌地与人民为敌的人。我在解放时只有15岁，是党和人民培养我上了大学，成了一个技术人员。我与党和社会主义没有什么根本矛盾。在犯了这些严重错误、罪行之后，在毛主席的政策感召下，我是决心向人民缴械投降，主动从敌人方面分化出来，接受改造的。因此我请求组织上对我的问题进一步调查了

51

解，予以复议，并酌情从宽处理。

在经济方面所给的生活费，在南京市 25 元，维持家庭生活确有困难，我家有母亲、爱人、一个孩子（2 岁），下个月我爱人就要生第二个孩子。她的工资 30 元当能勉强维持家庭生活，我原工资 53 元中每月要补贴岳母生活费 5 元。按目前的情况平均每人每月生活费 10 元，并分居两地在城市生活，确实困难。我请求组织上能考虑我政治上处理的同时，适当考虑我的家庭困难，适当安置给予生活出路。

当然，张弦的报告递上去之后，并没有什么反响。眼看着周围的人，一个个地离开，同来的一批人，剩下没几个了。张弦的主要任务还是在食堂或菜园劳动，劳动之余几乎没有什么学习、开会。不过，每月 25 元的生活费，确实让家里的生活难以为继。也有人关心张弦的经济问题，建议他写个报告要求补助。张弦认为写了不至于有什么副作用，顶多是不理，但张弦还是觉得给了补助，再提更高的要求就不易达到了，比如安置问题，所以犹豫之下，还是没写，靠着变卖家里的一点东西，勉强维持生活。

1971 年 2 月，干校传达了 1971 年中央一号文件精神，其中有一条强调落实政策方面，"可戴帽可不戴帽的，坚决不戴。可捕可不捕的，坚决不捕"，张弦认为这对他的问题解决一定是很有帮助的，虽然不抱很大希望，但看到形势的有利总是高兴的，但愿目前的苦日子能尽快过去，甚至暗暗期待自己有一天能重新拿起手中的笔。他在给张玲的信中就说，他刚刚读完赵燕翼的《草原新传奇》、周立波的《铁水奔流》等小说，尤其是《铁水奔流》所写的正是他向往已久的主题，毕竟他曾经在钢铁厂工作过，有着丰富的经验。但是，他也坦率地说，他觉得周立波写得不怎么样，如果给他机会，他一定可以写得出来，而且说不定比周立波写得更好。当然，他也承认,周立波的《山乡巨变》他就写不出来。①但是,没有想到,所谓落实政策、重新处理的愿望很快又落空了,全国上下很快进入了轰轰烈烈的深挖"五一六"的运动。

1971年3月27日,中共中央发出《关于清查"五一六"反革命阴谋集团的通知》。通知说:"国内外阶级敌人同我们的斗争是很复杂的,反革命秘密组织绝不是只有一个'五一六'",鼓动人们去抓更多的"反革命"。马鞍山市四处都是大标语、大批判专栏,干校也开始组织学习、动员和大批判,如此一来,复查的事也就拖下来了。张弦也很担心,这次会不会再受冲击,只能在心里做好思想准备。最坏的情况无非是再将"文化大革命"中的检查重演一遍,大会批判,再等待处理。悲观失望之中,他只有在李白、杜甫诗作中寻找寄托,聊以消遣。幸好,这次运动除了自我检查之外,倒也没有给他太多的冲击,最让他烦心的还是复查遥遥无期,经济捉襟见肘。百般无奈之下,张弦还给钟惦棐写过信,一方面汇报自己的近况,一方面也说到家庭甚为窘迫,希望钟惦棐能给予适当的支援。②张玲知道张弦的难处,信中不愿多说家里的困难,怕影响他安心改造,但很希望张弦收到信后能向领导谈谈家里的困难。可是,张弦除了找领导反映,又能怎么办呢?只有无望地等待,等候命运的拨弄。

从1971年到1973年底,张弦四处奔波,不断汇报,但复查、平反、回城的事还是一波三折,一无结果。1972年初,干校解散,在这之前,有的下放,有的押送回原籍,都处理了。张弦没有选择留在农场,而是去了马鞍山近郊的慈湖公社林里大队交社员监督。张弦后来回忆说:"乡亲们待我很好,并不派我干什么重活,节日

---

① 《张弦致张玲》(1971年2月19日),未刊。
② 《张弦致钟惦棐》(1972年7月27日),未刊。

搞一次五类分子训话,也对我另眼相看。我还受到党支部的'重用':给大队的文艺宣传队编写演唱节目。我当然全力以赴,要什么写什么。一度竟成了快板、相声、对口词等等的'全能高产作家'。在队里,我包写借据、便条、家信、入党入团志愿书以及打官司的状子。"①

张玲给张弦的信中说,现在文艺创作抓得很紧,南京很快要出两本书《工农兵诗选》和《儿歌选》,还给各基层单位布置了任务,张玲也写了首诗,希望张弦提提意见。②谈到文学,张弦毫不客气地说,张玲的诗不大好,浮光掠影,意义不深,无法修改。希望张玲多关心生活,多阅读,多开阔自己的思想,培养艺术感受能力等。③张弦信里的主要内容,还是不断报告自己找领导的情况,还有各种或真或假的消息。到了1973年初,事情似乎出现了转机。张弦兴奋地告诉张玲:"今天到市里听了一些好消息:1. 听王亦耕讲(他已回家,尚未分配工作)今年1月份要召开全省复查工作会议落实政策。目前尚有80名定案后的人未复查,要普遍搞——这样一来,作为一项正式的工作有人抓,我的问题大约不会多久了。2. 吕宕已交上了材料回和县他爱人处,据军管会说叫他元月十五回来。3. "五七干校"另一个悬案老周,最近已宣布解放并恢复组织生活,同时叫他去安徽大学担任工宣队领导。4. 小赵补工资的报告已交上去了,补发已无问题,提两级大约也可以通过。5. 我的鉴定已写好,交给了小金,大约星期一可以送到文化局去,鉴定我看了,评价是很好的。"④而且,确实有消息说,很快就要调张弦上来了。兴奋之下,张弦又去找了领导,但没有领导能真正给他

---

① 张弦:《张弦自传》,《作家》1984年第5期。
② 《张玲致张弦》(1972年7月27日),未刊。
③ 《张弦致张玲》(1972年7月31日),未刊。
④ 《张弦致张玲》(1973年1月6日),未刊。

定心丸。张弦也只有一面尽力催,一面自我安慰,安心等待。

与此同时,张弦又开始重新拾起笔,开始了写作,一方面是帮张玲完成任务,帮她写了《印刷工人之歌》之类,另一方面是配合生产队的宣传任务写大批判稿或相声,还写了一个说唱《三千金大麦》和对口词《战斗在新的岗位上》,但他心里还在酝酿着自己的创作计划:

> 我最近突然想起构思过的小话剧《坚强一号》,如提前一个月写出,《新华日报》一定会用的,但这是个长期的题材,写得好会很受欢迎的。方向、路子都无问题,正面人物有行动、占主动是这个戏的好处,但结构未想好,可能嫌平淡。我好像很有兴趣和信心把它搞出来。戏中三个人物:一是下乡了三年的知青,"坚强一号"稻种(或麦种)的创造者,公社农科所的土科技员。二是三年前初中的女同学应届高中毕业生,一心想当科学家,想升学(或上工厂)。三是她的母亲,农业科学研究所的教授,"坚强一号"稻种的推荐者、总结者。另外拟加一个次要人物,还没有想好。不过最近并不打算动笔,结构还不成熟。《矿山枪声》也在无事时思考中,因为是大戏,现在是无法写的,但多多酝酿下笔时就会快多了。我的第一篇小说《甲方代表》业余时间写了一个星期,但酝酿了起码有一年以上。《锦绣年华》亦是如此。《矿山枪声》我是有信心的,亦颇有决心,盖翻身之仗就靠它了。我没有,也不擅长写惊险的戏、战斗的戏,但我颇有决心好好学习,如我当时未写过戏曲,学习了一段就写了《莫愁》一样。[1]

---

[1] 《张弦致张玲》(1973年4月21日),未刊。

领导也充分发挥张弦的长处，让他结合林里大队新中国成立前后的变化，准备写一个较大的歌舞剧《林里巨变》。张弦干劲十足，一个星期就完成了。张弦读完 1966 年前后的几册《曲艺》杂志，很不满足，请张玲设法把 1971 年以来的《解放军文艺》全部借来，一方面是学习，一方面也想找找创作的灵感。他看到马鞍山话剧团在排的剧本，是山东的反转戏《不平静的海滨》，在济南演出八十多场全满，而这正是张弦想写的路子，"可见有人走在前面了，可谓英雄所见略同也"。① 张弦看完李云德《沸腾的群山》后颇为失望，这与他想写的《矿山枪声》题材完全重合，他无奈之中只得放弃。

1973 年底，张弦正在埋头给宣传队写《鸭子下了田》，终于收到上面来的通知，让张弦搞好宣传队的这批材料后就马上回马鞍山话剧团，但并没有说如何解决张弦的问题。领导告诉张弦，他的问题最大的可能性是"摘"，工资则维持原来的标准。"这个摘不是不复查，是在复查的基础上摘。即把过去定案的有些不合事实的东西去掉，但结论不变。然后根据其表现摘帽。"② 张弦左右为难，征求了一些朋友的意见，虽然情绪上别扭一些，最终还是决定，回就回吧，回去了可能也更有利于问题的解决。

1974 年 1 月，张弦终于告别多年的农村生活，回到了城里，被分配到马鞍山文化局下属的"解放电影院"，每天"把'闸子'、对号、打扫卫生，得以接触了大量最普通的劳动者，从医院到派出所，从早点铺到公共汽车公司，到处有熟人，被尊称为'张师傅'"。③ 张弦在电影院一直待到 1978 年 4 月。回城没多久，张弦终于等来了复查结果，领导给他看了《关于张新华"重新戴上右派帽

---

① 《张弦致张玲》（1973 年 6 月 17 日），未刊。
② 《张弦致张玲》（1973 年 10 月 25 日），未刊。
③ 张弦：《张弦自传》，《作家》1984 年第 5 期。

子"几个问题复查的材料》，里面的材料完全是很实事求是的，结论非常理想，甚至有些意外之感。不管怎样，"摘帽"是肯定的了，张弦心里还希望能恢复工资。

1974年前后张弦与妻子张玲、儿子张远、女儿张为的家庭合影

　　回城之后，在电影院上班之余，张弦把主要精力投入到了创作之中，花了两个半月的时间，完成了电影剧本《鹰击长空》的创作，共三十六节，约五万字。署名是"司徒楠"，是张弦与同事曾民杰合作的笔名。这次创作对他是一次试验，无形中增强了他的信心，看到了自己才华并未丧失，政治见解和艺术质量较以前的创作都有提高，最重要的是，创作力仍很旺盛。这是张弦最大的收获。曾民杰把剧本给北影、上海各寄出一份，可惜的是，《鹰击长空》与空政的一个剧本撞车，而且长影也拍一个空军题材的。这让张弦颇有些沮丧，他给张玲发牢骚说："戏剧这一行实在没搞头，题材决定论。同一题材的东西，不需比较好坏，而是哪个抢在前面和哪个后台硬的问题。至于其他的种种限制更不在话下了，我最近倒颇有兴趣学学中医，不想为文学而自寻烦恼了。"[①]

[①]《张弦致张玲》(1974年9月5日)，未刊。

当然，话虽这么说，张弦还是离不开文学。有一段时间，他很想写一部反映文艺界的小说或话剧，话剧就叫《没有枪声的阵地》，小说就叫《阵地》。他觉得，只有结构好，有故事，就一定能成功。但是他真正花工夫的，是把姚雪垠的长篇小说《李自成》改编成剧本，差不多花了一年的时间来改编和修改，甚至去读《明史》，寻找史实依据。1975年9月25日的信中还说："最近抽空考虑了一下《李自成》，决定把上部先改出来，动大手术，砍掉根据小说写的情节，去掉洪承畴、张献忠，集中写李自成，写他的宁死不屈（不投降）。第一章：宁死不屈；第二章：血战突围；第三章：星星之火；第四章：探明虚实；第五章：智退官兵；第六章：进军河南；第七章：烈火燎原。"[①] 希望如此可以改出一个拿得出手的初稿。张弦每改完一段，就寄给张玲提意见，对其中的艺人唱词，也遵照张玲的意见取消了前半段，以后半段为主加了几句。张玲没想到张弦创作的激情又重新翻滚，之前张玲从《鹰击长空》剧本中就看到了张弦仍然葆有的创作才华，而《李自成》剧本比之前者更有特色、更吸引人。她深深地为张弦骄傲，不断地给予鼓励。

与此同时，张弦也在想方设法，想调离解放电影院，甚至想调回南京，毕竟两地分居这么多年，他虽然有时可以短暂地回南京，但毕竟很不方便。张弦甚至给邓小平写了一封信，希望能引起省、市两级领导的关注。1975年11月11日，张弦信中表示，最近身体不大好，突然吃不下饭且头昏、肝疼，感到前所未有的累，后来发展到开始打"ATP"、打"肝注射液"，想要好好活下去。

　　昨天休息，为我调动的事跑了一天，略有眉目，报告已交解放电影院，并于今天转到刘一明那里了。今天又为何一群的

[①] 《张弦致张玲》（1975年9月25日），未刊。

事跑了几处，何借了我那本借来的《基度山》，不巧被他们党支部书记在他家发现，拿走了。目前正在多方设法要还此书，颇令人心焦，也使我们有所警惕。目前这里正在搞"反腐蚀"运动，各单位都查"黄书"。有人则乘机捞油水，查出些有趣的书自己贪污，所以放在你处的书也要注意，特别是那些小青年。①

张弦身体的疲乏，让张玲十分揪心，更期待能早日解决调动的事。但是张玲悲观地认为，解决问题、调动工作、分大房子等等，都是遥远的很可能永远办不到的事情，但是把工作调到工人剧场则是可以做到的，张弦如能调到工人剧场就等于争取了生命。② 在这种状态下，张弦过得很压抑，觉得"近年来由于处境不顺利，心情老是不好，总是处在一种郁闷和压抑之中，所以常常烦躁、急躁，同时对你所感兴趣的事也常常提不起兴趣来。我对创作是在不断地追求的，付出很大的努力但往往毫无所得，容易产生一种对生活中的一切都感到不诚心、不满意"。③

其实，张弦写这封信的时候，中国社会已经开始了一个巨大的转折点。以华国锋、叶剑英、李先念等为核心的中共中央政治局，已经于1976年10月6日逮捕了江青、张春桥、姚文元和王洪文，"文化大革命"至此宣告结束。那场政治专制、经济崩溃、文化凋敝、社会动荡、国民精神压抑和心理恐惧的浩劫，开始成为历史。中国社会很快将步入改革开放的快车道。时间要重新开始了！但是，身处其中的张弦，似乎并没有意识到这将彻底改变中国社会，以及他个人的命运。他感受到了身边的变化，他工作的解放电影院

---

① 《张弦致张玲》（1975年11月11日），未刊。
② 《张玲致张弦》（1975年11月29日），未刊。
③ 《张弦致张玲》（1976年10月25日），未刊。

得到通知，原来备受追捧的影片，比如《红灯记》《红色娘子军》《杜鹃山》《反击》《欢腾的小凉河》《春苗》等纷纷停止放映，有些主创人员甚至被抓审查，取而代之的是《园丁之歌》《创业》《雁鸣湖畔》《江水滔滔》等影片。这让张弦对未来的生活，也燃起了一点希望：

> 形势的变化，虽然对之不能抱很大的希望，但最低的希望是可以在不久的以后实现的。估计我的问题如算命先生所预料的，明年能得到解决。我们应该有信心，把身体搞好，在明年庆祝我们结婚十周年的日子，一切都会好起来的！鼓起勇气迎接生活吧！①

不管怎么样，张弦的生活真的发生了巨大的变化。失联多年的老师朋友开始重新恢复了联系，张弦重新又投入到了新剧本的创作之中。1976年10月7日，张弦收到了失联已久的王蒙的来信。王蒙在信中说："十多年过去了，不知这封信能收到否？我一切都好。"王蒙1971年去干校，1973年分到新疆自治区的文化局，现在又调到了"创作研究室"，下面有汉、维吾尔、哈萨克三个文艺刊物的编辑部和创作研究组。收到张弦回信后，王蒙很快又于11月15日写来长信，详细谈了他这十几年的情况。张弦和同事一起全力以赴，花两个月的时间，赶出了一个剧本，珠江电影制片厂很有兴趣投入拍摄。张弦改完剧本，兴奋地向张玲报告："这个伟大的工程到此告一段落。……十多年来，我没有这样兴奋过，没有这样辛苦过，也没有这样充实过。不仅仅是本子的本身是一个很大的提高，在我的创作生活中，也是一个很大的飞跃！"他认为，经过他

---

① 《张弦致张玲》（1976年11月4日），未刊。

的加工重写，整个戏充满了人物的命运、人物的感情，充满了震动人心的力量。张弦肯定地说，它的分量和感染力可以不亚于《创业》。① 这个电影最后似乎没有正式投入拍摄，但它之于张弦的意义，可能远远大于后来的那些著名的电影。

不久，由于连年劳累，张弦生病住院，这段时间成了他读书、思考的很好的机会，心里又开始酝酿新的剧本创作，想写一部知识分子题材的戏，并为此做了大量笔记。从现在留下的笔记本中，可以清晰地看出他的思考、酝酿与写作的过程。1977年9月初，张弦开始动笔写电影剧本《心在跳动》（即《苦难的心》），不到半个月，就写出初稿。此后他把稿子寄给张玲和同事，广泛听取意见，不断地加以改写。马鞍山文联的副主席吕宕看了本子，给予很高的评价，认为人物出来了，老医生写得好，在批判"四人帮"的戏中，还没有看到这么好的本子，甚至认为比白桦的《曙光》还要好。张弦也根据大家的意见，不断地进行修改。有一天在路上突然想到最后的一场戏，即老医生站出来斗争工作组长的那场戏，可以让他最后喊出："你们是真正的杀人凶手！"杀人、毒害人，让千万病人的心不能为社会主义而跳动，还毒害健康人的心，使他们感染资产阶级的病毒，从而完成了这个人物的使命，也完成了批判"四人帮"这批杀人魔鬼的主题。与此同时，他又把《心在跳动》改成了话剧剧本。

第二年的6月，终于接到长春电影制片厂来信，邀请张弦去修改剧本。虽然到电影厂改本子，不一定最后能成功投入拍摄，但张弦信心很大，这毕竟是一次极好的机会，他可以出去跑跑、听听意见，直接接触电影界的人士。他不断地与各方人士见面，交流，认真记下了王亚彪导演等人的具体意见，而且当天就给张玲写信

---

① 《张弦致张玲》（1977年3月16日），未刊。

报告：

> 今早总编室副主任、导演王亚彪、责编石城等来谈意见。主要意见是：一是就主题、题材、人物、情节、表现手法等各方面对剧本作了肯定，主题有现实意义且有艺术生命力，人物有典型意义（可以成为知识分子典型人物），剧本完整，戏剧性很强，手法电影化、流畅，总之是一个完整的艺术品，较成熟，作者有真情实感，有电影创作经验等等。二主要问题是与《丹心谱》剧雷同，如在人物关系上，修改时如何避开。三反面人物不够深、简单化了，有些人物脉络不清，有些人物不统一等等。最后表示他们是有信心的。①

在自己的笔记本上，张弦也在思考具体的修改方案，对大家提出的意见，十分感谢。他说：

> 听到很多意见，很宝贵，很有启发。意见首先是肯定了这个本子的一些优点，对我鼓动很大，也感到惭愧，大家之所以认为这个本子有些感人的地方，主要是我确实有些真情实感。我把自己的痛苦和理想写进去了，我是流着眼泪写下这个剧本的。同志们喜欢这个本子，我很感激，因为我想要告诉人们的心里话，终于打动了同志们。
> 　怎样理解同志们的意见，怎样进行修改，我觉得仍必须从生活出发。
> 　与《丹心谱》雷同感，特别是田刚与杨帆这两个人物关系的问题。反复考虑后，觉得改动有困难。1. 这两个人物与罗

---

① 《张弦致张玲》（1978年7月5日），未刊。

秉真的关系是和整个情节扭结在一起的，是展现主题所不可少的。2. 从人物本身看，与《丹》剧不同，与罗的关系看，田作为罗的领导，又是朋友，在政治上对罗的帮助、生活上的关心、工作上的支持（虽然目前写的还不充分）是必需的，也是力图写出特色的。作为书记的职务，和以为调走，这也是从生活出发，戏剧发展的必然要求，有雷同感。我想恐难避免。至于杨，是罗的学生和助手，骗取了罗的信任，追求他的女儿，以后又打击罗，个人主义很明显，和《丹》剧差异就更大一些。

我想，只要进一步把这两个人写得更丰满些，加上导演的再创造，不会使观众有雷同感。至于从整个戏来看，虽然同一题材，主题也较接近，但还是两个故事。如果把这个戏里医生的命运，病人的命运，医生和病人之间的关系充分地强调起来，不致使人感到雷同。①

经过反复讨论，广泛听取意见，最后终于定下了修改方案："1. 开头改动一些使其入戏快些；2. 结尾改短，并按话剧的调子改，尾声压缩为一场戏；3. 人物关系改成徐家茂是党委书记（新派来的），田刚是副书记主任，这样好处很多。首先是满足了编辑部的要求，与《丹》不雷同，其次去掉了什么工作组之类的头衔，再者突破了书记总是好人的框框，四是使戏更集中，冲突更强烈了，田的处境也使人同情。总之，这个修改方案大家都以为较前较好。"② 就在张弦全力进行修改的时候，又传来了好消息，时任电影局副局长张俊祥、丁峤等人，要来长影审阅明年的任务和国庆三

---

① 《张弦笔记》（1978年7月10日），未刊。
② 《张弦致张玲》（1978年7月21日），未刊。

十周年献礼片任务。《心在跳动》的原稿，厂领导和张骏祥都已看过，挺满意，很有希望定为献礼片。长影的献礼片共六部，历史题材的影片三部，现实题材的影片三部，现实题材的影片中已确定的是长春厂的编剧张天民的《宏图》，剩下两部有六七个本子在竞争。如果列入献礼片，那么导演安排、彩色片等，就都没问题了，会很快成立摄制组，明年六月拍出来。

张天民住在这里，每天和张弦散步聊天，两人十分投机。他还带编剧鄂华来看望张弦，张弦觉得鄂华又老又瘦，鄂华却认为张弦还不老，两人十分感慨。鄂华过几天也要来此修改《祭红》。张弦在这里还结识了吉林的女作家何鸣雁，她是朝鲜族，翻译了很多朝鲜影片，为人十分爽朗。"当我谈到我受迫害二十五元一月，每次回家就卖衣服时，她眼圈红了，一再说你的爱人太好了。"张弦在这里心情愉快，交了不少朋友，与他们聊天，"深感自己很不足，知识太少了。政治经验也缺乏了。等鄂华过几天来，我们将好好谈谈，这些朋友会使我得到启发的"。[1]

在长春期间，张弦一连收到王蒙的两封来信，王蒙正好在北戴河团中央招待所改他的长篇，8月份回北京，希望到时能在北京一见。"我估计这时已可离开长春了，反正顺路，一定要和他见一面。故人重逢，难友相见，容颜虽老，成果犹新，该是何等令人兴奋的事！人生有这样的知己益友，何憾之有也！"[2] 自从1976年10月份，他们重新联系上之后，两人就邮件往来不断，王蒙不断给张弦以鼓励和提醒，希望他先放下包袱，努力工作，"当前形势发展快，令人鼓舞，但也可能存在曲折。既不要四平八稳，又不要轻率，忘乎所以，这个分寸掌握还是有学问的"，[3] "各种作品中，不怕不逢

---

[1] 《张弦致张玲》（1978年7月29日），未刊。
[2] 《张弦致张玲》（1978年7月29日），未刊。
[3] 《王蒙致张弦》（1978年2月27日），未刊。

其时，不怕荒杂混乱，只怕反映不到浑厚的生活。热门货往往最多得到浮名，而真正的作品还要靠潜入生活的火海"。①王蒙一方面肯定了张弦的《心在跳动》的剧本，认为张弦对电影这种形式还是很熟悉的，另一方面也具体指出不足之处主要在生活、思想、人物的丰富和深度方面，并且提出了具体的修改意见。他希望张弦不妨大胆突破，自成一家，要在剧本中体现出，"我们要笔杆子的人是要分得清哪些是'匠心'，而哪些是挖自生活海洋中的珠贝和深邃的思想光辉"。②有这样的朋友知己，张弦真的知足了。

不久，《心在跳动》果然被确定为国庆三十周年献礼片，列入"必保"的重点，经过与导演、领导的讨论、沟通，张弦又集中力量再作修改，终于在9月中旬正式交出，自我感觉比较满意，水平应该比原来又大大提高了一步。张弦很清楚地意识到，无论《心在跳动》拍出来之后效果如何、是否轰动，其实都不重要了，最重要的是，他终于步出了关键的一步，正式跻身于长影厂的圈子，这是长影此行最重要的收获，也是良好的开端。"我来了近两月了，这两个月我在创作上想法很多，打破了我那枯窘的局面，好像要写的东西，可以结构成故事的东西非常多，又是我觉得我的创作生命又年轻了起来，只要有足够的时间，我可以不停地写、写、写。"③1978年11月，他的问题也得到彻底解决，明确是"受四人帮迫害"的，给予彻底平反，工资全部补发。话剧《心在跳动》也大获成功，得到省委万里等人的充分肯定。这些都更激发他的创作激情，产生很多的创作计划，想马上动笔先写中篇《青春的颜色》，而后改为电影，想写短篇《记忆》，想修改旧作《青春锈》，想写唐山大地震，想改编《莫愁女》，想再写一部电影，他认为"有影响的电

---

① 《王蒙致张弦》（1978年3月27日），未刊。
② 《王蒙致张弦》（1978年7月26日），未刊。
③ 《张弦致张玲》（1978年8月23日），未刊。

影，才能真正站住脚，小说可写，作为另外时间来搞"。①

当然，真正成功的，一是在《人民文学》1979年第3期上发表了短篇小说《记忆》，这是近年来安徽作者在《人民文学》上发表的第一篇作品；二是把王蒙的长篇小说《青春万岁》改编成了电影剧本。《记忆》发表之际，正是"伤痕文学"风起云涌之时。小说通过方丽茹与秦慕平的冤案，展开了对历史的反思，其中不无张弦自己遭际的影子。王蒙读了《记忆》，深为激动，认为这部小说在思想上、内容上都给人以震撼人心的力量，而且艺术表现颇为节制，是张弦"创作道路上的新的里程碑，是划时代的"。②当然，王蒙也指出了结尾的不足。张弦的创作状态如此之好，由他来改编《青春之歌》，王蒙当然十分高兴。从5月到6月，张弦花了差不多两个月的时间，终于把三十二万字的小说《青春之歌》改成了四万多字的电影剧本，原来的名字是《芳草春晖》，最后才决定仍沿用小说原名。1979年1月，张弦在信中说，现在小说创作发展很快，很多青年作者百舸争流，新的竞赛开始了。他构思了一篇小说，初步定名为《往日的爱情》，写一对青年人的爱情故事，从20世纪50年代一直写到1979年，写他们的波折、遭遇、欢乐和悲伤，以"没有寄出的信"的书信体形式，写一个近十万字的中篇。他对自己写爱情特别是以书信体来写是比较有信心的。③ 这就是后来发表于《上海文学》1980年第1期的《被爱情遗忘的角落》，后来张弦又把它改编成了电影，一时名声大噪，成为他的代表作之一。

张弦乘胜追击，想集中写几篇中短篇，也构思了好几个。《记忆》的成功，反而给他带来很大的压力，必须要陆续再写出一些

---

① 《张弦致张玲》（1978年9月14日），未刊。
② 《王蒙致张弦》（1979年4月7日），未刊。
③ 《张弦致张玲》（1979年1月8日），未刊。

可以与《记忆》媲美的小说，可是这又谈何容易。张弦说眼看着同辈和比他年轻的同行也都在拼命创作，白桦已出了五个电影剧本，叶楠出了三个电影剧本，王蒙最近也有一批短篇发表……张弦感到自己进展迟缓，心中难免着急。"我在文坛的地位很不稳定，不巩固，不出新的东西随时可能被忘掉。"①他跟张玲说，"自从去年7月份以来，我的确常在外面跑，可是你完全明白我在追求什么。我在为什么奋斗，我现在才不过重新露面，50年代我也并非轰动的人物，现在也远远不是。我必须在最近这一段时期付出最大的努力来取得文苑中的一足之地，在马鞍山在安徽有点影响算得了什么？《记忆》造成了全国影响，但远远不够。我必须努力，目前这一二年内我简直没有休息一下的权利。这些你是理解和支持的。"②

但不管怎么样，张弦毕竟已在文坛崭露头角，《当代》《十月》《清明》《人民文学》等重要刊物纷纷来向他约稿，他成为新时期文学的一员大将。他应邀参加了一个创作座谈会，《文汇报》还专门报道了这次座谈会，张弦的名字也在其中，"这是历史上第一次在新华社的消息说发表了我的名字，值得纪念"。③也是这次活动中，张弦得以与一批同行深入交流，很受鼓舞：

> 今天去新侨饭店开了一天会，会开得很好，很热烈，结识了很多新朋友，白桦、刘心武、邵燕祥、苏叔阳、张洁等，均是第一次见面，也见了林斤澜（二十多年前见过）。……刘心武说他在学生时代就读过《锦绣年华》（他三十七岁），张洁说他很早就想认识我，她看过《上海姑娘》，林斤澜并且想约我

---

① 《张弦致张玲》（1979年8月9日），未刊。
② 《张弦致张玲》（1979年8月16日），未刊。
③ 《张弦致张玲》（1979年8月31日），未刊。

谈谈,和他们在一起我受到鼓励又感到惭愧的着急。人家个个都拼命奋斗,我难道还能迟疑吗?会后我邀请李陀来东方饭店谈及《记忆》的改编事,他很支持,表示协助我找好导演等。反正我只有努力干,赶上去,写出高质量的东西来。我想为了这个,你受了委屈,但你是有功劳的,人们在承认我的同时也是承认你、尊敬你的。①

1979年,对于张弦来说,真的是"不平常、大变化的一年"。他在1979年12月31日的信中,跟张玲细细回顾了这不平凡的一年。元旦后,他离开长影到北京,重新拿起笔来,创作了第一篇小说《记忆》,发表后引起了热烈的反响。1月中旬去合肥,他写的话剧《心在跳动》获得了省汇演一等奖,同时,政治上最大的包袱也解除了。长影《心在跳动》的稿费也如期汇到。张弦认为"我们过了一个政治、经济同时翻身的春节"。2月份,《安徽戏剧》第2期发表了话剧剧本《心在跳动》。3月份,改出了《莫愁女》,演出盛况,超过预期。4月份到上海,第一次与上影建立了联系,而后为改话剧剧本又返回马鞍山市。6月份,交出了《青春万岁》初稿,同时开始构思《舞台》和《角落》。7月份到北京,《心在跳动》在首都舞台演出,同时,在北京也写成了构思好的两篇小说。《舞台》发表于《人民文学》第9期。10月份,他有幸参加了全国文代会这样隆重而有意义的大会。11月南游时,结交一批创作上的朋友,加深彼此的了解,受益很多。最后一个月《记忆》被译成日文,根据《心在跳动》改编而成的电影《苦难的心》反响之好,大大出乎意料。张弦说:"今年过得不错,在事业上继去年刚刚重露头角之后,迈出了坚实的一步。在小说和电影两界,我站住了脚

---

① 《张弦致张玲》(1979年8月18日),未刊。

跟,得到了进取的基地。"张弦深深地意识到,虽然未来也许还会遇到困难,但是基础已经稳了,更重要的是要不断攀登,勉力前行。①

---

① 《张弦致张玲》(1979年12月31日),未刊。

第四章　风靡一时的小说创作

1980年刚开头，张弦就喜事连连，一是《被爱情遗忘的角落》发表于《上海文学》第1期，一时间好评如潮，王蒙、冯牧等人都给予了很高的评价。当时的青年评论家吴亮认为，张弦的最成功之处"在于描写空虚的精神中的完满人性，描写了没有爱情的'爱情'"。① 后来香港《七十年代》第4期又全文转载，并附一简评，认为"作品十分大胆而真实地描写了今天的农村"。② 二是《苦难的心》持续得到肯定，话剧在全国文艺汇演中获奖，电影被文化部电影局评为优秀电影，刘绍棠还特地写信告诉张弦，胡耀邦2月份在京西宾馆的报告中，称赞了《泪痕》和《苦难的心》，说他喜欢《心在跳动》这个题目。③ 张弦趁热打铁，全力开始改编《被爱情遗忘的角落》，几经修改，终于导演也雄心勃勃，希望此片能成为1981年的优秀得奖影片。④

但是，钟惦棐却给张弦泼了一盆冷水。钟惦棐认为，《被爱情

---

① 《吴亮致张弦》（1980年2月9日），未刊。
② 《张弦致张玲》（1980年5月7日），未刊。
③ 《刘绍棠致张弦》（1980年3月2日），未刊。
④ 《张弦致张玲》（1980年5月7日），未刊。

遗忘的角落》作为小说，是写得很好的，但要改成电影，他从一开始就有些担心，只是看到张弦颇有信心，也就不吭声了。没想到，读了剧本，真的很失望，作为老师和朋友，他连着给张弦写来两封长信，直言不讳地表达了自己的看法，列出一些问题，比如作为电影剧本，文学描写太多，原本可以不说的话，却说了不少，有的语言显得很生硬。现在这种分节描写的剧本，钟惦棐本来就不赞成，觉得零碎，引不起强烈的观看兴致，而且插曲歌词与人物身份和主题也不尽吻合。他说："这也许是我正在感觉文学、戏剧和电影的异同问题，因此十分敏感。我也怀疑，这个题材从文学构思到电影构思，你仍未脱出前一种状态，而这也的确是个问题。好像你既能写那个《角落》，自然能写这个《角落》，其实呢？两个《角落》并不在同一个屋子里。"①

张弦（右一）与《被爱情遗忘的角落》剧组合影
（左一为扮演荒妹的沈丹萍，右二为扮演存妮的杨海莲）

张弦很感激钟惦棐如此坦率的意见，这样的意见"只此一家"，

---

① 《钟惦棐致张弦》（1980年7月20日），未刊。

因为他周围的人都对《角落》的电影剧本评价甚高，有的认为是峨嵋厂近年来最好的剧本，多数认为比小说丰富，也有人觉得不如小说感人，但是能改成这样已经不容易了。张弦对钟惦棐的意见自然特别重视，又悉心改了一遍，他"相信自己的真情实感，并相信文学与电影的'角落'虽不在同一屋子里，却可以相通，或甚至竟是另一种新格式"。① 也在同一封信中，张弦还跟钟惦棐讨论了几个问题，他刚刚读了钟惦棐在《大众电影》《文艺报》上的文章，很受教益。对于当前国产电影令人不满意的现状，到底原因何在，除了行政领导粗暴干涉等因素外，就艺术而言，张弦过去认为原因在导演，相信电影艺术就是导演艺术，而现在则觉得原因更多的在剧本——剧之本。张弦认为电影艺术就是导演艺术这话，要补充"有好导演就会有好剧本"才能全面，即导演和剧本关系是发现、选择以及改造的关系，而改造的主要方面是以文学改造文学，而非只是通过文学以外的电影手段。张弦看了上半年公映的 21 部国产片中的 10 部，终于更加相信剧本是根本这个道理。

张弦谈到最近观看的 10 部影片，令人无法乐观，其中以《玉色蝴蝶》《珊瑚岛上的死光》《他们在相爱》为最。张弦认为根本的问题是剧本缺乏真情实感，或赶浪头迎合政治、外交上的需要，或胡编乱造，或追逐新奇而既不新又不奇，格调低下。而导演过分相信自己的电影手段，以为可以将铜矿石变为金子，或误以铜矿为金，这正是导演缺乏文学修养而并非缺乏电影手段。所以，张弦认为近来过多分析导演成败、电影手段的高低，而忽略了电影文学最基础的一环，这恰恰为轻视电影文学者提供了理论依据。当前电影文学出现的怪现状，一方面数以万计的剧本源源不断，压断了编辑们的脊骨，一方面有质量的剧本又凤毛麟角；一方面大批连一篇散

---

① 《张弦致钟惦棐》（1980 年 7 月 29 日），未刊。

文也没发表的作者踏进电影厂,一方面有见地有经验的编剧退避三舍,致以"触电"为浅薄;一方面真正有水平的导演在寻找好本子,一方面电影界很少探讨文学剧本本身的规律、成败、优劣,至少文学界是从来没有承认过电影文学也是文学的。张弦赞成张骏祥同志的呼吁:电影期待着作家![1] 这种集中在书信中讨论电影与文学,既是有感而发,也是张弦自身的深切感受,当然,也代表了张弦本人始终跨界文学与电影的追求。

钟惦棐还认为张弦作为小说家很好,势头很好,但作为编剧则在退步,张弦的文字魅力在电影里一点也看不出,他认为张弦应该往小说方面发展会好些。[2] 也许是听了钟惦棐的忠告,也许是张弦的确意识到了这个问题,所以他很快把精力更多地转向文学创作,写出了《未亡人》《最后的恩赐》《挣不断的红丝线》《回黄转绿》《银杏树》等一批小说。

1980年11月底,张弦应邀到广西桂林参加广西电影制片厂组织的会议。张弦等与会代表入住甲山宾馆,他与苏叔阳同住一室,两人秉烛夜谈,到半夜才休息。会议期间,游漓江,到阳朔,张弦得以与钟惦棐、黄宗江、梁信、顾工等人日夜盘桓,深入交流,前后有七八天之久。令张弦特别高兴的是,又见到了钟惦棐,与他进一步深入交流了意见,感觉收获巨大,心情也十分舒畅。张弦还特别告诉张玲,会议开得十分紧张,但有机会看了两部内参片,一名《豺狼计划》,一名《爱丽斯之死》,两部片子都相当不错。[3]

张弦一直在外改稿,参加各种活动,有时朋友来了,就由张玲负责接待。1981年4月份,王蒙夫妇在章品镇、徐兆淮的陪同下到张弦家里看望,互相送了礼物。第二天晚上,张玲带着两个孩子再

---

[1] 《张弦致钟惦棐》(1980年7月29日),未刊。
[2] 《钟惦棐致张弦》(1980年9月5日),未刊。
[3] 《张弦致张玲》(1980年12月5日),未刊。

去招待所看望王蒙夫妇。王蒙给张玲的印象是洒脱、风趣、自如；王太太则雍容富贵，一副夫人风度。王蒙让张玲转告张弦：一不要吸烟，二要锻炼身体。王蒙说他夏天常游泳、听音乐，开会总是等到发言那天去一下，读者信一律不回，一般约稿信也不回，在规定时间待客。以此来爱惜自己的精力，有精力都拿来写作和玩。王蒙希望他们尽快调到一起，这才有安定的生活，"要过得快活一点，没有多少年活了，要珍惜"。[①]

张弦与友人合影（左起：邓友梅、冯骥才、陆文夫、张弦、张贤亮、王蒙）

张弦信中也不断报告好消息。《被爱情遗忘的角落》试映时反响强烈，在北影厂放的时候引起全场掌声，几次会议上都给予了很高的评价，"可以说有点小轰动（主要思想性高，真实）"。张弦还骑车跑了一天，请北京的一些作家朋友去看电影，并询问他们的意见。除林斤澜不在北京外，刘绍棠、王蒙、谌容、刘心武、邓友梅、从维熙以及钟惦棐等人，都作为张弦的客人，应邀前往观看，颇为引人注目。"《文艺报》《人民文学》也都去看了，反映已经听

---

① 《张玲致张弦》（1981年4月19日），未刊。

到，也十分强烈。所以只要通过，将来会有好评的。中宣部也看了，在政治上没提出什么问题。"① 后来果然获得了第二届金鸡奖最佳编剧奖。与此同时，电影出版社准备马上配合推出《角落》的单行本。张弦还被选为马鞍山市人民代表，政协常委，同年被任命为马鞍山市文联副主席，可谓春风得意。

《上海文学》第6期发表的《挣不断的红丝线》，反映也很好，王蒙跟张弦说："你的小说越写越好了。"② 从维熙对张弦的小说创作也是颇为看好，也劝张弦"写小说吧，少沾电影"。③ 何启治读过张弦的《记忆》《角落》《红丝线》《未亡人》后，也在信中高度褒扬，认为除了文字很好之外，受到的启发是"它们不同于那些思想高于形象的所谓'问题小说'，总是以活生生的艺术形象感动人，以深刻的哲理给人以启迪。总之，它们的意义往往超出作品的主题之外，这是十分难能可贵的"。④ 李银河也在信中说过对张弦小说的感觉：绝望情绪，当然，这绝非贬义，"为什么世界上其他地方的作家可以有各种情绪——欢乐、悲伤、忧郁、绝望，乃至一些病态的感觉，而中国作家只能有一种情绪，就是乐观情绪呢？（所谓'亮色'——难道人们就不愿意欣赏一下'暗色'，其中就一定没有美吗？）为什么总要再写一个好干部？为什么所有'暴露'的作品最后要一个光明的结局呢？我认为不成文法就是中国文学贫血的病根"。⑤

尽管张弦一再声称不再染指电影，但他还是离不开电影。1982年，张弦花了很多时间，推动《青春万岁》的正式投拍。虽然初稿早就完成了，也几经修改，剧本早已成形，但迟迟未能投入拍摄。一直到6月份，才最终决定由上海电影制片厂的黄蜀芹导演指导拍

---

① 《张弦致张玲》（1981年6月10日），未刊。
② 《张弦致张玲》（1981年6月10日），未刊。
③ 《从维熙致张弦》（1982年2月13日），未刊。
④ 《何启治致张弦》（1982年1月29日），未刊。
⑤ 《李银河致张弦》（1982年6月29日），未刊。

摄,并确定为上影厂明年的重点影片。黄蜀芹是剧作家黄佐临的女儿,手上原来一直忙着其他的片子,到 6 月才正式接手。张弦特地赶到上海与其见面,商谈拍摄的具体事宜,希望能争取到最好的条件,最好拍银幕。为此,张弦甚至请王蒙专程来上海,与黄蜀芹、摄影师等一起交换意见。这个剧本写作已经花了三年时间,前后改了四稿,这次张弦根据大家的意见,又硬着头皮再改一次。王蒙这次来上海,也有机会与张弦深谈,关于创作、生活、形势等等,张玲也谈了自己的工作问题,入党、住房以及家庭问题等,也算是公私兼顾了。①

1982 年张弦在南京上海路家中

1983 年 1 月,张弦到上海参加一个会议,每天只能睡很短的几个小时,"开会,看电影,叙旧,应付约稿,(包括文学界)请吃饭,与钟惦棐谈序,与叶楠、白桦谈《银杏树》。……每天到十二点、一点、二点,房里来往是人,无法早睡,也不能写信,(午睡根本不睡,来人不断)以致头昏昏的,脚也更疼了,简直折磨死人了"。说是"折磨",但看得出张弦内心还是挺开心和享受的,在这

---

① 《张弦致张玲》(1982 年 7 月 31 日),未刊。

样的场合,张弦能与当时文坛和电影界的名家谢晋、白桦、叶楠、谌容、张贤亮,还有林杉、钟惦棐等前辈,往来交流,这正是张弦一直梦想和期待的,所以每天都很振奋。① 这次会议上,还成立了"电影文学学会",会长是林杉,副会长有李准、黄宗江、叶楠、张天民等,张弦也是十三名理事之一。为了《银杏树》的改编,张弦与黄健中每天都谈到深夜,叶楠、白桦也都一直在提供意见,这让张弦非常感动。②

1983年4月,张弦正式由马鞍山文化局调到江苏省作协从事专业创作。一家人结束两地分居,终于团聚在了一起。不过,回来之后,很快也遇到住房等现实问题。一家四口暂时挤住在张玲所在单位分配的一间16平方米的房间内,拥挤不堪,环境极差,不要说创作,日常生活之不便也到了难以忍受的程度。张弦向省文联申请住房,却得到回答说宿舍已分完,无法解决。迫不得已,张弦只得再向领导陈情,罗列自己近年的成绩,希望能得到关心解决。③

张弦在工厂采访,约1983年

---

① 《张弦致张玲》(1983年1月10日),未刊。
② 《张弦致张玲》(1983年1月20日),未刊。
③ 《张弦致刘顺元》(1983年6月27日),未刊。

张弦参加了太多的活动，觉得浪费了不少时间，心里又有了创作的冲动和自信。他现在越来越觉得"那些花花草草真太没意思了，人生几何，不留点好作品下来才是真的没有价值的。名利在其次，重要的是创造和发现"。① 没想到，这个时候突然又冒出了清除精神污染的运动，到了 10 月份，愈演愈烈。据说由于"精神污染"一词使用骤增，以至于《人民日报》排字房的这 4 个铅字都不够用了。张弦正好到北京参加学习，到京后立刻感到"空气十分紧张"。他猜测，从当前形势看这次看来要整一小批，"首当其冲的就可能是白桦，再是张笑天、张欣辛等，还有些理论界的，最终是对着周扬的"。②

幸好，这个时候张弦照原订计划，带着影协工作考察的任务要去朝鲜出访两周。他在信里详细记录了访朝的细节：

> 我们于 10 月 27 日下午上北京—平壤的国际列车，次日下午四时到达平壤，在朝鲜访问了开城、元山等城市，参观了平壤和外地的名胜古迹，于 11 月 12 日结束访问离朝，13 日下午到达北京。在国外的期间，每日都安排得非常紧张，我本想在国外写封信给你，但一问，在朝鲜写信回国要经过严密的检查，每两星期对外国发信一次，一封信要半个月至三周，只好作罢。
>
> 朝鲜虽是个小国、穷国，但建设得十分漂亮辉煌，整洁，宁静，外表看，确实非常令人高兴，特别是人少，城市安静、整洁，真使我们羡慕。我们团出国颇受重视，礼遇很高。《青春万岁》等三部（两部纪录片）由金日成的儿子金正日指示在

---

① 《张弦致张玲》（1983 年 7 月 10 日），未刊。
② 《张弦致张玲》（1983 年 10 月 26 日），未刊。

人民大会堂放映（3000 座位），颇受赞扬，成了这次访问的高潮。①

访朝回来，回到北京，整天开会、总结、看录像（朝鲜电视台录了访问录像），但又有机会与邵燕祥、王蒙等人长谈。而此时，清除精神污染运动，在胡耀邦的干预下，也被叫停了。"看来今后文艺界要逐渐上正轨了，也要从严要求了。王蒙与我主要谈的是这些，鼓励我好好写作。"② 也是在这一年，由闵福德（John Minford）主编的香港《译丛》杂志，还出了一期《角落》的特辑；美国耶鲁大学 Helen Siu 编译的一本选集中，也收入了张弦的作品。张弦在刚刚出版的第一本小说集《挣不断的红丝线》的后记中写过一段话，这应该是张弦的由衷感言：

我深知自己是一个笨拙的作者，惨淡经营着每一篇作品。我不敢奢望它们能有力量"干预"什么，或者"教育"什么人。我充满自信的只有我的真诚，对人民、对大地一如既往的真诚。我努力追求的只是真实地再现生活，比生活本身更真实地再现生活。

我走过一段艰辛的路。命中注定，我仍将艰辛地走下去。

转眼已到了 1984 年，张弦仍然是在文学与电影两界游走。李子云给他写信，坦率地认为，他去年的小说无论量与质都不够理想，还是《遗愿》一篇较好，希望张弦今年能拿出《角落》《银杏树》水平的作品来。③ 这给张弦挺大的压力，但电影界的活动特别

---

① 《张弦致张玲》（1983 年 11 月 14 日），未刊。
② 《张弦致张玲》（1983 年 11 月 14 日），未刊。
③ 《李子云致张弦》（1984 年 1 月 20 日），未刊。

多，也有诱惑力，所以他还是无法断然拒绝。他有一次参加北京一个中外电影研讨会，在会上做了发言，研讨会结束时，有外国代表知道他是《角落》的作者时，与他热烈拥抱，以示敬意，"他们说在欧洲各团资料馆得知中国最好的影片是《角落》，但至今未看到"。① 张弦作为电影金鸡奖的评委到合肥参加评奖，与老友郑洞天同住一室，两人又开始热烈地讨论如何把《银杏树》改编成电影。刘锡诚托人带话给张弦，让他不要被电影迷住，还是要多写小说。张弦也决定把《银杏树》弄完后，就坚决不干了。张贤亮最新的《绿化树》等中篇反映很好，大家认为潜力很大，与张弦并称为"二张"，可是张弦最近实在没有拿出什么新东西，所以心里也想赶紧写出小说来。②

回到上海，张弦在《上海文学》的编辑吴泽蕴的陪同下到了宝钢，当天晚上就直接找到工人谈话，希望收集一些创作的素材。张弦对宝钢总的感觉是规模宏大、技术先进，但是整个管理体系陈旧、管理干部思想陈旧，他颇感失望。③ 但在宝钢待了五天，天天下工地、访问工人、与领导谈话等，毕竟还是有收获的，也颇有触动，引起张弦许多联想，不时有创作的冲动，吴泽蕴也鼓励他写出来。张弦决定从明天起就动笔，无论如何硬着头皮也要写出来。④但是，小说创作谈何容易，人家坐等稿子，每日在房间苦思，越发写不下去，感到压力太大。那篇写宝钢油漆女工的，总是写不出来，"我发现我只捕捉到一个意念，而缺乏大量的细节，我没有这方面的生活，我在写我不熟悉的东西，我在用我的短处"。⑤ 那天晚上，他突然灵感一现，决心停下来写另一个故事，那是与郑洞天

---

① 《张弦致张玲》（1984年4月9日），未刊。
② 《张弦致张玲》（1984年4月12日），未刊。
③ 《张弦致张玲》（1984年6月28日），未刊。
④ 《张弦致张玲》（1984年6月30日），未刊。
⑤ 《张弦致张玲》（1984年7月23日），未刊。

谈剧本时偶尔谈到的县委书记骑自行车下乡的故事。当晚动笔，第二天写出了初稿，四千多字，再边改边抄，大功告成。这让张弦联想到去年写《热雨》，也是这样的情景。看来，还是要勤奋写作，写得多了，下笔自然会流畅起来。

1984 年夏天，张弦冒着酷暑，挥汗如雨，主要在写两篇东西，一是《未亡人》，二是为《人民文学》写一篇小说《请你原谅我》。《未亡人》刚开始进行得不太顺利，虽然知道毛病在哪里，但就是找不到新的细节，所以进展很慢，只能写一段想一段，到 9 月初终告完成。"下午两位编辑来电话表示相当满意，并已交给了导演。这一稿在初稿的基础上作了相当多的改动，整个的调子更接近于小说，悲剧的色彩浓而情节较淡，结局是一个问号。我自己也比较满意，拍出来肯定不是个一般的影片。估计导演这次会大体通过了，编辑、导演会再谈些小意见，我将再做一次全面的修饰即付打印。弄得快，9 月底以前可望正式通过。"[1] 钟惦棐读了《未亡人》，也认为它的思想是崭新的，在未来 50 年内，还会有它的生命力，但他也指出："在艺术描写上，宜注意多因单果，不要只从一点上描写第二代人。其中有面子、等级等各种传统因素，也有母子之爱，以及其他等等，要注重合情合理。"[2]

给《人民文学》写的小说《请你原谅我》虽然没有写改革，没有写什么新人，也没有写什么社会问题，但张弦自认为有点新意。他追求的是《远山的呼唤》《城南旧事》这类淡淡的风格，这远比浓烈的戏剧性要难写得多。"因为既要淡，又要淡得有味道，淡得感人，淡得感动人心。"[3] 张玲读了之后，也觉得这篇小说是张弦

---

[1]《张弦致张玲》（1984 年 9 月 8 日），未刊。
[2]《钟惦棐致张弦》（1984 年 9 月 12 日），未刊。
[3]《张弦致张玲》（1984 年 8 月 25 日），未刊。

不写爱情的小说最好的一篇。"可见你的题材可以大大开拓。"① 朱向前高度肯定了张弦的创作,认为"我们的文学对人的研究太少,从家庭、道德这个角度去研究还只刚刚开始,而研究人的更为深刻的心理层次的作品几乎就没有见到过。在这方面,你已站到了开拓者的位置上了。"②

虽说张弦集中一段时间写出两篇新作,但心里还是一直牵挂着《萧萧》和《银杏树》两个剧本。这两个本子早已完成,北京电影学院附属的青年电影制片厂厂长柳城很爽快地就决定接受张弦的稿子,剩下的问题就是找沈从文,听取沈老的意见。著名导演谢飞读了沈从文的小说原作和张弦的剧本后,认为"一个导演能得到这样成熟的剧本是很幸福的,很喜欢这个本子,对剧本时的加工和处理很赞赏",③ 很高兴接下了导演的任务,马上成立摄制组开始筹拍。

1984年张弦与中国导演谢飞(右一)、美国导演马丁·斯科西斯合影

---

① 《张玲致张弦》(1984年8月26日),未刊。
② 《朱向前致张弦》(1985年2月28日),未刊。
③ 《谢飞致张弦》(1985年3月20日),未刊。

张弦再根据沈老和导演的意见，修饰一下，也就大功告成。倒是《银杏树》的改编，辗转多家，一直没有明确的东家。吴贻弓觉得剧本不够理想，明确表示不打算搞这个题材。后来经过柯善书和杨延晋的努力，吴贻弓同意由杨延晋来导演，杨延晋倒是对这个戏充满信心，相信一定会成功，准备拍完《夜半歌声》后，立即筹备拍摄。① 原来改编的本子，由于改编不熟悉农村情况，很不理想，最后不得不请张弦亲自改编。

20世纪80年代初，张弦复出之后的小说创作，继续彰显了他关注爱情婚姻题材，着力女性形象描写的特点，这是与其成长经历密切相关的。九岁丧父以后，在父亲缺席的家庭里，幼年的张弦和祖母、母亲、姐姐生活在一起。一门三代女性每日的抚养和影响，对性格形成期的张弦可谓功莫大焉。"在这样的环境中长大的我，自然会更加懂得女性，理解她们的痛苦和愿望，这大概是我偏爱女性题材的重要原因。……我的主要性格是温和与软弱。"② 王蒙则以张弦的女性形象为基础，指出其真正的用意不止于女性本身，而在于对"善良的弱者"有所关怀。这已然可称作知心之论。更多的评论者也大都将张弦爱情小说的成功之道，归结于他不止停留在探讨爱情、婚姻、家庭的表层现象，更是努力地将其放在社会现实、经济发展以及历史经验中，以进行更为深入透辟的思考。还有论者指出："他艺术视野的中心，不在爱情，而在生活。这点是他的爱情小说能独树一帜的重要原因之一，也是他创作思想的一个重要特色。"③

《记忆》是一篇处理历史记忆和人物现实命运的杰出作品。小

---

① 《杨延晋致张弦》(1985年4月10日)，未刊。
② 张弦：《与意大利学生的通信》，《张弦文集》(小说卷)，第386页，解放军文艺出版社，1999年。
③ 陈子伶：《张弦爱情小说的特点》，《光明日报》1982年9月30日。

说通过电影女放映员方丽茹的遭遇和后来生活的巨大变化，展现了特殊年代一般群众的际遇及其经历的不公待遇，尝试探讨了人性在非常时空下的形变与回应环境的策略。除了作为基层群众代表的女主人公之外，小说还着重塑造了干部们的形象，在他们之间构成了相异阶层人物的状况对比，在对比中看出各自人生路线走向的分歧与汇合。比如小说中有一位领导干部秦慕平，当年是由于他的错误而将方丽茹定成冤案。但身为宣传部部长的他，在"四清"运动之后不久的"文革"中也同样成了被批斗的受害者。许是有了亲身遭遇悲剧的经历，才引发了秦慕平对于自己过去言行的反省和思考，推己及人，能换位理解方丽茹的苦难。这样有血有肉的干部形象，与教育局局长黄喜强又构成了一组对比人物。层层设置比较，使得人物不致陷入孤立单一的清冷之境，又表现了他们之间的息息相关和逻辑连带。小说即是以秦慕平的记忆和追忆来展开了全文的叙述线索，将各位人物的事件统合到一处的。

在记忆问题被单独拈出，被当作重要的考察历史的方向之一的当下，记忆、书写和历史三者之间的联动关系亦值得探究考察。张弦的这篇作品，放在当下阅读亦有深广的现实意义。社会阶层不同的人所遇到的命运问题，一直没有止歇。张弦的选择是，没有简单粗暴地图解历史，而是取材于有着热度和温感的现实，将自己接触过的和听说过的不同人和事，以对比并置的方式关联起来。

《记忆》是张弦搁笔二十一年后，首度回归写作领域之时的第一篇小说。故事是虚构的，但方丽茹这个人物在现实生活中有其原型，是一位放映员。这位女性年轻时外貌出众，引人注目。队长想追求她，她没有答应，反而去找领导要求调动工作。没想到领导不体谅她的困惑和苦衷，反过来批评她不安心工作。她一时想不开，在气头上喝了汽油，自杀未遂，结果被单位开除，返回了原籍。"四人帮"粉碎后，她回到原单位，再次要求复查当年的这一事件。

张弦也正好在为自己落实政策的事情四下奔忙,与这位女性在公共汽车上巧遇。物是人非,此时张弦再见到的这位女同志,已无复当年的美貌多姿,也不讲究衣着,随随便便地穿着一件破棉袄,看起来像农村大嫂。她一见到张弦,虽说故人喜相逢,也未曾絮絮叨叨自己诉苦,而是关切地问起他的近况如何,处境怎样,又问到昔日另外几位同样受到迫害的同事和领导,感慨他们的遭遇比她本人更为不公平,希望能得到尽早解决。她自己带着两个孩子在农村生活,靠挣工分养家度日,生活的困难可想而知。

这次见面给张弦留下了深刻的印象,他由此联想到生活中常见的大致有两种人:一种人把自己看得很卑微,把自己的苦难看得很平常,而对他人的遭遇却保有深切的共感和同情,对别人的过错也能很容易宽容谅解。这是人民群众具有的淳朴善良的品性。在他要求落实政策时,奔走之间所见闻遭遇的则经常是与之相反的另一种人。他们提到自己的委屈,总觉得是感天动地窦娥冤,义愤填膺,受到了命运和外界的极大不公正待遇,怒形于色,对别人的冤假错案则毫不关心,漠然处之。事不关己,高高挂起,对他人的事情和遭际没有半分理解和同情之意。而在面对那些由于自己的整人才被批下去受苦受难的同志,更要强词夺理,勉力找出各种借口和理由来为自己脱罪,不能直面问题,更不要说向对方表示基本的歉意与愧疚。这些人早就习惯了高高在上,过着官老爷的逍遥生活,以上欺下。在他们的观念之中,人民这个重要的基础性概念早已淡漠模糊,无足轻重。他们极端自私,只知道紧紧抱住和自己利益相关的东西,非常计较荣辱得失。讽刺而又不幸的是,常常是后一种人主宰和操纵了前一种人的命运。

想到这两种人的属性对比和命运关联之后,张弦灵机一动,由此产生了较为强烈的写作冲动。他很想把这两类人放到一起,在比较中尝试叙写不同类人的命运走向及其归宿。然而思考良久,他却迟迟未能开笔，原因是矛盾冲突是存在的，鲜明比照也形成了。但他细细琢磨，总觉得似乎还"不够味儿"。至于这个缺少的"味儿"究竟是何种因素，一时之间他还不能够想清楚并准确把握到它。于是这个构想被暂时搁置了，没有马上发展成一篇小说。

此后张弦偶然听说了一件事：某地一位宣传部长，为人处世一贯极"左"，历次运动中以整人著称，手法凌厉，作风狠辣。到了"文革"中，风水轮流转，他成了被整的对象，被整得很苦。等到官复原职，他站出来公开检讨，表示自己当年曾错整了很多好同志，对此深感过意不去，并积极协助他们平反昭雪。其中一位同志是这个部长亲手打成"反革命"的，此时还没提出申诉。部长记起了这个人，就派人去将他接来，四次亲自登门去他下榻的招待所赔礼道歉。张弦闻听此事时，内心非常感动。他觉得从部长的言行看到了一个人真诚地为自己过往的错误反省，并努力弥补对他人的亏欠。这样的举动是不可多得的。

在耳闻这一事件以后，张弦还由此产生了很多自己的联想。他将之前那位女放映员的故事和现在这位部长的故事联系起来思考，要是把那个放映员的问题交给这位部长来处理会怎么样呢？两个地位不同、生活经历迥异的人，先后都成了个人迷信和极"左"路线的受害者。如果将他们并置在同一个特定的环境中，他们对自己的际遇将要如何看待，以及对彼此的观感想法，还有互相对待的方式又会是怎样的呢？如同把不同化学元素放在一起，就会产生新的反应一样，张弦也想要试验着把这两个本来并无关联，却在有些地方可以遥相呼应的原型写到一个语境中去，看看会有什么样的新场面出现。不行不到，行行更远。怀抱着这样的好奇心，张弦还想进一步挖掘两位人物更加深层的心理活动，亦即一个普通人的心灵美和一位领导干部很有典型意义的自我谴责。构思推进到这里，他认为已经找到了自己当初苦寻不得的"味儿"，这篇小说很快就结构而成了。

小说中有一处"颠倒影片"的细节,有读者以为是先从"颠倒人"的概念转生设计出来的。张弦表示他的用意并非如此。这也是来自于亲身的经验。他从农村回城后,曾被安排在电影院担任"监督劳动"的职位长达四年之久。在此期间,张弦与放映员们相处愉快,关系良好,建立起了共同工作的情谊。于是他耳闻目睹了他们在放映"宝片"的"盛典"时,每人都战战兢兢如履薄冰的心情。一旦偶然发生了断片、熄火之类的不慎意外,就是严重的放送失误,会被定性为政治事故,对当事人的影响很大。如同小说中所写的那种"反革命事件"是很有可能出现,并且也不乏实例的。这种迷信还远远不止从"四人帮"始。这样看来,张弦把这个放映事故放在了放映员方丽茹身上,又选择等到秦部长按照他自己的行事逻辑发展下去时,"我们在十几年中颠倒了人"的呼喊就不仅脱口而出了。这是箭在弦上不得不发的内心真实声音的大迸发,而不是刻意的安排。读者或许以为是作者控诉的意味很重,于是先有"颠倒人"的本意,后向前将其与"颠倒影片"的本事联合起来,以此来用隐喻的方式将这二者联结。但张弦的叙述却表明了在实际的构思过程中,两者并不是以观念先行的方式由一生二的,他们的遇合也是具有随机性、偶然性和不确定性的。与其说是别有用心的安排,不如说是在较长时段中素材的自然积累过程里,有所关联的素材之间彼此生发出的撞击作用所催生的火花。

很多读者都和张弦提到现实中的人与小说中的人物"对号入座"的问题,张弦对此也颇感无奈,他说自己同样碰到了这类情况。就在《记忆》发表之后,一位与他平素关系不错的领导干部读后竟然勃然大怒。当时小说原型的那位放映员的问题还没最后解决,这位干部竟然在放映员申诉报告上批下了:"小说《记忆》是一篇黑文,歪曲事实,混淆黑白……"并粗暴地对放映员本人说:

"找张弦给你平反去!"这种疑神疑鬼、捕风捉影的言行着实令人难以置信。特别不可思议的是,这位干部还曾做过多年的文化局局长。张弦不禁慨叹道,或许正是由于他当过文化局局长,才会把自己同小说中的文化局局长对上号了。这种令人啼笑皆非的误会,现在看来不可思议,可是在当时却是实实在在地困扰了张弦。

还有论者注意到了同期出现的其他作品,将其与大获好评的《记忆》放在一起研读:"《记忆》之后,作者还写了一篇《舞台》。它同《记忆》一样,也是作者复出后的试笔之作,也是用对比的手法(不过不是用纵向的,而是用横向的对比),写了三个年事已高即将离休的人物的不同的精神状态。一个是即将告别舞台的著名演员薛兰菲,一个是已经离休还在为青年人的实验忙碌的医生刘德煌,一个是应当离休而仍占着茅坑不拉屎的部长徐寿康。作者是面对现实的,小说的立意是积极的,把握现实的方法也是可取的,但由于作者仅仅在对比上巧于工计,而没有给自己的人物提供较大的活动余地,致使人物缺乏更为鲜明的立体感,而更多的还是作者留给读者的某种思想。"① 从这段评析来看,《舞台》的艺术性和表现力度似乎不如《记忆》,小说的设计虽然工巧,但因此做出的牺牲则是让场景所能发挥的拓展空间相对缩小,对人物的延展也不那么充分了。张弦的思路大概是在不同行业中寻找分别可以代表这一行典型情况的人物,因此分别在表演、医疗和干部界创造了一位迟迟不肯放弃自己职业生涯,不愿在人生舞台及时退位的人物,以此来说明这是各行各业存在的普遍现象。但这种设计本身也有意念先行的弊端。但即使如此,紧随《记忆》之后不久出现的《舞台》,仍可以看作是对《记忆》一篇的延伸和补充,二者共享了相似的想要

---

① 刘锡诚:《独创的艺术——评张弦的小说》,《张弦研究资料》,第151页,人民文学出版社,2016年。

表达的主题和内容。因此它们又可看成是张弦有意为之的一组作品，以各自独立又互补关联的形式而存在着。即使《舞台》有其缺憾，未见得是完美之作，却也因此展示出作者在同类主题上的持续开掘，不满足于只有一篇知名作品的既有成绩，将文思余绪继续分给下一篇作品接力去完成的创新精神。用不止一篇而是成对或以一组形式出现的主题式写作，显示了作者绵延不绝的思路推进和良好的写作续航能力。《记忆》基本取材于作者的实际所见所闻所感，而《舞台》可能向壁虚构的意味要更加浓厚一些。这是二者的区别。但无论如何，张弦大胆实践，不肯停留于一隅的实验精神都是值得被肯定的。

《被爱情遗忘的角落》由于有改编电影后上映的经历，获取的受众更多，几乎也是张弦最广为人知的一篇小说。它的大获全胜，源于人物形象的生动鲜活、故事的波澜起伏，以及其中所蕴含的真切情感与悲剧意味。对于张弦写作该篇的年代来说，"大旨言情"的情况尚不属多见，但幸运的是，这次张弦算是得时代之助，而非像《青春锈》时期的早发声却迟被注意到，以致令后来者居上，被刘心武同类选材的《班主任》独占鳌头。

张弦坦言《被爱情遗忘的角落》的创作冲动乃是一次闲谈中偶然提起的。有一位朋友谈到了农村里依然不断存在的买卖婚姻这一现象。张弦却以亲身经历为搞买卖婚姻的父母之不得已做了辩护，他说并不能全怪他们，二十多年以来都过着入不敷出的贫苦日子，自家种植的蔬菜、饲养的鸡鸭所生的蛋都不允许自由贩卖。他们为了维持生计，逼上梁山只得选择了这种近乎卖儿鬻女的手段。而变相出卖儿女反倒是合法的，冠冕堂皇的，由此才有了小说里那句充满愤怒与悲哀的抗议："你把女儿当东西卖！"张弦在为他实际接触过的老乡们辩护时，情绪也显得颇为激动，因为只要一说到此事，他们那熟悉而淳朴的形象就一时都浮现在眼前了。

"文革"中，张弦先后在农场和农村"监督改造"。渐渐老乡们和他相处，彼此增进了实际接触和了解，也慢慢建立了信任和友谊，将他当做了自己人来看待。有一些需要文书上协助的事项，例如从写信、打借条到起草入党申请书，他们都乐意来找张弦商量、求助。张弦也提供给了他们力所能及的各种建议和协助，并与他们同甘苦、共患难，既与他们一起承受着物质的贫瘠和精神的贫困，又经受了个人迷信、家长式统治和极"左"政策的一再压迫折磨。他们的大笔现款被迫投入到修建"忠字塔""珠光塑料宝像"这些设施之上；成批劳动力被投进和浪费在毫无实际经济价值的水库中；老乡们还勒紧裤腰带，把种子丢进明知寸草不生，难以种植出任何有意义的植株的地里面……种种目睹之怪现状，不一而足，难以尽述。年终结算时，张弦又被会计找去帮忙。他亲眼见证了不少社员劳累终年，最后却一无所得的惨状，还欠下债务至少百八十块，打欠条借五块钱回家过年，都要向队长苦苦哀求才能获准。张弦请假回家的时候，不少年轻姑娘托他代买绣花线，五分钱一支的绣花线，她们却要考虑再三，才从怀里掏出焐得滚烫、带着体温的硬币交给他。这硬币上寄托着她们对生活犹存的美好希望，彩色的绣花线在她们手下起落翻飞，织绘着富有创意的各式有趣图案。他深深地被这种苦中作乐的向往之心所感动了。

在这种艰困的生活条件下，文化生活更是奢求了：奔波十几里路只为看场电影成了难得一见的乐事，即使是看过多次的老片子，熟悉得都能将分镜头一一复述出来，也看得像过节那般欢喜。缺少了十几张的扑克牌照玩不误，被当作宝贝。唱山歌早就被禁止了，但样板戏如果唱走调了，就要挨批，书籍（"宝书"除外）更成了多余的废物，人们避之唯恐不及。一位青年的理论是，日常只要认识两个字就够了，一个"男"字再外加一个"女"字，这样万一到了城里，上厕所的话不会认错门。这是何其无奈，又何其辛酸的幽默和讽刺啊。

至于自由恋爱这样的事情，张弦在当时他所身在的农村，都还没有听说过一桩。他所熟识的姑娘们一个个都是由父母双亲，或者某个有地位的家族亲戚做主，嫁给了此前压根不相识的人，且不要说选择的权利，就连选择的机会和愿望都没有。当然，这种包办婚姻下的后遗症问题重重，还会节外生枝，出现各种非常态的两性关系。大家虽说都是非人制度影响的受害者，但这类事件一旦被揭发，又成了不可容忍的大罪，祸及双方。张弦曾经见到过一位来自部队的姑娘，不知为何显得面黄肌瘦、郁郁寡欢，见到人还有一种惶恐的神色，快快走开躲避。后来有人告诉他，这位姑娘在几年前曾与一个小伙子一起在仓库搭伙干活，嬉戏打闹之下就闹到一块儿去了。小伙子因此被判了刑，姑娘没有去寻死，但张弦猜想她在这种情况下一定活得很不轻松，压力极大。姑娘年纪轻轻就要面临着舆论的压力，前途的无望（周围人的闲言碎语，丑名远扬，难以再正常出嫁），外加上最致命的自我责怪，使她心灵不可能不有所扭曲变形。类似这种事发生后，想不开就此寻短见的人间惨剧，张弦就目睹过两起。死后都不能洗刷被人继续责骂的污名，在那时的社会环境和舆论下没有人敢公开出来说句公道话，对死者表示基本的同情。

那次闲谈给张弦的触动很深，让他产生了强烈的表达欲望，迫切想要为那些因蒙昧的本能冲动而付出生命代价的姑娘们，也为那些过于温良顺从，没有抵抗就直接接受了命运安排的姑娘们呐喊几声。他也很想为那些迫于生计而不得不"把女儿当东西卖"的父母们稍微说几句公道话，一味责难并不能切实改变他们的生活现状。但很大的困惑是，在发声呐喊和主持公道之余，张弦也看不到这种情况的出路以及改变的可能。就在此时，十一届三中全会的公报发表了，其中的一些语句恰好给了张弦及时的提醒和启迪，"要让农民们尽快地富裕起来"的召唤一时间响彻大地。太对了，吃不饱肚子，不解决基本的温饱问题，其他一切都是空谈。张弦对此深表赞同。他心里顿时豁然开朗，随即很快找到了这个"角落"，"被爱情遗忘"的根源之所在。他遂含着悲酸之泪，但更多的是对光明的憧憬之心而欣然动笔了。

接着出现的一个困难是结构上如何安排的问题。张弦在起笔之初，先后构思了两个故事：第一个是存妮的悲剧，第二个则是荒妹和母亲两代人的婚姻。但他嫌美中不足的是，两个故事单拎出来看，都像是过分单薄，难以支撑起想要表达的主题，且缺乏了再向更深刻的层次去开掘的余地。这并不利于后续写作的展开。他只好数易其稿，惨淡经营，最后借用了古典笔记小说喜欢借物串联的旧有传统，拿一件天蓝色毛线衣将母女三个人连缀到了一处。这样既有关联又有区别，在被统摄到一起之后，她们三位女性的命运对比鲜明生动了起来，性格的冲突激烈也可以放开表现了。这些本来善良美好的心灵上，蒙染了时代之灰尘，连同许多政治经济的遗迹，还有封建意识不自觉的余毒。张弦尽可能尊重事实，不避丑陋的部分，将其原原本本地写了出来。这就是《被爱情遗忘的角落》的成文经过。

小说中对本来是青年男女之间的应有之义，自然展露的情欲描写得饱满而能量十足，可以说是秉笔直书，毫不避忌。唯其如此，才是直接面对了张弦想要探讨的问题：为何会有这样的"角落"存在？这个角落又为什么会被爱情遗忘呢？爱情悲剧酿成的原因其来有自。本来应该是人生最美好的年纪，最顺其自然的情感，为何会弄到两败俱伤，无法收场？作者能行文走笔至此，不能不说是切中要害，敏锐地把握到了当时社会生活中的某些死角、盲点与痛点。他针砭时弊，不断在尝试叩问和寻找着难题的答案。

至于小说中那关键的一幕，在张弦的笔下被演绎成如下的画面。对存妮穿脱上衣时不小心暴露出的部分身体，一直对她怀有好感的小豹子此时再也压抑不住自己内心的本能冲动和情感交混所瞬间引燃的大火：

> 就像出洞的野豹一样，小豹子猛扑上去，他完全失去了理智，不顾一切地紧紧搂住了她。姑娘大吃一惊，举起胳膊来阻挡。可是，当那灼热的、战抖着的嘴唇一下子贴在自己湿润的唇上时，她感到一阵神秘的眩晕，眼睛一闭，伸出的胳膊瘫软了。一切反抗的企图全在这一瞬间烟消云散。一种原始的本能，烈火般地燃烧着这一对物质贫乏、精神荒芜，而体魄却十分强健的青年男女的血液。传统的礼教、理性的尊严、违法的危险以及少女的羞耻心，一切的一切，此刻全都烧成了灰烬……（《被爱情遗忘的角落》）

张弦深切地写出了这个"决定性的刹那"，并揭示出了部分可能致使悲剧产生的原因——"物质贫乏、精神荒芜，而体魄却十分强健"，简直是连环套一般一环扣一环的因果联系：由于物质贫乏，导致了精神文化活动基本缺失，年轻人们对情感和欲望以及自身状况缺乏基本常识和必要认知，才导致了盲目顺从本能冲动，而不顾后果酿成惨剧。"一切的一切，此刻全都烧成了灰烬……"表现了情势之严重，结果之惨烈，基本已经无法挽回局面，两个人的命运就在这次事件之后被全然改变了。

"《被爱情遗忘的角落》出其不意地以一种对生活的特殊见解和艺术力量震动了文坛。当一般的作者仍然沉醉于揭露'文化大革命'的骇人听闻的事件并以此为满足的时候，张弦则默默地进入了另一个为人很不注意的领域，在那里面进行着细致的、艰苦的、也可能引起过不少苦恼的研究与探索,寻找那些'能使自己的心灵发生强烈共鸣的人和事'。他努力开拓一个新的题材领域——婚姻、爱情、伦理、道德。重要的也许不仅仅是一个新的题材领域,而是他用一个社会学家才具有的眼睛,在这个领域里发现了能够令人深长思之,能够感人肺腑甚至能够震撼人们心灵的生活真谛。"[1] 这是张弦以此篇小说取得很大成功的原因之一,能够走在时代的前列,去发现尚未被人重视的社会面向,并以实践者和探索者的身份去将其记录下来。

张弦自己在谈及这篇小说的创作感受时,曾经说过:"文学创作是客观事物反映到作家头脑中,再由作家体现出来的复杂的精神活动过程。生活是纯客观的感受,就有强烈的主观特征了。不同的作家对同一事物会有不同的感受、构思、表现。世界上没有两片相同的树叶,自然也绝不会有两个相同的作家。……'文学是人学',这个'人',头一个就是作家本人。"[2] 由此张弦认为,一位好的写作者,在动笔之先,首要的任务是寻找自我。这里所谓的寻找自我,是指要找到自己所熟知的,有浓烈兴趣的领域,而不是闻风而动,看哪门热闹就写哪门。除此之外,还应该去寻找到确实令自己的心灵发生强烈共鸣的人和事。对于一位作者而言,"自己的题材和自己的人物"也显得至关重要,不可忽视。如果单单凭一时的热情和常识,而与自己要处理的书写对象并无精神上的深刻认同和共感,那么往往预示着这将是一次失败的创作。找到自我是迈出写作步伐的第一关,那么接下来的考验就是,还要敢于袒露自己。

张弦认为这应该是从事创作之人或多或少都会有的共同体验。

---

[1] 刘锡诚:《独创的艺术——评张弦的小说》,《张弦研究资料》,第152页,人民文学出版社,2016年。
[2] 张弦:《要写"我"的题材,"我"的人物》,《张弦研究资料》,第326页,人民文学出版社,2016年。

倘若一位作者能够大胆敞开心灵，做到了目不斜视、心无旁骛，乃至于能直抒胸臆，把思索良久的诚心实意的肺腑之言全部倾倒出来，泼洒到纸面上的话，那么他一定心头顺畅舒适。由于不给自己设置任何不必要的阻碍限制，没有什么需要避忌之处，因此得以纵笔直书，作者的精彩之处往往也就正在于此。此时此刻，他一切美好的思想情感、才华和素养都呈现井喷式的涌现而出状态。然而作为一个需要去辩证看待的过程，在优点以正面的形式表现出来的同时，作者笔力不足的部分，以及其他观念和视野上的局限和缺陷也不可避免地随之连带而出。这就如同不能只要玫瑰而舍弃其刺，作者更要做好面对自己弱点的准备，才能使作品日臻完善，并有进一步发展前进的可能。这样写出来的作品，可能未必合时宜，受重视，却是不折不扣的真实心灵产物，其产生过程和最终存在形态都是无可取替的。它们深刻地打上了作者个人的烙印，成为其独特的创造，也留下了本人发现的痕迹。相反的话，如果一位作者在写作时总是左顾右盼，难以定心，也无法全神贯注于小说书写这件事本身，而总要以外界的风向标来做跟从的标准，那么他的成绩可能炫目一时，收获不少读者，备受批评家的好评，甚至因作品而获奖等等。毕竟外在的声名和利益对写作者也是有吸引力的，很多时候还充当了奖赏和驱动力的角色。张弦指出，这样的作品即使一时得售，却很难有作者真正的个性掩映其间，很难给人留下深刻的印象。故而，作家想要真正地获得自己的创作个性，就务必怀有真诚之心，先做到真诚地寻找到自我，而后再真诚地将自己交托出去，才有望取得可圈可点的表达效果，创造出真有生命力的文学作品。[1]

显然张弦在写作《被爱情遗忘的角落》时，也是秉持了他对独

---

[1] 参见张弦：《要写"我"的题材，"我"的人物》，《张弦研究资料》，人民文学出版社，2016年。

创性和真诚极为重视的创作原则的。虽然故事的原始素材是他见到过的一位神色忧伤的姑娘，并从别人那里听说了她与另一位小伙子的爱情故事，致使两人都受到了严重的影响。姑娘虽然没有因此轻生，却承担了相当辛苦的后果。这样的人事对张弦内心有着非同小可的冲击和触动，也是促使他不止停留于事件与现象本身，要进一步寻找追问造成这一悲剧的深层根源。如果没有更深的关怀，这样的悲剧就难以停止。

由于勤力探索，整个身心都投入在创作之中，张弦有时候感觉自己如同生了一场大病那般。他的感受是常常写完一篇稿子，放下笔，只觉得精疲力尽，仿佛心血气力都在这个与文字搏斗的鏖战过程中用空了。张弦觉得，创作的真正起点远远要早于实际开始写的时间，并不是从动笔才开始，而是在此前很早一段的素材准备时就悄悄地启动了。看似寻常的体验生活、采访、交朋友、谈天说地，当时并不感到有什么一定要为创作所用的心理负担，反而轻松自如，胜任愉快。因其时只是对生活的积累和情感的积累，还离创作有着一段不小的距离，有时也可能同创作全然无关。毕竟谁也不能指望随便道听途说的一个现成故事，简单照此写来，就可以成为一篇还不错的小说。要是创作过程都如此不费吹灰之力，那么写作的搜索枯肠、旷日费时的本质也就被遮蔽和忽视了。只有等到这些缓缓累积的素材偶然触动了某一根心弦，发生了不可思议的震荡，发出了回声，掀动了波澜，引起了思考，这才出现了创作的契机。契机一旦出现了，也就成了写作的"病根"。[1]

病根种下了，就会随时间发展，生芽，茁壮成长。于是创作者此时就会不断为其所苦，它会像有了自己的生命一般，来打搅人、干扰人的思绪。当事人会因此处于一种情绪激荡、难以安神的复杂

---

[1] 参见张弦：《写作中的苦和乐》，《张弦研究资料》，人民文学出版社，2016年。

状态之中很久。创作者会忽然若有所思，定神下来又像是茫然无措，会怔忡不安又激动难禁。各种相反的甚至互相激荡冲突的心绪，都会在一时间内冲击和侵袭着创作者的内在，令其感到与之不可须臾或离。这就是创作的酝酿阶段了。张弦自认自己的这个酝酿阶段通常很长，且无法自控，有时觉得小说似乎已经成型了，但再仔细追索的话，又颇为散乱，马尾提豆腐根本拎不起来。有时更是会筛笼水，网罗风一般难以把捉到其明确的形状，只能在迷茫中继续与之捉迷藏和不敢松手分心地斗法下去。至于白苦恼了一阵子，到头来什么都没有抓住，让最初的想法溜掉的情况，也并不少见。

结合《被爱情遗忘的角落》，张弦曾经谈过它在酝酿阶段和后来写成之时的甘苦之感："拿《被爱情遗忘的角落》这篇小说来说吧，它来源于1972年以后我在安徽农村'监督劳动'时的那段生活。存妮和荒妹的原型，其实是一个人。我只见过她一面，没有交换过一句话。但她的故事、她的命运，深深地震动了我。那时，我根本没有奢望要在以后将它写出来。可是它使我感到不安，感到难过，老是在我心里翻腾，不断地折磨着我。过了六七年，我得到了创作的机会，这时，那位姑娘的模样，我早已记不起了。然而我心里却有了存妮和荒妹的样子，那是把我熟识的另外许多农村姑娘的形象融合进去了。"[①] 以时间跨度来看，从素材获得到最后书写成文，其间经历了并不短暂的六七年这一时间长度，可见张弦苦苦"蹲守"中都不曾放弃过这一长久令他难以释怀的原型人事。一位创作者要兼备时间、勇气、决心和契机的多重因素，才有成就一篇好作品的可能。这无法用其他行业上的投入产出比例来简单计量，而是如同酿蜜酿酒，投入了若干公斤原料，才能取其精华地获得数

---

① 张弦：《写作中的苦和乐》，《张弦研究资料》，第330页，人民文学出版社，2016年。

百毫升或者是更为稀少的最后成品。即使一时扑空，锲而不舍的创作者如同坚忍不拔的旅人，终会在这艰苦独行的长途上得到他们的心灵安慰与精神形式的回报。张弦认为，他在长时间的苦苦酝酿之中，在一遍又一遍的苦苦修改之中，只要能获得一点出自己心的发现——即使它们是小小的、微不足道的存在，也足以抵偿那些辛苦茫然的困惑时刻了。文学作品也常常是遗憾的艺术，但创作者若能在每一篇作品中做到心有所得，就是极大的快事了。

同为涉及女性情感和命运之作，《挣不断的红丝线》是张弦的又一广获佳评的力作。小说以傅玉洁的人生经历和情感变化为线索，将她所遇到的社会变革与政治运动自然地联系起来，写出了在时代环境激荡中，人的心灵追求与情非得已。傅玉洁是一位独立有主见，敢于冲破各种外在藩篱，去英勇地追求自己所希冀的幸福的女性。她本来出身于良好的家庭，读教会女中长大，却因响应时代的进步号召，一进大学就积极加入社团，抛开书本，走上了参加学生运动的道路。傅玉洁已经不能满足于校园的狭小天地，而是想要突破束缚，投奔革命，尽情翱翔。继而她又在参军热潮中积极踊跃地报名加入，并写信给父亲，形同于毅然决然与家庭脱离了关系，此后徐玉洁改变了生活方式，将一切与革命军人不相称的生活什物都做了处理，正式成为了部队文工团的成员。

但是表面的切割和决裂可以用激烈的言行表示，内心的情感倾向和审美偏好却不是一天一时内能够自我说服，并彻底革除殆尽的。傅玉洁很快就面临了更大的人生抉择问题。她视之为莫大的苦恼，那就是组织上出于对几位年龄较大的干部婚姻问题的考虑，派人在年轻的女文工团员中尝试做些工作。傅玉洁却断难接受齐副师长的"相中"和示好，因为不知所措和惊慌，她哭了起来。"听完马股长的话，傅玉洁跑回宿舍，就蒙上被子啜泣起来。齐副师长是个好领导，性格开朗、爽直。对下级要求严格又和蔼可亲。……傅

玉洁对他是十分尊敬的,但从来没有想过要同自己的命运结合到一起。"(《挣不断的红丝线》)

更重要的是,傅玉洁的爱情观和审美观与齐副师长的形象都格格不入:"事情来得如此突然,方式本身又与傅玉洁这样的知识分子,这样性格的姑娘想象中的恋爱如此相悖,实在使她无法接受。一想到他那粗壮的胳膊要搂住自己的肩,他那黝黑的脸要贴近自己的面颊时,傅玉洁禁不住浑身战栗起来。不,不行!不行!……"(《挣不断的红丝线》)情感上本能的拒斥感又促使傅玉洁在内心进行了痛苦的反思和斗争,她开始怀疑这是不是自己的思想感情出了问题。自己的爱情观大概就是一见钟情、卿卿我我、生死不渝等资产阶级文艺作品中描写和传达的那些模式,所谓罗曼蒂克的那一套。而自己现在已经身为光荣的革命战士,还在积极争取入党的途中,是不是应该坚决抛弃身上残余的小资情调,以求做到真的到人民群众中去,和工农彻底融为一体呢?"她又想,齐副师长这样的革命干部,身上有多少值得学习的优秀品质!同他一起生活一定能得到很多帮助。退一步想,就算是牺牲吧。像自己这样出身于资本家家庭的学生兵,为一个全心全意献身于解放事业的领导同志付出牺牲,不也是光荣的、有价值的吗?……"(《挣不断的红丝线》)

这样翻来覆去都得不出一个好的结论,反而令傅玉洁的矛盾心情加重了,在与齐副师长进行了一次谈话之后,事情也并没有任何正向的转机可言,齐副师长翻来覆去只说了两句话:"小傅。咱们都是革命同志,对我有什么意见,可以提嘛!""你有什么看法和要求,大胆地讲嘛!"(《挣不断的红丝线》)最终傅玉洁在宣传股的干事苏骏的启发下,仿佛道破了自己苦恼深处的症结,也获得了难得的坚定反抗力量。苏骏说他想不通的是,他们总被批评是小资产阶级,但作为老革命的领导干部们不去爱农村出身的无产阶级姑娘们,反而都要找资产阶级小姐。因此他很好奇这种感情的阶级性究竟是什么。傅玉洁感佩于苏骏的敏锐和尖刻。最终她拒绝了这门亲事，后来与情趣爱好相投、样貌俊秀的苏骏越走越近，乃至成了眷属。

但是其后的生活并没有傅玉洁预想的那么一帆风顺，她从文工团出来去做了中学教师。苏骏却在被打成"右派"后一蹶不振，丧失了生命的活力和元气。两人之间也开始出现了思想隔阂和情感裂隙。面对与昔日判若两人的丈夫，傅玉洁实在难以自欺欺人、佯装无事地为维持形式上的家庭完整而继续婚姻，她选择了起草离婚申请书，与苏骏分开了。这时她苦苦地抵抗并拒绝了言行粗鄙的"白铁队长"对她展开的追求攻势，为求清净，搬到离学校较远的小屋独居。

生活总会有种种始料未及的巧合，就在此时，傅玉洁从当年的马股长那里听说了齐副师长的妻子因病逝世的消息。两个当年因各种主客观原因错过的人，居然在多年以后，阴差阳错地再续前缘，成了重新结合的夫妇。他们正式登记结婚的那天夜里，老齐亲切地对傅玉洁微笑着说："人们说，婚姻是前生注定的，月下老人在上一辈子就用红丝线拴好了。小傅，咱们俩不也早就拴上红丝线了吗？"傅玉洁的回答则是："是的。那是根挣不断的红丝线！"（《挣不断的红丝线》）她自己这时也分不清，这话是满足还是嘲讽了。最终点题的句子就出现在两人的对话之中。从"齐副师长"到"老齐"的称呼之转变，似乎暗示了傅玉洁经历种种坎坷之后，对齐副师长的看法也有所变化，从过去的强烈拒斥到现在的至少有亲切之感，并且与之共同建立了新生活。

有论者认为，张弦在《挣不断的红丝线》中，巧妙设置了"圆圈"形状的叙述结构，来将女主人公傅玉洁跨越长时段的辛苦大半生做了较为自然的串联。同时这"圆圈"图形本身的循环意味和闭合感，则又隐喻了傅玉洁有其挣脱不开的宿命，就如同本小说题眼一般的"挣不开的红丝线"之谓。"但反右斗争、十年动乱的凶涛恶浪,卷走了她的爱情幻梦;一次次的政治打击、人格侮辱、不公正待遇,击碎了她的生活理想。她深感衰老和疲惫,终于,抵不住权力、地位、待遇等等诱惑,为'受到最有力的保护,得到最安宁的归宿',在刹那间奇迹而合理地完成了'自我否定'的性格转变,无奈却又自愿地投入了二十年前拒绝过的'富贵温柔乡',与老齐结婚。"①傅玉洁或许是扛不住生活的一再磨难,希望在中年以后获得较为清静安稳的生活,才不得不有所妥协退让,做出了并非完全出自本意的这个选择。

论者也对她有很强的惋惜之意:"她曾为主宰自己的命运而奋斗、挣扎,但结果反为命运所捉弄,转了一大圈,结果'红丝线'还是挣不断。傅玉洁的'圆圈'显示了她爱情的失败和自我否定的轨迹,张弦却通过这个'圆圈',成功地表现了人对美好理想的正当追求,以及不正常的政治生活对美好人性的摧残。"②张弦以傅玉洁的情感经历为主要线索,在她面对的不同男性和因之遇到的社会外部环境冲击之间,一再要做出抉择,也是借由他人的影响和反应来重新认识自己的内心。前后的变化中,她固然有不得已之处,却仍是饱含了某种复杂甚至含混的情感状态,并不是简单地跟随时代脉动而决定每一次选择的。人物的行动没有由单一理念或逻辑一下影响到底或者完全支配,而是有纠结,有犹豫,更有撕扯和内在的矛盾冲突之感,不能轻易做出结论,简易择一而从。这种困局中人的不断挣扎自问,毋宁更接近于一般情况下的生活实境,因此也更能让读者对之产生共鸣和认同感。

值得欣慰的是,傅玉洁的命运并非是彻底的被动和无奈所造就

---

① 陆广训:"前言",《张弦代表作》,第8页,河南人民出版社1994年。
② 陆广训:"前言",《张弦代表作》,第8页,河南人民出版社1994年。

的产物，反而可以说她勇敢地做出了自我抉择，在生命的每一个重要转折点不是敷衍顺从，而是以真实的情绪和感受去直接应对所遇到的情况和问题。她尽量忠于自己的内心，爱其所爱，在和苏骏建立家庭时得到了有共同爱好的知己所带来的精神愉悦。当对方遭遇不公待遇后，无法振作起来超越苦难，她也不肯再苟且随便度日，跟着一具行尸走肉生活，而是果断选择与其分开。即使后来又和齐副师长再结缘分时，傅玉洁也有了为生活考虑的因素（譬如不再受"白铁队长"的纠缠和骚扰），她亦并不是彻底地出于利益考虑，而是从情感和精神上对"老齐"多少有所接纳。

更加幸运的是，张弦似乎在结尾为傅玉洁，也为读者们留下了一个尚待揭晓答案的希望。那就是傅玉洁的女儿左英。她的信"像电报一样简短而坚决"。她已经到了父亲身边，准备考大学，告诉傅玉洁请勿来信或汇款。最后一句话是"我要走自己的路"，下面打着三个惊叹号，一个比一个大。傅玉洁不禁感叹女儿的性格多么像当年的自己，她把希望寄托在女儿能较自己更有突破，获得她自己想要的幸福生活上。"参军的热潮果然如愿地到来了。傅玉洁毫不犹豫地报了名。连夜写了封像电报似的简短明确的信给父亲——一家私营银行的股东兼襄理：'我要走自己的路。'这句话的结尾，用了三个惊叹号以表示她不可动摇的决心。"（《挣不断的红丝线》）这宛如往日重现的母女留下字句一模一样的信的情节，巧妙地写出了两代人之间的基因承续与命运连结，异质而同构。女儿的做法应该也出于对母亲再婚的委婉抗议，在母亲与父亲之间，她选择了另一边，看出她其实是不赞同傅玉洁和老齐的结合的。喜欢写出代际间女性的命运选择异同，也是张弦在处理以女性为主人公的爱情婚恋题材小说时的偏好之一。其中自然不免有喟叹之意，却也是留下了希望的种子。

第五章　走向成熟的小说创作

20世纪80年代中后期是张弦创作生涯中颇具转折性的重要时期。舒克曾将张弦的创作划分为20世纪50年代、1978—1988年以及1989—1996年三个阶段，并分别概括为"火热""冷峻"和"探求"的三个篇章。① 和陈辽等专注于作者小说创作的研究角度不同，舒克对张弦文学活动的考察从整体着眼，认为从70年代末到80年代末的这十年，称得上是张弦创作的黄金时代，成就最为突出。如果说张弦的创作从一开始是小说与电影双线并重的，那么从这一时期开始，张弦逐渐放弃了小说的写作，完成向电影人的转变。

但这一转变直到1987年之前尚未表露出明显的迹象。张弦在1985和1986这两年间的创作依然是小说与电影并举，期间共有五部短篇和四部剧本问世。这一阶段，是张弦在彼时改革热潮的推动之下努力应对挑战、尝试改变创作题材的重要时期。早在20世纪80年代初期，张弦就已经开始流露出对新尝试的关注，发表了

---

① 舒克：《论张弦作品从小说到电影的历史价值与艺术价值》，《电影艺术》1998年第4期。

《一只苍蝇》《春天的雾》等几篇虽然不甚成功但却值得注意的作品。1984年在写给鲁枢元的信件中，张弦进一步明确表达了继续这条改革之路的热望："《伏尔加》写得匆忙，我自己不大满意，我有个想法，就是尽量写一点'真实的短篇'，改一改自己过去的路子。自去年的《热雨》以来，都在作这方面的尝试，效果如何自己也拿不准。"[①] 所谓"过去的路子"，一如刘志权所言，指的自然就是以《被爱情遗忘的角落》为代表的以女性形象为主要描写对象的爱情小说。题材的转变在1983年以后的一系列短篇故事中体现得较为清晰，继《绿原》和《伏尔加轿车停在县委大院里》等小说之后，张弦在1985年写出了《请原谅我》和《临窗的街》两个短篇，次年又相继发表了《浅浅的游泳池》《八庙山上的女人》和《焐雪天》等故事。在这五篇小说中，我们看到作者的确在一定程度上偏离了早期为读者所熟知的创作轨迹，不论题材还是风格方面都发生了变化。

在创作内容上，作者摒弃了他所擅长的爱情主题。新主题的探索以《热雨》和《伏尔加轿车停在县委大院里》为代表，朝两个路向延展开去：一条路径伸向普通人生活的日常场景，另一条则通往彼时正在轰轰烈烈开展的改革热潮。在第一类的作品中，张弦将自己的创作热情倾注于描绘平凡人的喜怒哀乐，并发挥自己所擅长的心理分析手法，细腻含蓄地摹写出了小人物看似粗疏的日常生活之下真实而丰富的内心世界。《请原谅我》这则短篇最初发表在1985年第1期的《人民文学》上，它虽然沿袭了张弦对婚恋题材的一贯关注，却并非没有任何突破。故事讲述了由一个小误会而导致的生活变故，易明在事业蒸蒸日上之际被诊断出身患肺癌，住院前他向妻子坦白了自己曾有过的一次出轨行为，并为此恳求妻子子芳的原

---

① 张弦：《张弦关于创作心理致鲁枢元信》，《张弦研究资料》，第339页，人民文学出版社，2016年。

谅，令他惊喜的不单单是妻子的宽宏大量，还有医院的误诊通知，原来所谓的癌症不过是虚惊一场！死里逃生的易明不仅恢复得比住院前更康健，还擢升副局长一职，这个意外的转折真是让他大喜过望。然而人生处处充满着令人措手不及的意外，就在同事朋友"大难不死，必有后福"的祝愿中，春风得意的易明却遭到了妻子的冷落——当他推开家门，迎接他的不是想象中子芳的温情脉脉，而是分居的残酷事实。原来，那晚令他深感意外的宽宥不过是出于对其悲惨境遇的同情与怜悯，当死亡的坚实屏障隐去，曾经的背叛就像一道抹不去的伤疤，血淋淋地盘踞在她的心头。《请原谅我》故事情节比较简单，人物形象也不够饱满，因此一直受到批评家冷落。虽然算不上成功，但毕竟是一次可贵的探索。《临窗的街》发表于同年《小说家》的第3期，讲述了瘫痪老人因不愿成为儿孙负累决意求死的内心挣扎。刘奶奶因摔伤了腿行动不便，只能卧床休息，尽管儿子、媳妇和孙子非常孝顺，但当她意识到自己的病不仅花光了儿子的积蓄、更成为孙子婚事的一大阻碍时，老人家于是横下心来绝食求死。在这里，作者再一次深入平凡人内心深处隐秘晦暗的角落，用平实而细腻的笔触真实再现了他们的内心世界。

  作为一个不忘国家与民族命运并始终充满人文关怀的作家，张弦的第二类小说十分关注彼时最具时代气息的改革主题。将小人物的生活置于时代的宏大背景之下，作者用细致绵密的写实手法和丰富传神的心理描写，从日常生活的细微处着眼，描绘了在时代洪流的冲刷下大多数人慌乱而又盲目的生活状态。《临窗的街》叙事视角虽然集中在刘奶奶一家所栖身的简陋的四壁之内，却并非完全摒弃了对外部空间的感知。在刘奶奶幽闭晦暗的生活之外，破旧的小城正沐浴在改革的春风中，褪去它斑驳不堪的旧颜："街对过，今年开春起就扒了一大片房子，开始打桩。惊天动地，昼夜不停。现在已经往那儿运砖运水泥，卡车的灯打得雪亮……"那是全国上下都在热火朝天地开展四化建设，一明一暗两条线索相互交织，作者将刘奶奶一家茶米油盐的日常场景和老人家细致入微的心理活动镶嵌在写意模糊的大时代背景之上，又别出心裁地通过街景被太阳光线折射在刘奶奶床对面墙壁上这样一个意象将看似不相干的两条线索联系起来，一"大"一"小"双重面孔如此便虚实叠映起来。但这篇习作艺术手法的不甚成熟之处也是显而易见的：人物形象线条浅白，除了刘奶奶，其他人物都过于单薄；对比手法的使用也略显生硬，"改革"的这条暗线着墨太少，开头提及的那一笔"窗外"的风景，直到结尾处才又突然显露出来：

　　哦！看到了！街对面，全变了！耸立着一座她从未见过的高楼！那么高，像山，像塔，顶天立地！一层一层，那么多，她数不清。墙上，土黄色的砖，在闪光；上面，是蓝色的天，白色的云。太阳藏在它的背后，给它镶了一道金灿灿的光边。……哦，明白了！是它。多么神圣，多么辉煌！天堂里的宫殿，大概也不过如此吧！（《临窗的街》）

这里，作者明显是在以实写来呼应开篇墙壁上那幅虚幻的画卷，由虚到实，象征了改革热潮之下破旧立新、从无到有的希望图景。细致入微的意象关联本是张弦熟稔的艺术表现手法之一，但在这篇小说中，却是用得失败了。影射改革主题的这两个场景穿插得过于生硬，作者的写作意图因此被杂芜的细枝末节所掩盖，难为读者察觉，跟《被爱情遗忘的角落》等前一时期较为圆融的代表作相比，不免稍嫌粗疏。可见作者弃绝自己所擅长的爱情主题之后，在挖掘和探索其他题材方面尚未能得心应手，笔力明显不足。

　　然而张弦毕竟是一位敏于探索并且经验丰富的作家，因此，这点不足很快便在中篇小说《焐雪天》中得到了克服。这则故事最初发表在1986年第6期的《上海文学》上，同年第9期的《新华文摘》又转载了张弦的这部新作，一时间引起批评界的不少讨论。在这篇小说中，张弦通过一桩桃色丑闻引出西流村几十年间的风物变迁，将人物命运同时代的风云际会紧密相连，展现了部分小知识分子和农民在历史转折时期因性格与选择差异所面临的不同境遇。杜葆坤和素月曾经是村里最惹人艳羡的夫妻，丈夫是满腹学问且受人尊敬的教书先生，在改革开放之前，他因拥有稳定的薪资生活相对优渥，妻子素月又美丽贤淑、勤劳能干，几乎称得上是一对神仙眷侣。村里不少男人都垂涎素月的美貌，受人鄙弃的"外来户"曹炳康就是其中之一，然而面对他无赖般的挑逗与戏弄，素月多年来避之唯恐不及，从未有过半分回应，于是在欲望之外，这又为她赢得了包括曹炳康在内的西流村所有人的尊敬。然而，就在曹炳康要放弃这份妄想之时，幸运女神却突然降临了：

  没想到日子竟会变了样，说变就变，变得那么离奇，变得叫任何人不敢想，任怎么想也赶不上。曹炳康在这场变化中，犹如过年放的花炮，嗵的一声，白光冲天，噼里啪啦，红红绿绿，异彩纷呈，天花乱坠。弄得人们目不暇接，头昏眼花。（《焐雪天》）

这场"离奇的"叫人"目不暇接的"变化自然就是改革开放之后中国社会从城市到农村在政治、经济和文化各方面所经历的翻天覆地的大变革。如果说《被爱情遗忘的角落》着力描写了经济贫困所造成的思想文化上的落后，而只在结尾处暗示了十一届三中全会之后经济的全面复苏对唤醒民众心中美好自然的"天理人欲"的带有"必然性"的可能，那么《焐雪天》则紧接其后，实实在在叙述了这一幅美好图景在期待视域之外所衍生的腐化与堕落的事实。二者堪称张弦作品中描写改革主题的姐妹篇。

《焐雪天》不仅在思想内容上挖掘得更深，艺术表现也更为圆熟，特别是对比手法的使用，极大地增强了这篇小说的艺术感染力。一是横向的形象对比，集中体现在杜葆坤和曹炳康这一对人物身上：改革前一个斯文稳重受人尊敬，一个泼皮无赖遭人唾弃；一个做事循规蹈矩，一个灵活多变无所拘泥。结果是后者捕捉到了导致生活瞬息万变的改革之端倪，最快地"适应"了新的时代，而前者却困在旧梦中，被动地做困兽之斗。二是纵向的人物对比，即小说中同一角色在改革前后的变化：最鲜明的自然是曹炳康，他凭借着自己灵活的头脑和寡廉鲜耻的处世态度摇身一变成了西流村首屈一指的富豪，甚至在县里都成了举足轻重的人物；而素月这个改革前人人羡慕敬重的"教师娘子"，在每况愈下的生活重压之下，怀着对昔日优越生活的留恋，她终于屈服于曹炳康的引诱，粉碎了自己坚守多年的贞洁形象。

而在所有对比性的描写中，最引人深思的是变化的现实生活与道德观念之间复杂多变的映照关系。张弦自初涉文坛伊始便敏于捕捉在时代潮流冲刷之下普通人可见却又往往不自知的思想变迁，这是他作为新时期的现实主义作家所自觉担负的历史使命感和责任感，而这份信念也因此在他的创作中留下了清晰而独特的思想印迹。张弦以其敏锐的感知用文字应和着那跃动不已的时代脉搏，不单单反映了道德观念与现实生活的同步发展，更揭示了"大变革大发展的年代，物质与精神的不平衡、现实发展与观念变化的不协调、历史与道德的抵牾等矛盾作用于社会、社会的人与人的心界"时所发生着的形形色色的特殊变异。[①] 《焐雪天》中所描写的形象

---

① 陈昆峰：《在变异的人生、心态中取值——评张弦〈焐雪天〉》，《小说评论》1987年第6期。

相较于作者之前的人物塑造明显不同：不但失去了性格上的"亮点"，甚至简直可以说是面目模糊，犹如笼罩在重重迷雾之中；同时，仅仅将流氓曹炳康凭借金钱手段勾引良家妇女素月一事当作"暴露文学"又或是惩恶劝善之类的讽刺故事是不够的——通过描写这桩出乎所有人意料之外的桃色丑闻来揭露物欲驱使下道德观念的淡薄与避让只是故事的表面，作者真正的写作意图远不止于此。

陈昆峰认为，张弦在这篇小说中展现了现实世界令人绝望的震慑力，在它的牵制下，西流村这一群身份性格各异的村民在历经道德伦常的颠荡之后，可悲地"重新以和谐统一的姿态投身于他们原本的生活框架中"。如果我们选择站在生活的低处去仰望它，这种无可奈何便带有虚假的合理性，因此必须以更高的姿态和超越性的视野方能透过现实世界的种种屏障，真正洞察到物态发展与观念变迁之间所呈现出的不平衡性。[1] 历史发展的大趋势虽然要求道德观念的更迭同物质文明的变迁相适应，但遗憾的是，在具体的历史某一阶段，二者之间的错位有时会非常明显，现实生活的发展不仅不能与现存的道德观念保持和谐的一致性，甚至还会给予后者以重挫。《焐雪天》所致力于展现的，正是这样一幅真实而令人叹惋的历史画面。曹炳康的流氓行径并没有如读者所期待的那样得到应有的惩罚，甚至没能阻碍他跻身乡镇"知名人物"，而以杜葆坤为代表的西流村人心中那杆看似稳固的道德天平也仅在经历过一场短暂的愤怒和抗争之后，便迅速朝着切实可见的利益倾斜过去，以半推半就的姿态"顺应"了物质世界的新变化。这里便很容易使读者产生一个误解，改革是否必然会造成人格裂变以及道德沦丧的恶果，并由此引发人们对历史进步说的质疑呢？诚然，商品经济的飞跃发

---

[1] 参阅陈昆峰：《在变异的人生、心态中取值——评张弦〈焐雪天〉》，《小说评论》1987年第6期。

展在特定时期内将不可避免地同道德观念发生一定的错位，甚至给予后者以重挫，但历史的经验提醒着我们不要因此便轻易地怀疑时代，更不能被时代表象所欺骗，成为失德者软弱的帮凶。

这个话题不禁引发我们对于文学本质的再思考。文学之所以为文学，在于它能以其独特的形式作用于人的精神世界，并间接而真实地反映时代面貌。文学可以具有多重的本质特征，因其所涉及的描述对象乃是千姿百态的世界，但居于核心的仍是人类本身，包括我们的行为、思想以及生活其间又相互影响的历史社会。在人与社会的复杂关系中，道德伦理是文学作品探讨得最广泛而又深入的主题之一，黑格尔认为伦理性是艺术的根本题旨，马克思对此也表示认同，指出伟大的文学作品总是趋向于关注真理和道德价值。[1] 从这个意义上讲，《焐雪天》是成功的。因为它不仅仅只是勾起了读者心中简单的道德情感，更将西流村这样一个中国农村人情风物的缩影镶嵌于纵向的历史轴线和横向广阔的文化背景之中，启发读者尽可能深入地道德思索。如此一来，我们就不能止于对杜葆坤夫妇的"遭遇"和曹炳康的"劣迹"做一个简单乃至浅薄的是非评判，而应将其置于历史的纵深来考察。陈昆峰认为，从这个角度上讲，《焐雪天》的双方都是悲剧角色，而这才是作者在这篇小说中所力图表达的道德价值所在。

作者无意将西流村这个故事发生的地点作为是非分明的道德场域来描写。在这里，已婚男女之间那些"偷鸡摸狗的勾当"本就时有发生而且不足为怪，可是随着改革的脚步，杜葆坤、素月和曹炳康之间的冲突却有了一个新的时代背景。在新的时间流中，矛盾双方都不约而同地做了金钱与权势的奴隶，冲突中双方的人格与情态

---

[1] 陈昆峰：《在变异的人生、心态中取值——评张弦〈焐雪天〉》，《小说评论》1987年第6期。

已变成了"被金钱蒸发过的人格、情态,是失落了的人格、情态",①异化了的情欲与情感,全部被打上了触目惊心的悲剧烙印。而这悲剧的根源,自然是飞速发展的商品经济对中国普遍落后的以小农经济为主的广大的农村社会的冲击。相较于他的姐妹篇《被爱情遗忘的角落》,张弦在这篇小说中对处在大变革时代的小人物复杂的心理动荡刻画得更为生动传神。他的笔触深入到风云变幻的中国社会(主要是农村社会)在物质飞速繁荣背后所产生的思想观念更迭与文化惰性之间那一道深深的裂缝之中,不单触及变化的物质世界对人精神状态的搅弄,更敏锐地洞悉了看似不可阻挡的时代大潮下依然根深蒂固的传统思维惯性。素月的失节一方面固然可以被视为金钱诱惑下所发生的人格裂变,另一方面,这一裂变却又算不得什么新鲜事,因为在西流村这样一个乡风"古怪"的地方,婚姻是从来不曾被当作夫妻双方忠贞不渝的神圣纽带的,相反,结了婚的村民在男女之事的态度上更为"开放",东窗事发之后最严重的后果也不过是撕闹打骂一场,素月之前"心里只有一个丈夫"的行为反倒使她显得有些鹤立鸡群。在如此背景之下,不论是后来素月失身于曹炳康,还是杜葆坤最后对这件丑事的容忍态度,所有的行为都必须置于历史与"当下"的双重语境下来考量,也只有从这两个不同的纬度来剖析,方能真正把握人物行为背后的心理轨迹。正如任殷在《张弦的小说、电影世界》一文中所概括得那样:

> 他(张弦)透过最日常、最直接的爱情、婚姻、家庭现象,揭示了普遍的社会问题,揭示了封建意识对人们的桎梏和毒害,揭示了在社会主义中国封建荼毒得以肆虐的社会历史原

---

① 陈昆峰:《在变异的人生、心态中取值——评张弦〈焐雪天〉》,《小说评论》1987年第6期。

因。他紧扣着时代的脉搏，张扬社会主义制度下人的尤其是妇女的权利、价值和尊严。张弦对于女性思想感情、心理情绪的细心剖析，可以说是对于中国社会变迁和伦理观念的深入思考。①

任殷的这段话同时揭示了张弦创作的另一个特色，即以擅长刻画生动传神的女性形象而著称。他惯常刻画女性主人公，特别是恋爱或者婚姻关系中的女性。有批评家称他的创作多为"女性爱情故事"，这个说法当然并不很恰当，容易让人产生误会，但意思却是大体准确的。因此，当张弦不再把故事聚焦在恋爱中的男女身上时，便在一定程度上突破了他此前所惯常采用的女性视角的局限。这或许可以被视作是张弦此一时期在叙事方式上所作出的重要转变。张弦之前的大部分小说，即使不是从女性视角出发进行叙述，也是将故事的重心放在刻画善良美好的女性主人公身上，前者如《被爱情遗忘的角落》《银杏树》《扯不断的红丝线》《未亡人》和《回黄转绿》，后者主要有《上海姑娘》《苦恼的青春》和《记忆》等。从1983年写作《遗愿》和《热雨》开始，张弦已经在有意识地从此前单一的女性视角中抽离出来，1985年和1986年这两年间的创作明显体现了作者的改变意图。

这一时期的小说除《临窗的街》外，都不再囿于女性的叙事视角。即使是《临窗的街》，主人公刘奶奶的女性身份也并不存在任何性别特征，因为在真正的文本叙事中，并没有一个能够与之对话并对照的"刘爷爷"。《浅浅的游泳池》主要描述了一对夫妻在失去独生女之后的心理活动，故事主要是从丈夫卢伯荃的视角展开叙述的，在女儿欣欣出事之后四五天的时间里，卢伯荃始终"一动不动

---

① 任殷：《张弦的小说、电影世界》，《当代电影》1989年第5期。

地坐在藤椅上,脸朝阳台,望着被灼热的阳光晒了一天的水泥栏杆",任凭悲伤、绝望和懊悔的情绪将自己淹没。妻子赵书兰则是另一番景象,"头两天,她嘶哑地哭喊,喃喃自语,用头撞墙,不吃不睡,精神完全失常了",若不是厂里的几位女同志和女儿学校派来的两位教师轮流守护,这位伤心欲绝的母亲怕是真会寻了短见。可这一状态并没有持续太久,妻子很快就去上班了,一个上午的工夫,情绪就明显有了好转。故事叙述到这里,读者仿佛要嗅到夫妻间因想法不同而即将弥漫开来的硝烟味,但作者却在这里笔锋一转,一场可能一触即发的战争转眼烟消云散。的确,张弦在这里描述了丈夫和妻子惨遭巨大变故之后各自不同的应激反应,作者原本也可以沿着这条线索将二人的分歧继续铺展开来,但如此一来,我们除了得到几句为两性情感显现特征不同而辩白的话之外,又能有什么收获?这篇小说妙在能够不落窠臼,在读者的思绪蠢蠢欲动之时立即将这一团疑云吹散开去,原来这看似不同的夫妻二人却是要殊途同归,异样的情感表达最终都要统一在找寻慰藉的行动之中。

《八庙山的女人》虽然以"女人"点题,故事的主人公却实实在在只是刘刚这个男人,讲述了这位楠木坪无人不知的抗战英雄在他的传奇背后鲜为人知的一段经历。相较于张弦之前的创作,这篇小说在主题内容方面无甚新意,难得之处却体现在写作技巧的探索与磨砺上,尽管彼一时期先锋派作家们已经掀起了小说创作的革命,对文本意识和叙述策略进行了翻天覆地的革新,张弦的写作却依旧固守着写实主义的传统,他的风格仍然一如王蒙曾经评价的那样:"平而不淡,深而不艰,情而不滥,思而不玄。"[1] 虽则如此,却并非固步自封。精巧的文体确非张弦所思所长,然而在他一生为

---

[1] 王蒙:《善良者的命运——谈张弦的小说创作》,《文学评论》1982年第5期。

数不多的作品中，我们还是能够看到他不断调适写作技巧所做出的努力。《八庙山的女人》在形式与技巧方面显示出了作者的用心，随着叙事视角的转换，"八庙山养伤"这一段看似平淡无奇的历史小插曲被反复讲述，而每一次讲述都在无形中丰富着文本的叙事层次和人物形象的立体维度，同时也推动着故事情节在读者的期待视野中延展、跳跃。

作者分别从三个不同的视角叙述了刘刚与何腊梅之间的纠葛，结合倒叙与插叙手法的使用，在五个变换的场景中完成了对刘刚这个形象的塑造。第一个场景以叙事者的视角切入，以简洁的笔触讲述了刘刚的个人经历，特别是他和八庙山楠木坪的历史渊源。张弦在介绍这段往事的时候这样写道："关于他在这里打游击的传说，至少不下四五种不同的民间'版本'，都把刘刚描写得神乎其神"，这句话暗示了所谓历史叙事的不可靠性。而故事的核心便在这样一种不确定的氛围中开始描绘它最粗略的轮廓：1942年日军侵占县城之后，刘刚率领一支小分队偷偷潜入敌后与敌军周旋，适逢麦收时节，日军出城搜粮，刘刚和战士们埋伏在楠木坪村口，虽然出其不意将"鬼子汉奸打得落花流水"，他本人却受了重伤。生死关头，他被住在八庙山上的农民廖阿炳夫妇所救，藏在自己家中养伤。后来廖阿炳到县城打探消息被鬼子杀死，刘刚随后也离开了八庙山，跟随部队撤离了这一带。抗战胜利之后，刘刚仕途顺畅，从副省长做到副部长，成了楠木坪这个穷乡僻壤最了不起的人物，乡民们更尊称他为"打不死的刘三喜子"。刘刚为人所传颂的光辉的一生中，在廖阿炳家养病这一段经历本是无足轻重，知情者更是寥寥无几，但土改那年他带着妻子上八庙山看望救命恩人——廖阿炳的遗孀何腊梅，引起了不小的轰动，这段往事才流传开来，20世纪80年代还被写进了当地的党史。写到这里，作者笔锋一转，借叶祥之口，为此前看似客观真实的叙述撕开了第一道缺口，同时也就为后文真相的揭露埋下了伏笔。这叶祥原本是个搞创作的小伙子,"笔头快,爱动脑筋",在编写这段材料之时突然发现事有蹊跷:众人皆知刘刚受伤是在麦收时节,廖阿炳遇害则在一个月之后,而三十年前的旧报纸描述刘刚离开八庙山时的情景是"秋风瑟瑟"、满地黄叶,证明他离开时在深秋时节,即廖阿炳遇害两个月之后。叶祥由此将自己的疑心对主任和盘托出:"廖阿炳的家,前文描写过,是在山坳里的一座孤零零的小茅屋。他的童养媳老婆何腊梅,当时二十一二岁,刘刚那年二十五。一男一女同在一屋,又都是青春年少!嘿嘿,嘿嘿嘿嘿……"对叶祥的"无端猜测",作者未置可否,只是用主任一句"要负政治责任"的训斥含混带过。

  作者却无意在这里故弄玄虚,第二个场景随即自然地切换到刘刚的视角,通过当事人的回忆对真相的始末做了清楚的交代,不仅证实了叶祥的推断,更引出女儿盼盼的身世。年迈的刘刚在生命垂危之际追悔自己对何腊梅母女的辜负与亏欠,病愈后决定重回一趟八庙山,对这位被自己辜负一生的救命恩人做最后一次告别。小说在这里基本完成了对历史事件的追述,此后小说的叙事进入"现在时"状态,事件的描写不再只是情节发展的需要,而主要是为人物的行动提供多维的空间。后面三个场景主要描述了刘刚最后一次八庙山之行,在他从决心到迟疑再到放弃与何腊梅会面的一系列心理活动中,作者向我们展现了这个"威武而富于人情味"的传奇英雄不为人知的一面。原来刘刚早在多年前就知道盼盼是自己的亲生女儿,但那时他早已官居要职并且娶了妻子,何腊梅善良地选择了沉默,他便顺水推舟给了一笔钱当是自己对她始乱终弃的补偿。后来死里逃生的刘刚想要弥补自己当年的怯懦,想要"活得坦荡"一点,于是他决定回到八庙山再看望一次昔日的情人和救命恩人,但一路上被各种"公事"耽搁阻碍。当他终于到达楠木坪听到何腊梅病重的消息时,刘刚心中闪过的第一个念头却是害怕她会在弥留之际将一切和盘托出,而对自己不利。正当他犹疑不决感到骑虎难下时,当地官员察觉到了他的意图,机警地以山路难行为由对他进行劝阻,让刘刚"合情合理"地取消了八庙山之行。原本这趟探视是要摆脱懦夫这一心理包袱,却不料到头来更加证明了他的怯懦,而盼盼与何腊梅多年的隐忍和沉默则起到了侧面烘托的作用。整部小说围绕"八庙山的女人",生动传神地塑造了刘刚这个怯懦、自私、虚伪的"英雄"形象。任殷曾评价张弦电影剧本中男性形象的描写流于"意念式"和"类型化",特别是在同一文本中和女性关系密切的男性,通常不如他笔下的女性形象那样鲜活生动。[1] 但和荣树(《被爱情遗忘的角落》)、罗立平(《未亡人》)等相比,刘刚的形象明显要更加真实生动,反倒是何腊梅这个点题的人物,始终笼罩在传说与记忆的迷雾里,在作者的叙说中只现出一个模糊不清的剪影,如此单薄,承受不住厚重的文本叙事,也就从根本上妨碍了在一个真正构成对照视域的语境中将刘刚这个人物塑造得更为血肉丰满。但无论如何,《八庙山上的女人》是张弦后期小说创作一次技巧与题材的新尝试,结果固然不能说十分成功,但也绝非是失败之作。作者在一定意义上突破了男性人物形象塑造方面的局限,却又在塑造与之相对的女性形象上捉襟见肘,由此可见,张弦确实不太擅长在文本中营造一段相对平衡从而可以产生丰富对话空间的两性关系,这或许才是他真正的局限之所在。

由此可见,这一时期张弦在积极地寻求创作的突破,而这些探索不仅仅体现在技巧与内容的革新,还有对旧题材的拓深。最耐人寻味的,是张弦对"命运"主题的探讨。这里所谓的"命运",不是在回望小说人物一生际遇之时所产生的结论性的强烈印象,而是类似古希腊悲剧中所展现的超越人类之外却又时时处处规约着人类

---

[1] 任殷:《张弦的小说、电影世界》,《当代电影》1989 年第 5 期。

行为的不可抗拒性的力量,这种力量曾经威慑过奥林匹斯众神,就连最不可一世的宙斯在它面前都无可奈何。张弦最早在《挣不断的红丝线》中谈论到了这个话题,傅玉洁年轻时不顾世俗的目光,拒绝了齐副师长的求婚而勇敢追求自由平等的婚姻,但经历了"文革"的挫折与爱情的幻灭,离异后生活举步维艰的傅玉洁最终选择了向曾经奋力抵抗过的世界妥协,改嫁给了丧偶的齐副师长,新婚之夜丈夫微笑着对她说:"人们说,婚姻是前世注定的,月下老人在上一辈子就用红丝线拴好了。小傅,咱们俩不也早就拴上红丝线了吗?"月老与红丝线的民间传说是中国传统文化中对姻缘的想象与解释,作者用"挣不断的红丝线"这一意象来象征傅、齐的结合,看似饶有诗意,实则是辛酸的讽刺。

一直以来,对这篇小说的批评也大多是从这个角度着眼,探讨女性解放与婚姻自由的形式关系,其实这个隐喻着命定姻缘的"红丝线"何尝不能作为广义的"命运"象征呢?命运之线的意象,在西方古典文化里也有着相似的比喻。在古希腊神话中,人类甚至是诸神的命运皆掌握在命运三女神"摩伊拉"的手里,她们是宙斯与法律女神忒弥斯的女儿,掌管世间万物的命运,传说三姐妹中的老大坐在纺车前一刻不停地纺线,由老二来决定每个人生命之线的长短,而老三手执剪刀执行姐姐的命令。另一说则是老二闭着眼睛挥舞手中的剪刀,老三在一张无法更改的纸上记录姐姐草率而随意的判决,在这个说法中,命运显然被描述成了更残酷无情的东西。虽然中西方的命运观几乎一开始就从内部孕育着怀疑的种子,如欧里庇得斯的悲剧和荀子"人定胜天"的思想,都对它的不可逆性提出了异议,但命运所拥有的神秘力量依然在很多时候令人望而生畏。它就像一张逃不开的天罗地网,或者一根"挣不断的红丝线",无论中间经过多少波折,最终都会将人引向那个必然的结局,就连英雄的反抗在它面前都是徒劳而悲怆的,普通人的力量自然愈加渺小。许多世纪以来，那些生活的失败者或对某种残缺的经验情境无法释怀的偏执者，到最后往往变成宿命论的拥趸——将人生的不如意归咎于命运之手的拨弄，从而放弃有所作为，纵然不是最懦弱的至少也是最懒惰的处世哲学。傅、齐二人的结合在某种程度上颇有些宿命论的意味，看似大团圆的"美满"结局中实则蕴藏着深深的悲剧性：傅玉洁的第二次婚姻在表面上看似是应了"千里姻缘一线牵"的祝词，但她却并不觉得幸福，因为最终还是不得不向这个自己曾经鄙弃过的俗不可耐的社会低头。傅玉洁的性格是复杂的，她曾经是一个单纯乐观的理想主义者，但小资产阶级情调的浪漫爱情最后却抵不过现实的打击，因此正是她的脆弱和虚荣心将她最终引向了这个悲剧性的结局。当她站在镜子前欣赏着自己依旧年轻美丽的身体时，感到"青春尚未消逝，她还应该有权利去重新开始生活"，而这"最有力的保护"和"最安宁的归宿"说到底是她自己的选择和"愿望"。

《挣不断的红丝线》中多次出现"命运交响曲"和"命运之神"等意象，表明了张弦想要探讨这一话题的意图，而在这一时期的创作中，"命运"多变的面孔再度反复闪现。在《请原谅我》中，开篇第一段就是对"命运"二字的一声慨叹。虽然我们不知道张弦在这里究竟出于怎样的动机或者意图，但接连在《请原谅我》《临窗的街》和《浅浅的游泳池》等故事中提到这一概念，恐怕不单单只是出于巧合。在这三篇小说中，性格、身份殊异的人物在遭遇突然变故之时都经历了一种相似的情感体验，即对命运顿悟式的思索与膜拜，张弦通过揭示命运不同表现形式背后共同的心理活动，对它超验性的神秘色彩进行了祛魅式的剖绘。

张弦笔下，命运总是出其不意地降临，充满了戏剧性的大喜大悲，波折过后，生活往往再难回到昔日的轨道。命运的无常乍看之下就像一个无法破解的谜团，叫人甚费思量。在《请原谅我》中，易明被诊断出得了肺癌,惊愕不已的他脑海中只反反复复地出现一个词——"命运"。可是命运究竟是什么?"为什么它是这样而不是那样?"他不懂,觉得世上也无人能懂,因此归根结底,"命运是一个谜"。易明回顾了自己的前半生,事业、前途、爱情,无一不是尽如人意,命运仿佛对他格外宽厚,"他只做了一分的争取,命运便给了他一百倍的优惠":一个偶然的机会,他得到厂长的赏识,事业从此一帆风顺飞黄腾达;与子芳则是一见钟情,婚后恩爱甜蜜相敬如宾,更育有一双儿女。但这似锦前程与美满家庭眼看将要化为泡影,易明无法接受这场突如其来的变故,绝望中能找到唯一合理的解释便是命运"突然意识到优惠太过",因此"反而要施之以残忍"了。但真正残忍的还不是死亡,而是在死而复生的狂喜巅峰时刻再一次遭受命运沉重的一击。易明的"肺癌"被确认为误诊,死亡的威胁倏地远去了,笼罩在他本人及家庭上方的阴霾本该也随之散去,但"命运毕竟是个谜。它常常轻视逻辑,轻视常理,轻视人情",它还喜欢"闹点别扭,跟人开个不大不小的玩笑"。所谓的玩笑不单单指涉这一次误诊,还包含了夫妻间生离死别之际那一场忏悔与宽恕的"误会",面对"死而复生"的易明,子芳的内心全线崩溃,她无法原谅丈夫曾经出轨的事实,于是选择了分居。原来比死亡更残酷的,是突然看清了生活的真实面目,那张隐藏在温情脉脉面具之下丑恶狰狞的嘴脸。易明和子芳在真相揭露之前看似美满的婚姻,因为易明的背叛和欺瞒不过就是建立在谎言与背叛之上的虚假幻象。这固然可悲,但真正可悲的却是在真相大白之后仍要去维持这个美好的假象,在知与不知的转换之间,作者完成了对故事悲剧性的抒写。

但是对命运神圣性的否定却是在揭露整个事件的前因后果之中实现的,所谓命运的玩笑或捉弄实则都是因果必然律的作用。易明事业的成功看似源于偶然的机遇,但机会永远属于有准备的人,如果易明不是在周围的人都忙着打派仗时为了"解闷"而抱着字典学英语，便不可能在厂里同外国人谈判时准确地纠正翻译的错误，因而成功地引起厂长的注意，从此"时来运转，一帆风顺"。而他和子芳感情最终破裂的原因也不在这虚惊一场的癌症风波，他的不忠早已为婚姻埋下了隐患，易明不是没有想过向妻子坦承错误，终因"怕她伤心"而选择了隐瞒。若不是因为"人之将死"，他可能永远不会说出真相，而遭受了背叛和欺瞒双重痛苦的子芳注定不会原谅丈夫。因此，易明的悲剧根本不是什么命运的捉弄，而是他为自己曾经犯下的过错所付出的代价。

令易明感到茫然无措的命运突袭其实就是人生难以预料的转折契机，唯有永恒不变的变化本身才是生活最稳固的常态，当人突然被剥夺了希望，便会在绝望的黑暗中找寻命运之光的慰藉，《浅浅的游泳池》中经历了丧女之痛的卢伯荃夫妇便是如此。十几岁的女儿欣欣众目睽睽之下竟溺死在一个浅浅的泳池里，卢伯荃怎么也想不通：

> 五分之四的面积是只有九十公分的浅水；另五分之一是一个斜面，最深的一端也只有一公尺三。欣欣身高一公尺六二，站在最深处，水面也不过齐胸。而她素来胆小，又是第一次下水，绝不会深水处去。况且有体育老师带领着，无论多么不负责任的老师，也不至于不顾学生的生命吧！况且欣欣这个年纪一共四个班，少说也有二百多个学生，站都把游泳池给站满了。怎么竟然会让她活活地淹死了呢？越想越想不通，越想越奇怪。(《浅浅的游泳池》)

作者将卢伯荃从排斥到接受却怀疑再到深信不疑的心理变化刻画得十分细致生动。夫妻俩一个是"刚入党的新党员、化工研究所的副研究员，一个是棉纺厂的技术科长"，跑到那种封建迷信的地方原本是不像话，但妻子显然是下定了决心，"命运蛮不讲理地"夺走了他们的独生女儿，她便一定要去试一试，问一个明白。

既然科学的分析无法做出合理的解释，他只有同意妻子求签问卦来找寻答案的方式。算命的盲眼谭老头住在杂货铺后面一间破旧不堪的小平房里，混合着"酒气、烟气和汗臭气"的小屋内坐满了求签问卦的各色人等，全都"神情严肃地听着坐在房中间的一个黑黑胖胖的老头儿讲话"。卢伯荃夫妇到的时候正赶上谭老头给一位二十八九岁的姑娘算姻缘，算出她当下的恋人乃是有妇之夫，而且男方"命中没有二婚的命"，两人终归是有缘无分，无法长久。谭老头的"神机妙算"以及其他人"感慨多于谴责"的温和态度，渐渐消除了卢伯荃对这间小屋的嫌恶和排斥；而当他坐下来打量着身边的人群时，意外地发现都是些比自己要年轻的人，他们完全不是自己预想中那副愚昧蛮横的姿态，相反地，还有"一层外面很少见的文明和友善"，因为各自怀着难言之隐，卢伯荃感到了一股"同是天涯沦落人"的亲近，而原先的抵触感更是消了大半。

随着这位算命先生对欣欣"命理"的一步步揭示，他逐渐被引入那个神秘的世界中，根据这个盲老头的说法，欣欣"命里犯水"，一生共有三次危险关头，分别在出生、六岁和十四岁时，最凶险的就是这十四岁这一关，"逃得过是大富大贵"，若是逃不过呢？话头在这关键时刻却倏地戛然而止：

> 整整半分钟，夫妻俩毛骨悚然，屏住呼吸，瞪着瞎老头儿。他们全身神经都被一只神秘的手抽紧了，一动也不能动了。一个他们怀疑而又希望其存在的、不可抗拒地主宰着一切的幽灵，陡然显露在他们眼前了！（《浅浅的游泳池》）

在这场沉默的心理博弈中，卢伯荃夫妇认输了，他们的反应已经清楚地昭示了这个火命女孩的命运。他们没等谭老头把话说完，就交了钱，因为他们早已经知道了结果，"所希望得到的不过是一种证实"，而谭老头关于欣欣"命里犯水"的论断已经解开了所有的疑惑，从而也给他们送去了莫大的安慰。一股"不可思议"的神秘力量强有力地攫住了他们，回想往事，欣欣曾经确有过两次溺水的危险，虽然时间上并不完全一致，但这并不妨碍他们接受并全然信服这一解释。

从命运之说中寻求安慰何尝不是一种逃避的态度？女儿出事那天，穿着新买的泳衣出现在他的书房门口，当时他正专注地翻译德文资料，没能看清女儿的样子，临走之前说了什么也全然没在意。对他而言，那只是普通的一天，而每个女孩到了学习游泳的年纪也都要经历同样的兴奋和羞怯，这件事"平常得如同花要开，草要长，鸟儿要飞，太阳要从阳台左侧升起右侧落下一样"（《浅浅的游泳池》），它只能有两种结果：学会或者没有学会游泳，又怎么会料到这模糊不清的一瞥竟会成为他和女儿最后的诀别呢？这场潦草的告别仪式很可能也在折磨着他的内心。惊诧、困惑、悲痛还有悔恨交织在一起，他太需要找一个可以排遣这些情绪的出口了。因此尽管一开始对妻子的做法并不认同，他还是选择陪她一起去做这件"明明知道是蠢事的蠢事"，这么做固然是为了相互扶持以支撑整个失掉了灵魂的家庭不至于垮下去，但也未尝不是他潜意识里在寻求解脱。所谓的"活神仙"正是抓住了人的这一心理，因为人只会选择听自己想要听到的那一部分，而通过一些模棱两可的话（大抵都是些"劫难"之类的套词）不断给对方以心理暗示，最终令他们自己整理出问题的答案，同时心悦诚服地接受。卢伯荃夫妇就是这样，想要的无非是一个令自己心安的理由，一旦得到了想要的答案，带着这个"合理"的解释离开时脚步也变得"轻快而潇洒"起来：既然这一切都是命中注定,又何必再耿耿于怀呢?既然如此不可思议,自然也就"无须去思,无须去议"了。作者在这里不无嘲讽地写道:"卢伯荃超凡脱俗地一笑,恢复了他那一贯缜密的逻辑思维和宽容的学者风度。"(《浅浅的游泳池》)

聪明的读者会知道,作者写到这里显然即将出现一个意外的转折,而前文对这一神秘氛围的渲染都是为故事高潮的出现做铺垫。卸下心头重担的卢伯荃夫妇回到家中,发现女儿的体育老师已经等候多时,他给他们带来了另一个"真相"。事后根据一个男生的说法,那天当大家乱糟糟地在水里瞎扑腾的时候,卢欣欣可能被撞倒在了泳池里,她在慌乱中一手抓住了他的大腿根,而他弯腰在混乱中摸索着伸手去拉时,却不小心摸到了欣欣的胸部,欣欣大概也意识到对方是个男生,立刻松开了手。这个男同学"没好意思回头,也不敢喊,就往男生堆里扎猛子。还以为那个女同学已经站起来要骂他呢"。谁也没料到会酿下这样的意外。事情的始末竟是这样!这场悲剧的起因竟是青春期少男少女之间再正常不过的朦胧而又避忌的羞涩感,但仔细想来,欣欣早上试穿泳衣时的反应不正是对于将要在异性面前暴露自己正经历着变化的身体时所感到的羞涩与排斥吗?当她躲进房间叫嚷着"我不穿!我不穿!像什么样子嘛!难看死啦"的时候,如果他和妻子能够了解女儿当时的心理感受,并及时就这一问题进行适当的引导和教育,或许这场意外就可以避免了。欣欣的悲剧虽然是意外,背后却也有着深刻的社会原因,张弦凭借自己敏锐而细腻的洞察力,揭示了当时中国社会对青春期教育问题的忽视:当时的教育观念依旧非常保守,处在青春期的孩子由于缺乏基本的性启蒙教育,不能正确地认识自己的身体和心理变化,以至为不少本可以避免的悲剧埋下了隐患。小说的最后,不论这对痛失爱女的"高知"父母是否意识到了问题的根源,刚刚获得的慰藉确已不复存在,彼时他们的眼中,"既没有好奇,也没有对神秘启示的期待"。当"命运"的真理被打破，悔恨和痛苦再也无所遁形，无处躲避，而他们的心中，失去了沉重，也失去了轻松和解脱，代之以另一种茫然的压抑和痛苦，而命运的神秘面纱则被无情地撕去。

在张弦的小说中，还写到了另一种形式的"命运"，不是那生前就已注定且无法更改的超验力量，而是变动不居神鬼莫测的时代洪流。不断向生活深处挖掘现实的真相，在大地的颤动中率先感受时代的脉搏，是张弦在创作中始终予以高度关注的主题之一。虽然太过宏大的历史叙事非他所长，但作为一名具有人文关怀精神的现实主义作家，张弦将活跃在历史舞台边缘的小人物的日常生活置于文字的聚光灯下，时代暗潮涌动的幕布镶嵌在他们的悲欢离合之中，时而绚烂，时而迷离。他的作品从不为追随或逢迎所谓的潮流去哗众取宠，始终忠于自己对生活的观察和对人生的理解，这是他作为现实主义作家最为可贵的品格。

他的作品虽然没有繁复的结构、高潮迭起的情节设置和华丽优美的语言，却实实在在地触及社会生活的诸多方面，平凡中透出作者睿智的思考以及人性善良的光芒，朴实无华却又情真意切。读者之所以容易在张弦作品中寻找到共鸣，是因为他笔下的人物读来真实而亲切，嬉笑怒骂之间展现的是最平凡却又典型的人世百态。但张弦的小说却并不因为人物平凡、情节简单就流于浅薄，相反，他笔下的故事大多含蓄蕴藉，言有尽而意无穷，读罢令人深思。从某种角度上讲，他的小说有些类似中国传统的皮影戏，隔着幕布，人物的形象和行动被省略成一个最简单的轮廓，一举一动皆受人牵引。张弦笔下的主人公行动虽然简易，行为背后的原因却耐人寻味，推动行为发生的心理活动只是最直接的动机，根本的诱因还是这个新生与积习之间的冲突。行为与意识背后的舞台仿佛是光影之外无穷的黑暗场域，构成了张弦故事背后纵深的幕景——几乎总是鲜活的时代气息混合着腐旧的集体无意识，犹如潺湲不息的水流之下淤积着厚重的泥沼。

作为传统的现实主义作家，张弦特别重视典型人物形象的刻画，他曾说："文学的第一位的作用，是通过塑造艺术形象，使读者潜移默化地受到感染，加强对生活的理解，增添一种美好的感情，从而改造生活。"① 创作伊始，张弦就偏重于对善良、勤劳、真诚、积极向上的时代青年形象的塑造，刻画了诸如白玫、李兰、燕婷、郭进春这些血肉丰满、性格鲜明的人物，但彼时的张弦毕竟只有二十多岁，无论是生活阅历还是写作经验都还不够成熟，因此还未能深入人物的灵魂，从更阔大的视野来透析人物的命运，有些形象不免显得浮躁、呆板。和早期作品相比，张弦在20世纪80年代以后的创作中明显加深了对人物心理的刻画，通过开掘他们的内心世界突出人物性格的复杂性和丰富性，从而在一个更广阔的视野展现出现实生活的复杂与丰富。

在中篇小说《回黄转绿》中，张弦尝试去讲述了一个文学女青年尹影追求爱情却终至失败的故事。标题里的色彩转换，悄悄写出了秋去春来的美好景象，这不但是天气风物的变化，也是政治气候和社会环境的大变动，暗暗提示了人物在此间的心境亦是无限希冀自己的生活能够"回黄转绿"，以此重新焕发难得的生机与活力。虽然她事与愿违，但至少做过了自己可以尽到的努力，无怨无悔。

有论者认为，"她要追求美好理想，脱离'黄叶般'的世俗生活。但那理想的翅膀刚刚展开，就撞到了现实的墙上；她向诗人求爱，遭到拒绝；她要摆脱世俗，却被包围得更紧。终于，她跌落尘埃，清醒过来"。② 一连串的打击和不幸，勾勒出尹影不得不正面

---

① 《刘绍棠、陆文夫、张弦谈创作》，《长春》1981年第10期。
② 陆广训："前言"，《张弦代表作》，第9页，河南人民出版社，1994年。

去应对的灰暗生活现实。或许她追求了在常态世俗生活中被一般人看来是奢侈、不合时宜的东西，会被套上"不现实"的帽子。"这很容易使我们想起《伤逝》中的子君。她们共同的悲剧，就是都忘了生活的要义：'人必须生活着，爱才有所附丽'。这就否定了当时宣扬'爱情至上'的一些论调，重又指出了'无论多么崇高的理想之光，也是在现实的地平线上升起的'这个一些人不愿意接受但却顽强存在的'冷酷的真理'。"[1] 这样的评论固然合于当时，但未免对主人公有"不够知己"之嫌，在生活中追求比现实更高的，具有精神意义和超越事物就是错的吗？尹影的问题究竟有没有更为妥善的解决之道呢？这即使放到今天也是青年一代必须要面对的，所谓的"诗和远方"在生活重压之下，还应不应该，值不值得去继续追求？

张弦在这篇小说的题记中引用了古乐府《休洗红》中的两句，也是题目的出处和来源："回黄转绿无定期，世事反复君所知。"题记对本文的主题有着暗中提示与巧妙应和的作用。古乐府多写女性的悲剧式情感，良人难遇，深情难托，而一缕悠长，难断难绝。这样的提示似乎已经暗暗说明了，倘若一位在今日仍然有此怀古之心，向往悠久情爱的女子置身于现代的语境之中，难免不是一步一步走向梦幻破灭、感情难谐的令人深深失望的境地。

与古乐府的引句相对的则是文中反复出现数次，尹影在心中一次次回放的时代流行曲："……毛毛雨，啊，毛毛雨！幸福不是毛毛雨，不会自己从天上掉下来……"歌词是抒发女性对幸福的向往，有一点微微凄怆的自我解嘲之意。毛毛雨是寻常之事，而幸福难觅。这就与题记里所用的诗句形成了鲜明的俚雅之别。一雅一俚的夹缝之中，尹影进退失据的情状可想而知，在追求高处的情感共

---

[1] 陆广训："前言"，《张弦代表作》，第9页，河南人民出版社，1994年。

鸣而不得之际,现实的世俗幸福亦像是无迹可寻的虚空。这首歌曲的一再复现,表现了女主人公时刻在内心的反复自问和追寻:哪里有幸福,怎样才能得到幸福,自己究竟是不是可以得到幸福呢?

尹影本来是无线电厂的统计员,业余爱好写作,也在市文联主办的文学刊物上发表过小说《梦》。这且是她的小说处女作,身为业余的文学爱好者和作者的这一步小小的成功,对于视文学为神圣事业的她,显然是个不小的鼓舞。到市文联的编辑部开会时,她满怀朝圣一般的虔诚心情,在美好的憧憬之中,"万物皆着我之色彩":"市文联的会议室十分简陋。窗上的油漆剥落殆尽,深蓝色的窗帘晒得发了白,天花板还掉了两大块石灰……但是在尹影看来,这里是庄严的、巍峨的、瑰丽的。这里就是文学的殿堂。是她仰慕已久,神往已久,因无法企及而痛苦已久的文坛。"(《回黄转绿》)自己来到了这座会议室,仿佛就登堂入室,由原本懵懂的文学素人向神往已久的高尚文坛迈进了一步。因此她整个人都紧张拘谨起来。尹影是在想象中将文坛过度美化了,以至于连带地让现实中文坛的对应物市文联也带上了一层浪漫脱俗的色彩。而这些都与真正的文坛和市文联的形象有所出入。她无意中掉进了自己编织出来的幻象之中,并因此对自己的言行都有所局限。

尹影由于高度的尊崇与仰慕,而怀着战战兢兢的心情仰视在座的青年作者们,将他们看成是自己目前尚不可企及的一群文坛上的新星:"青年作者们开始发言了。有的激烈,有的深沉,有的夸张,有的拘谨。尽管两种截然相反的意见,在尹影听来,好像都各有各的道理。使她不知赞成哪一种意见才好,又同时对各抒己见的双方都暗暗佩服不已。"(《回黄转绿》)从她的心理活动可以看出,尹影对青年业余创作者们多少有点奉若偶像,并且失去了独立自主坚持个人的文学意见的勇气,却在他们两派的意见争执中摇摆不定,难以决定自己的取舍。这也是出于某种过分钦敬艳羡的心理投射与美化，这些本来是尹影同代同辈、完全可以成为平等交流个体的青年作者们，就这么被她放在了偶像般的神坛上进行崇拜和尊奉。她没有意识到自己就此放弃了参与讨论和争鸣的宝贵机会，而这本来应该是能促使她在思考和写作上再获得进步与改善的启示之重要环节。

故而尹影的问题并非源自她追求文学创作和文艺生活，而是没有以恰当的眼光去看待这些事物，有将其神圣化和绝对化的倾向，脱离了它们本来的状态与面貌。这样并不利于她的文学实践与追求。因为如果不能实事求是，还文学创作这一行为以本来面目的话，尹影就会如前所述，陷于对文坛和文学中人的盲目崇拜和神化当中，亦会因之低估自己的文学判断力和创作能量，久而久之，容易裹足不前，而停留在文学粉丝，不是文学实践者的身份上面。这其实是她应该要客观看待并自我纠偏的问题之一端。

在听到关于自己小说处女作《梦》的正面赞誉时，尹影激动万分："尹影的两颊升起了红云，眉毛微微扬起，弯弯的嘴巴抿紧了。一种她从未经验过的，像少女的初恋似的狂喜、惶恐和慌乱，猛烈地撞击着她，使她几乎要流出泪来。"（《回黄转绿》）作品受到肯定的尹影惊喜难以自抑，这时她却有预兆般看到了另一种意见："这时，她蓦地发现离她最远的屋角里闪着两点寒光。一双冷峻的、犀利的眼睛，在注视着她，仿佛含着严厉的警告似的。"（《回黄转绿》）尹影看到这样的目光，不禁为其所摄，不由自主地垂下了头，而刚才狂喜难以控制的心绪，仿佛也因这目光的沉静低温而恢复了原有的平静。散会后，尹影因此认识了这目光的主人，并听取了他关于自己小说的直率批评意见。不同于前面那些肯定她小说中女主人痛苦的作者，这位重点作者南宇认为，尹影对女主人公的痛苦有所夸大，尤其夸大了这张痛苦的价值。尹影因之前就读过南宇的诗歌和小说，对他工厂题材书写的真切动人颇感钦佩，在近期又读过他的专访后,对这位化工厂技术员坚持在单身宿舍进行业余创作,兼顾本业的经历有了更加明晰的印象。尹影不知不觉在这时被南宇吸引了。

面对家中一地鸡毛的生活琐事,孩子状况,尹影逐渐地对钳工丈夫赵秉康越来越失去了耐心,同时也不堪忍受这种她心中鄙视的小市民生活方式。她看到眼前飘落地上,被车轮碾碎的枯黄法国梧桐叶,不免自伤身世起来:"尹影皱了皱眉,一阵怅惘蓦地从心底升起,顷刻遮没了她的轻松和欢快。哦,黄叶!长期以来,她的生活,她的心境,不正如黄叶一样,枯燥、空虚、没有光泽、没有生机吗?"(《回黄转绿》)尹影在工作环境里长久感受到的是工作本身的重复和枯燥性,永远要面对的都是乏味透顶的数据表格,人际上则要面对打字员咔嚓咔嚓的刺耳噪音,会计的木雕面孔等听得看得心生疲惫的情况。所以熬满八小时以后,她总是快速逃回家,但家里的状况并不如她期待的那样,可以稍微放松身心。"可等待她的又是另一种黄叶般的生活:丈夫,孩子,吃饭,穿衣……没有文学,没有艺术,没有理想,没有情趣。当然,也没有爱情。所有在古今中外的文艺作品中被细致入微地描绘着的那些崇高的、美妙的,令人激动和心醉的一切,都没有。有的只是枯燥、空虚、毫无光泽和生机的日子,就像飘落在路上,被'哧'的一声碾碎的黄叶一样……"(《回黄转绿》)此处黄叶的意象一再反复出现,强化了自伤自怜的效果。尹影自认处于两面枯黄的状态,无论在工作单位还是回到家中,她都感受不到生活带给她的任何正面意义,有的只是无穷无尽的耗损与折磨。

丈夫赵秉康其实是位优秀的钳工,工厂里的一把好手,什么疑难杂症都不能难倒他。在家务料理方面,他也是难得的多面手和"万能工",无论是用缝纫机做衣服,拿砧板剁肉馅,甚至是自己组装双声道晶体管收音机、自制电风扇都不在话下,他还备齐了材料和元件，准备自己安装一台洗衣机。但赵秉康最大的困惑就是和尹影的相处，他尽职尽责，打理好一切大事小情，却仍然不能获得妻子的青睐和较为融洽的情感交流。赵秉康的内心也有困苦："……总之，不论什么事，他一听就懂，一看就会，可就是不知道怎样取得妻子的欢心。他明白，尹影漂亮，聪明，文化高，自己配不上她。只有真心实意地对她好，什么家务也不让她操心；要把家庭建设得别人有的自己也都有，让她过得舒适、满意。"（《回黄转绿》）这已经是他发挥心灵手巧的天赋，尽力为家庭和妻儿所能做到的最大限度了。然而换回的仍然只有失望："但是他的种种努力，换来的却是妻子冷漠、鄙夷的神色。结婚快十年了，已经有了一儿一女，他好像从未得到她一次热烈的抱吻，温柔的爱抚，甚至从未领受过她一个深情的、娇媚的微笑！"（《回黄转绿》）赵秉康将这样的情境总结为，妻子的心扉上挂着一把他永远无法打开的锁。这种精神上的孤绝和没有落点，才是赵秉康面临的最大危机，他与尹影不是平等的沟通关系，也难以培养起可以互相依赖、彼此关照的夫妇情感，这就造成了他们之间的隐患。而尹影的不问家事，在建立家庭以后有了丈夫子女的情况下，仍然只顾自己追求文学理想和个人生活，才是致使这种局面出现的重要原因。追求爱好和精神寄托本来无可厚非，但一个人既然选择了结婚成家，就不该将家中事务全部推给另一半去处置，自己只充当安享劳动成果的角色。她的问题不在于不够脚踏实地过生活，而在于在已经选定了部分生活的必要因素和基本设置后，依旧不顾整体的局面而去追寻个人的喜好和自由，却不试图将二者做一定的协调和平衡。这就显然是不够负责任也欠考虑的做法了。

尹影的悲剧也在于，当初与赵秉康交往和结婚时，尚未明确自己在婚姻家庭中最为期待和冀求的部分是什么，就匆匆决定了这桩终身大事。实际上她在与赵秉康同去看仅仅上映一场的批判片《早春二月》时，两人对影片内容几乎截然相反的反应，就已说明了他们对生活和爱情的理解出入甚大。尹影为影片中陶岚和萧涧秋的爱情离合而深受触动，随着他们的悲喜而情感起伏："尹影敏感的，柔弱的，渴望感情滋润的心，像受了热的糖，整个儿溶化开来，依附到女主人公的身上，同她一起在浪漫的爱情波涛里浮沉。"（《回黄转绿》）与此形成强烈对比的是一旁的赵秉康的不理解，他对尹影说："你哭什么？假的嘛！编出来的嘛……"她感到这样煞风景的安慰实在破坏气氛，所以她就对赵秉康意见更大了。加上赵秉康对剧中男主人公萧涧秋的"诋毁"，说他如果活到现在，一定会被推上台去"架飞机"进行批斗的。这句简直如同火上浇油的话，更让尹影觉得这人不可理喻。"这句败兴话，真比当众辱骂她更使她伤心。尹影愤愤地瞪了他一眼，扭头就跑，一口气奔到电车站，挤上了车。呵，去他的吧！永远别再理他！这个人……"（《回黄转绿》）尹影甚至在此真的下了就此分开的决心，如果当年真的能这么决绝，或许她今日的命运就不是现在的样子了。但那时她为何又听从了别人的劝告，最终和赵秉康结为连理了呢？如今的尹影不免有种悔不当初的痛切感。"'人老实，能干，会过日子……'于是，跟这个人过了十年日子！过了十年黄叶似的枯燥、空虚、没有光泽和生机的日子！……呵，够了！再不能这样过下去了！"（《回黄转绿》）

尹影终于下决心结束这黄叶一样的日常生活，她回溯了自己的心路历程。起初她是为了排遣内心的苦闷无聊，开始选择以阅读小说的方式打发一些业余时间；后来由于敏感多愁的情绪，不免在小说的女主人公身上找到了自己的投射；后来她就渐渐演变为，觉得自己也可以成为小说中的女主人公，内心自有需要向别人倾吐的衷曲在。于是她做的选择就是开始尝试写出自己的心声和故事，借此纾解内心隐含的各种情思，同时也是对外界自我表达的一种途径和出口。尹影就是这样才走上她的业余文学创作之路的。

然而她真正与赵秉康分开后，并没有如自己所愿那样获得情感和爱好上的自由，反而遭遇了前所未有的新困境。本来她是满怀憧憬地觉得自己可以开始新生活了："尹影这时完全沉浸在被解放的欢快之中。她请了一天假，把自己的新居，七平米的小屋，里里外外彻底来个大扫除。敞开门窗，让璀璨的阳光好好晒一晒，清新的和风好好吹一吹。呵，新的生活要重新开始了！固然，绚丽的青春已经丢失，但她毕竟摆脱了不幸的羁绊，一切都还是来得及的啊！"（《回黄转绿》）形式上的大清扫，表现了她彻底告别过去不喜欢生活方式的决心。尹影认为转移了空间并清洁之，随即也就开始了她的新时间，而且为时未晚。

这时她已不再一味地停留在只是悲叹自己身世如同枯黄的落叶，而是仿佛发现了有关绿叶的新希望："窗外的天井，早被邻居的厨房占去了一半。但同年栽下的白杨还在，已长成大树了。茂密的绿叶舞动着，拍打着，发出沙沙的响声。哦，绿叶！你是在鼓掌吗？挥手吗？欢迎我，祝贺我吗？"（《回黄转绿》）此时此刻，尹影像是从长成大树的白杨绿叶身上，初步看到了自己生活"回黄转绿"的可能性。她对办完离婚手续后，仍孜孜不倦以家庭琐事询问她意见的丈夫大为鄙夷，认为对方到了这个时候还只顾关心女儿的衣服是否放好，户口要不要转，下个月的粮油票何时发放等"婆婆妈妈的琐事"，实在是可笑可悲，不可救药的小市民。尹影甚至计划把丈夫作为小说原型，写进她的下一篇小说中去，以此来抒发掉"十年的厌恶和恼怒"。她觉得赵秉康对自己的小市民言行毫无觉察和觉悟，才是造成他总是喋喋不休这些鸡毛蒜皮之事的原因，尹影对此充满了反感和憎恶。此刻在她的想象中，她总算可以结束并摆脱这般不堪忍受的俗气生活，而去尝试实践自己此前被压抑的情感和生活方式了。尹影将南宇作为自己憧憬和倾慕向往的理想爱人，放在了赵秉康的对立面上。尽管她并不甚明了何以对不苟言笑的南宇会有所钟情，但她却坚信爱情本身就具有神秘不可测的成分，真挚的爱情往往是不可思议的。

离婚之后，尹影逐渐感到诸事运行得并不如此前预想那般顺利，她想维持一般的生活节律，不显山不露水："搬到娘家以后，离无线电厂比以前近多了，步行也只需要十几分钟。但尹影仍骑车上下班。她极力想给人这样的印象：她的生活并无变化。与人相处，她也保持着不冷不热，既随和又淡漠的姿态，一如既往。但这种努力是徒劳的。"(《回黄转绿》)因为周遭的同事开始对她态度发生转变，老会计顾虑是否深夜与她这个异性一起加班有不妥之处，打字员则冷若冰霜，还在众人起哄下出现了被鼓动的"追求者"。这些纷扰不能说不给她带来一些烦恼，但转念一想，她仍认为自己的选择毫无错误，那些人实在难以理喻："不过她和这些人，向来没有多少共同的语言和趣味。他们不过是抱住世俗偏见不放的小市民罢了！他们的歧视，恰恰反过来证明自己的不同凡俗，清高出众！这样一想，尹影也就宽慰起来。"(《回黄转绿》)

然而未免祸不单行，尹影又遭遇了第四篇小说被退稿的事件，她担心就此被编辑部拒之门外，也不能再顺利地追求自己一直视为神圣事业的文学创作。难道文坛也对离婚女性有偏见吗？她忍不住找到了南宇诉苦，南宇细心帮她再次审阅稿件，但对她的感情暗示似乎无动于衷，这同样令尹影颇为失望。她暗自神伤于南宇的不解风情，对自身的魅力和才华也不免产生了怀疑：为何这样的自己还不能使南宇稍微加以辞色，到底是哪里出了问题呢？南宇看了尹影的稿件以后，对其提出的意见和建议是，觉得她的小说中太缺少某种生活"干扰"而留下的痕迹，女主人公未免过于超脱，有点不食人间烟火的样子。由于尹影的小说带有比较强烈的自况意味，女主人公也是她很多情感心绪的集中投射，南宇给出的稿件意见实际上也就委婉地成了对尹影个人的印象和综合感受。这点尹影当时或许并没有足够的觉察。直到她对南宇不能释怀，有了进一步的要求和期待时，南宇也只是礼貌地回以拥抱。

最后在尹影的一再追问之下，南宇才不得不说出了内心的真实想法，原来他曾经遇到过感觉和尹影颇为相似的姑娘，但对方觉得他并非可以一起过日子的良伴："……以前，我爱过一个姑娘。她漂亮、单纯、善良；爱文学，爱唱歌，也爱幻想。我们爱得很真诚，很热烈，如醉如痴……但是当我们快结婚时，她忽然发现和我这个人没法过日子！"（《回黄转绿》）尹影对此表示惊诧。南宇又解释了自己家境贫困，需要接济家人，余钱都买了书。他生活能力低下，也不可能按照对方的要求把自己的一切精力和时间都奉献给她。两人只能黯然以分手告终。南宇从尹影的身上看到了昔日爱人的影子，他觉得这种带有掠夺性的情感不是他可以接纳并承受得起的，于是他只肯与尹影保持友谊的关系。尹影本来的希望落空了，此时她眼中的风景又一次凋零下去："初冬的寒风过早地来临了。站在山坡上向四周望去，一片苍黄，一张绿色的叶子也找不到。"在被南宇拒绝以后，她看到的也是："一张黄叶，冉冉地聊下来，在她颤抖的肩头停歇了一会，沿着她那薄薄的、有腰身的棉袄滑下去，悄然无声，躺到地上。"（《回黄转绿》）

这是两人之间的需求不一致，诉求也无法相同或互补造成的。尽管他们在爱好和精神追求上有交集，但南宇希望找到的是"一个贤惠的，能帮我过好日子的妻子"。尹影此前浑然不觉她之所以在婚后还能肆无忌惮地读书写作，全是仰赖赵秉康的任劳任怨，一手持家的结果。而她和南宇的共同症结就是不擅长日常生活事务，南宇在这点上可谓比她务实得多，因此无法接受她这样生活在梦幻中的文学女青年为伴。

在被南宇一句话道破梦境之后，尹影才影影绰绰地回忆起赵秉康对自己的用心,在去商店帮她买喜爱的黑大衣时,手腕被柜台边上的角铁破皮见血。她又从赵秉康的徒弟那里听说他已升职为车间副主任,但对别人的介绍感情和示好都没有应承,心里仍惦念着尹影。尹影曾经偶然撞见过赵秉康在书店里买文学刊物,徒弟说他还报了夜校的文学班,理由并不是想当作家,而是:"我可当不了什么作家,我只是想体会体会,想当作家的人,心里是怎么想的。"(《回黄转绿》)由此可见,在他们分开以后,赵秉康不但没有责怪尹影,反而是从自身那边去找原因,认为或许是自己没能很好地理解她的文学爱好,还企图用实际行动来弥补,以求更近地在内心和精神世界上明白前妻的所思所想。这也是他尽自己的最大努力去争取迁就和接近尹影的做法。

虽然到了这时,未免有种亡羊补牢之感,却看出赵秉康难以割舍过去的家庭及多年的夫妻姻缘。这似乎给目前面临彷徨之境中的尹影又提供了新的转折和可能。至少从眼下的情状来看,南宇已经态度坚决地表示只能和她保持朋友关系,不可能有恋情上的什么发展。赵秉康还托徒弟送来了紫砂盆、雨花石和两棵水仙,并转达了这是尹影喜欢的花,她也正如同水仙花的意思。徒弟小鲁无意间一语道破天机:"依我看哪,我师傅就是这水仙头,模样儿不起眼,可叫石头子儿压着,凉水里泡着,一声不吭。这样你才能开出漂亮的花儿来!哈哈,我胡扯八道,女作家,您别见笑!"(《回黄转绿》)小说来到末尾,尹影看着桌上权威刊物的退稿信,以及之前编辑部主任寄来的业余作者会议通知函,忽然觉得兴味索然。她把水仙花放好,自言自语地在思量,它还能变绿吗?旁边的女儿说,水仙现在已经长出了绿芽,以后还会开花。尹影心头乱糟糟的,毫无头绪。小说就在这里戛然而止了。读者随同尹影一起陷入对未来不确定性的彷徨和长考之中。

综合全文的叙述来看,张弦对女主人公尹影所施予的同情实则都大于对她的批评。他并没有采取泾渭分明的态度去帮助女主人公寻求其爱情生活中难题的解决之道，相反却让她在故事结尾之处对此依旧保持一片轻盈的迷惑。从这里可以看出，张弦在此扮演了一个有所节制的作者，在小说中安插的叙述者也是很有分寸，及时知止的，不会因跳出来妄议而破坏行文节奏。他很注意让不同的人物自己开口说话，而且是符合其身份性格的发言。尹影的热情浪漫，直率执着；南宇的性格沉稳，有理有据；赵秉康的不善言辞，勤恳朴实；尹影儿女的童言童语；秉康徒弟小鲁的机智俏皮……一位位面貌性情各异的人物因其声腔而生动鲜活起来，呼之欲出，共同演绎了这出悲喜剧。南宇没有被尹影逼迫到无处可逃之前，都不曾吐露真实的想法和心声，乃是为了保护他们的友谊，避免伤害她的感情。赵秉康转托能说会道的小鲁带话，既是发挥了后者的特长，也算师傅交托给徒弟的任务，合情合理。儿女的童言无忌却常常能道中要害：尤其是女儿小坠儿对于水仙的展望，表示自己喜欢爸爸这样勤劳能干的"小市民"，都对尹影是一种侧面的触动和提醒，然而都发自本心，是孩子应有的说话方式和直观感受，不会有小孩强说大人话的不协调之感。这些必定是建立在作者对实际生活中各色各样的人物做了长期细致的观察的基础之上，且把握到他们各自不同的说话方式和语言特色之后，才能在实际写作中做到下笔有准，言无虚发的。

与此同时，张弦对尹影前后的情感变化及她的生活细节也描写得十分细腻丰富，能让读者身临其境，去体会她的喜怒哀乐、情绪波动，面对各种人事时的言行应对与心理变化。这亦是符合尹影浪漫细致且比较内敛的性格的。由于她一直不放弃对文学、爱情和日常生活审美的追求，也表现出一种微微偏执的趣味之美来。尹影起初很喜欢穿那件黑大衣，到一系列事变后心灰意冷将其转让给同事，又在某个时候追忆起赵秉康帮她买来这件衣服之不易的前后曲折之历程，是以物件为线索插入的小小外在情节线索，亦是其内在的心绪波动和变化线索。诸如此类的小的副线之放置，其实有使小说文本内部更加严谨致密，组织化的作用。

　　尹影对文学爱好的追求，情感转移的路线，以及日常生活应付的力不从心这三部分主要的情节内容，在张弦的笔下是有条不紊地间隔交织出现的。这就有效地避免了偏重某一部分而造成的情节沉滞与交代不全的问题，显得彼此融合无间，发展的状态以较为自然的节律继续前行。而"回黄转绿"的主旨在其间也悄然发生了内涵的转移，尹影开始时是将她认为庸俗琐碎不堪的日常"小市民"生活视作仇雠，感到这些鸡毛蒜皮是磨耗青春，有违她浪漫的精神追求之厌物，自己在十年的婚姻中已呈枯黄的落叶样貌，必须想法改变与摆脱，也就是谋求转绿的生机和出路。小说处女作《梦》发表则一，在编辑部的业余作者会议上邂逅南宇则一，这两件事情的一时合流，为尹影燃起了不可抑止的熊熊希望，亦为她求新求变，结束旧生活，启动新生活提供了无穷的精神动力和外在援助，却让她罔顾丈夫多年为维持家庭正常运转而默默付出，尽可能迁就她任意妄为的事实。

　　在对待家庭责任和另一半的劳动上，尹影显然是以浪漫为名行自私之实，直到她自己不得不亲力亲为，应付生活琐事如买菜，帮儿女洗衣和带劳动用具等等的时候，这些隐藏已久的问题才逐一得到了无从逃避的大暴露大展览。她在文学创作和讨论中其实也有缺乏独立自信的意志的问题，但一旦到了生活领域就全然手足无措，基本的事情都难以做好。这是由于她长期在赵秉康的照顾和保护之下，自己根本不用亲自动手做任何家务琐事之故。所以尹影对生活和爱好都缺乏彻底想透彻之后做出的充分自觉选择，而是在主观的任性想象下，将二者切割和对立起来，一边是琐屑庸俗的，一边是高尚超越的。她的做法不过是用一边的绝对化拔高，去逃避另一边本来应该分担起的基本家庭责任。即使对自己口口声声、心心念念的文学创作，尹影也缺乏足够的精诚投入，勠力以之的决心与勇气。她在参加刊物举办的作者讨论会时偏离了重点，没有用心参与稿件内容和如何改进的研讨，分心分神到南宇身上。之所以会把南宇作为丈夫赵秉康的对立面和理想寄托，这样的思路逻辑与尹敏将日常生活和文学追求二元对立起来如出一辙。她不曾真的看清二者之间并非不能共存、取此亡彼的切割舍弃关系，而是应当善加调和，彼此平衡的。

如果没有赵秉康将生活基础和家务儿女的事情料理得平平顺顺，尹影是不会有恃无恐，获得可以任性追求自己爱好，罔顾有家有丈夫子女的事实的机会的。从某种程度上说，南宇和尹影的问题有相似相通之处，但他在遭遇过情感的挫败和生活的教训之后，不想再重蹈覆辙。尽管他为此提出的解决之道是想要找一位贤惠、能帮他料理生活的妻子来做互补，而不是自己先提高生活技能，做到基本自理，在具体的实施措施上仍有依赖他人和物化对方的不妥之处。然而他足够理智沉稳，没有因一时迷惑或被对方的示好冲昏头脑，草率答应尹影的感情，这点是南宇值得称道的地方。从南宇暗中落泪而没有教尹影看到这一点出发，可见他对尹影并非全无感情，甚至可能还从对方的倾慕和彼此的文学交流中获得过某些心动的时刻。不过痛定思痛，在瞻前顾后，反思过去教训，总结当下经验之后，南宇仍旧维持了他理性的抉择。这对于尹影来说虽然是打击，但未尝不能有助于她从过分理想和自我的梦幻中稍微清醒过来一点。毕竟此前她"回黄转绿"的希冀，有很大一部分都是押在对文学创作的追求和对南宇的情感尝试之上的。尹影天真地认为，只要果断摒弃从前那套令她鄙夷的俗气小市民生活，就可以重萌生机，由枯黄转为新绿。但在尚未获得清晰思路和足够坚强的自我意志的前提下，尹影并没有找到一条真正的女性自强自立，承担生活与理想的良好路径，她所做的切割和选择都像是逃避与代偿，仍旧将自身改变的契机寄托于外人外物身上，而没能从自身的内部发掘，去找到根本原因，以获得源源不断的真正内在动力与能量。

因此尹影寄放在南宇身上的"转绿"希望并不意外地落空了，而她又因一时激动失去了原有的家庭和后盾，人生陷入了更大的彷徨与困惑之中。这次"转绿"的希望破灭后，尹影在受到打击之余，更多的是面对眼下不知如何是好。赵秉康送来的水仙花让她有所触动，但依旧是怀疑与不确定的心绪占了主导地位。经过这一连串的变化与动荡之后，尹影对过去自己的做法和抉择显然有所怀疑和动摇，她此刻正处于旧事已了，新事尚待建立却不知要怎么着手去做的迷惑阶段。张弦为尹影的未来留下了希望，但没有强求地以她回归家庭，和赵秉康重修旧好为最终旨归，以把"转绿"的这一笔描满补全。相反，他留下了足量的空间和余裕给尹影自主选择的机会，毕竟"世事反复君所知"。看似回到了起点的尹影，终究由于有了不同以往的经历，尽管这经历更多地像是经验教训而有一定的挫折感，但不行不到，多少让她意识到了自己过去言行是有缺失的。只是要如何继续往后的生活，会不会再和赵秉康破镜重圆，对于此刻的尹影而言，恐怕仍是未知之数。一时的转绿心愿未能成真，会影响往后余生并成为宿命吗？小说至此仍余音袅袅。

曾有论者认为尹影的遭际要全由她自己负责，或是她对生活的想象不切实际，终究要幻灭，被迫再次直面现实生活云云。但张弦显然还是有温柔宽容的那一面，不至于要把他的女主人公批驳到一无是处，对其斩尽杀绝。他对尹影有理解也有同情，不管她是否有幼稚虚浮的缺点和弱点，在生活费拮据的情况下，依然希望能在第一时间买到自己想要阅读的文学书籍这一点，显得何其真挚动人。在不得已时，她连心爱的黑色大衣都低价转手给同事以换取一些资费贴补家用，唯独对新书的渴望和热情不因现实的困顿而有所减弱退却。南宇在讲述自己过去的经历时，也有除了供养亲人，就把剩下的生活费拿去买书的细节追忆。张弦借这种真实而准确的细节，勾勒出了20世纪80年代青年业余文学爱好者赤诚热忱，对精神食粮的渴求不因物质条件匮乏而松懈的正面风貌。他们即使有弱点，有缺陷，有不够反省和觉悟之处，在这方面却始终是单纯可爱，让人可以寄望的。

张弦长于刻画善良坚强的女性形象，描写她们在新时代的机遇、家庭的责任与传统的偏见交汇而成的漩涡中苦苦挣扎不断向上的感人篇章，但他同时也写到了无知无觉随波逐流的群氓。他们生活在阳光之下，却全然看不见世界的面目，活在当下，却又为残存的封建思想束缚住手脚，积习难改，这些人才是历史舞台上真正的悲剧人物。在《焐雪天》中，张弦围绕一桩风流韵事，描述了西流村村民夹在时代大潮和残留的封建思想之间却又浑然不觉的生存状态。

为什么未婚时所坚守的"男女之大防"到了婚后便可视若无物呢？西流村村民恐怕从来没有细想过、质疑过，世代乡风如此，约束着他们的行为，更阻碍了思想的进步。尽管封建制度早已被共和制所取代，但小农经济的社会基础依然没有变，西流村也像《被爱情遗忘的角落》里的天堂公社一样，是一个被新中国的美好蓝图暂时遗忘的角落，崭新的制度包裹着内里依然腐旧不堪的观念，恋爱自由的新思想仿佛是天方夜谭，西流村村民依旧信奉"父母之命媒妁之言"的包办婚姻。就连杜葆坤这样的知识分子，也没能摆脱那条与生俱来的"土根子"，对他而言，"谈情说爱那一套无非是小说上写的，电影里演的，为了让人看了解闷"，是时髦的城里人的做派，农村人需要的不过是"白天能干活，夜里能睡觉，生儿育女传宗接代的老婆"。虽然这一观念反映了残存在杜葆坤这个新时代知识分子身上讲究实际利益的小农思想的痕迹，但和爱情至上的信念相比，他的选择毕竟有着深刻的现实基础。他不是没有想法，只是虽然不满意，但想到这门亲事"彩礼要价不高，人不娇气，吃得苦，嫁过来干活，能安生过日子"等等实实在在的"好处"时，也便欣然应允了。

素月这个形象是最值得深思的，自始至终她都是一个在场的"缺席者"，像是西方戏剧中只有行动没有台词的小丑，在她的"转变"中，心门紧闭，听不见一声来自内心深处的呼声。素月象征了历史长河中广大的失声群众，长期的压迫让他们成了"甘愿做奴隶的人"，这里的奴性一方面外化为对权贵的趋附，另一方面则内化为盲从的性格，对习惯不假思索的恪守造就了盲目的个体，个体聚集在大大小小的习俗周围形成了盲目的群体，他们既是悲剧人物，又是悲剧的制造者。张弦在《焐雪天》中描写的，是一个时刻处在行动中的素月：

> 地里忙了一天，回到家挑水，喂猪，烧饭，洗衣，全家的事素月一手揽了过去，连公婆的洗脚水她都要倒好，送去。大家都睡了，她还在堂屋里捶草，打一两只草鞋，或者缝补公婆弟妹的衣裳。她还生来一副好脾性，公婆丈夫说什么，她总是静静地听，温柔地答应着，没有半个'不'字。妇女们干活，叽叽喳喳，东拉西扯，她从不插言。别人打闹玩笑，她也笑，抿着嘴，牙都不露。吵嘴骂架是是非非，更是从来没有她的份儿。(《焐雪天》)

这样勤劳、温柔的好脾性因此使素月这个"教师娘子"成了西流村最贤良淑德的典范，但她并非对其他男人的殷勤挑逗当真无感或者反感，嘴里虽"嘀咕一声'讨厌'，心里不免偷偷地笑"，她对丈夫的忠贞实际上是一种对权力的变相膜拜。丈夫是西流村最有学问的人,"一张报纸能从头看到尾"!不仅备受全村人的尊敬,还是唯一一个不用下地干活就可以拿队里最高工分的人,除此之外,每个月更有六块钱的补助,优越的家境(西流村的头等富裕户)让素月从来不为衣食犯愁:"上街赶集,进供销社扯几尺花布,买一盒百雀羚香脂什么的,随时掏得出钱来,叫同伴们好不羡慕。"(《焙雪天》)这种饱含自豪感和幸福感的生活,是她出嫁前"梦里都想不到的",而这一切,都是丈夫杜葆坤赐予她的。面对这样一个精神与物质双重的权威,教她如何不心存敬畏呢?

说到底,素月对丈夫的崇拜不过是对权力这个抽象概念的盲目附从,因此,一旦杜葆坤的权威形象被蓬勃兴起的商品经济所集聚的时代洪流冲刷殆尽,素月便也不复再是当初低眉顺眼的附属姿态。当生活的重担落在了她的身上,心力交瘁的素月"有点变了":不像以前那样温柔和蔼,"骂起孩子来也同别的村妇一样叉着腰,直起嗓门,还不免夹带着两句粗话";就连丈夫她也敢"顶撞",开始嫌他懒惰不能干活,"没用"。这些改变表面上看去是因为窘迫的生活处境所致,实则是因为夫妻间的地位发生了根本性的变化,即素月从一个经济上的依附者变成了和丈夫一样的承担者,平等的经济地位彻底动摇了丈夫昔日的权威,素月心里有了怨气,更有了"底气"。但这样的夫妻平等毕竟是畸形的,因此很快出现了裂痕。张弦在这里强调了经济基础在婚姻生活中的重要性,素月最终委身于曹炳康根源也正在于此,曹炳康的殷勤和引诱一定让她想起了逝去的优越生活,她恋恋不舍地回望过去,而曹炳康正给了她重温旧梦的机会。当他用一瓶珍珠霜和一块粉饼卸下她心理的戒备并趁势偷亲她时,素月不是没有反抗过,她斥责他,威胁说以后再也不卖瓜给他了,可她还是收下了他的礼物和钱,平静地离开了:

素月挑了空筐,缓步走着。刹那间,她觉得非常懊恼。心理就像肩上的筐一样，突然空了。仿佛原本在心上有一些重要的、宝贵的东西，在刚才那一会儿丢失了。她的眼眶立即红了起来，泪水也往眶里聚，丢失了什么呢？她在细细一想，好像又没有。只不过叫那男人占了她的便宜，堂堂皇皇地占了点便宜。筐子空了，瓜并没有丢失，五张票子在她手里紧紧攥着哩！（《焐雪天》）

她模糊地感到曾拥有过某些"重要而宝贵"的东西，却在自己接受曹炳康"好意"的时候失去了。她不知道自己失去了什么，唯一不见的是满筐甜瓜，但它们并没有丢，而是从曹炳康那里换了"五张票子"，曹炳康的甜言蜜语究竟是真心还是假意已经不再重要，只要握在手里的票子和珍珠霜是实实在在的就够了。在买与卖、瓜与钱、得与失之间，素月在不自知的状态下实现了"堕落"的"必然"。然而她的悲剧还不在于"失节"本身，而是她对待这件事的态度：她心里对丈夫是愧疚的，但她又抗拒不了曹炳康的诱惑。在事情发生之前，她心里很清楚曹炳康在图谋什么，她害怕，但她还是去了，"仿佛冥冥中有一只巨大的手在搓弄着她"，她不信曹炳康关于"缘分"的说辞，却又无法解释自己思想与行为的矛盾之处，最终也就"只好信了"。这只大手不是别的，正是她内心对金钱和物质的渴望，强烈却又羞于承认的渴望。这两段心理描写揭示的不是素月内心的丰富性，相反，它向我们展现的是一个贫乏无物的心理世界，她行动，但她并不知道自己为何行动，她的一生都仿佛被一只无形的大手所牵引，牵线木偶一般。

第六章　双线分合的精神探索

在被打成"右派"直至改革开放来临的十几年中，张弦曾经一度减少了小说创作的数量，而从事了不少剧本的改编工作，此中固然有外在社会环境条件的限制，但也有一定程度上个人意志的转移。到了 20 世纪 80 年代中后期，张弦则几乎从小说写作转入到了电影剧本的创作中去，小说创作越来越少。这可以视为作家个人写作生涯的一次重要转向，或曰转换跑道。至于其中的促成原因，其实是多方面的。有论者曾经观察与分析过张弦的转向："1987 年，张弦在创作中篇小说《情网》（未最后完成，张弦去世后发表）后，改弦易辙，专门转向影视创作。转变其实有其内在的发展逻辑。如前所言，张弦是个不甘囿于成规而勇于探索的作家；同时也是一个真诚面对问题的作家——事实上，我认为还不能忽视'工科'背景对他独特思维的影响。电影作为文化工业的产物，显然更有大众化的必要性。根据统计，仅 1984 年一年时间，电影观众就减少了 52 亿人次。电影制片的市场化、娱乐化其实已经势在必行。1988 年当年生产影片 158 部，其中娱乐性较强的影片占 80 多部。张弦长期触电，显然更清晰地意识到了电影的这种历史转向，因而也有亲自操觚的使命感。"①

以上论述从张弦的创作路向、学业背景和 20 世纪 80 年代中后期电影制片业往娱乐化、大众化转向的必然趋势，一一条分缕析，揣想了张弦改弦更张，从小说转往电影的诸种可能性。一方面，作家大概确实感到了小说书写的某种疲惫感或曰瓶颈，在尝试过若干种题材和写法之后，因不愿意落于自我重复的窠臼与批量生产的困局，转而向新的写作领域探寻、开拓新风格、新样式、新作品的创制。在全面转向电影剧本的创作之前，此前积累的改编经验（无论他人抑或自己的小说作品）无疑也发挥了铺垫作用，并为张弦提供了经验、信心与动力。毕竟改编还是有底本可依，将相同的故事和人物转换为不同的媒介与表现形式；而原创的电影剧本则要无中生有，且使新创造出来的人物和情节适合于在银幕上表演。两者既有联系，又有差异。有原著为底本的电影作品，在改编上映以后，最常见的问题是难免会拿来和原作的描写与塑造进行比较，但由于介质和需要借助的外在条件相去甚远，能够依仗的表达方式也相差很大，这必然是一个面目改换较大的过程。因此不能简单地以和原著相似程度的高低，来评判一部电影改编作是否成功，文字和影像各自的表达范围和能力，在纯文本的小说原作，以及已成为影视作品的成片之间，往往是不可同日而语的。有些纯文字，偏于抽象的文学文本，其实是没有办法直接转换为影像的。而相对情节性强，人物形象鲜明，叙事手法传统，有迹可循的小说，相对来说更容易被改编成影视剧本。一部好的原著未必就能对等地转化为优秀的影视作品，这是由于影视作品比起文学作品来，实则更仰赖于外部条件如资金、演职人员、市场和票房等等非文本本身的因素的制约和影

---

① 刘志权：《现实主义的探索与困境——张弦小说创作简论》，《扬子江评论》2015 年第 6 期。

响。文学作品则相对要自由独立不少。及至独立创作电影剧本的阶段，作者更需要与其他方面的工作人员进行各种形式的配合，较之单纯的个人写作，无论是在协商合作，还是观念沟通上都要求更高。故而从小说写作到电影剧本创作，行业之间的转换和变化绝不只是两类性质不同的文字作业而已，剧本创作还要兼顾整个电影行业的运行状况，以及电影制作的各个基本环节。一位好的脚本家势必要熟悉电影工业的全部流程，以做到在下笔之前心中有数。

"但依旧可以推想，小说创作方面遭遇的瓶颈，以及在影视创作方面的既有成功，是其转向的原因之一。但是，转向并不能回避其在小说领域遭遇的困境，相反，二者是一致的。现实主义依旧是张弦在影视创作方面成功的法宝，同样也是其困境。"[1] 固然两个领域并不能如同湖泊与河流之间的水源互相补给，但从创作心理而言，于小说创作灵感不佳时转战影视创作，对作者本人来说也是缓解压力的一种良策，比较容易重拾对于写作的信心，不会陷入搜索枯肠，终日难以成篇的自我怀疑和焦虑不安之中。对于保持健康积极的创作心理，继续可能的书写活动，都是正面而有意义的做法。

张弦曾对不少作家的小说进行过电影剧本的改编工作，其中较为知名的有《湘女萧萧》（原作是沈从文的《萧萧》）、《井》（即陆文夫的《井》）、《失恋者》（陈若曦小说《耿尔在北京》）。这些作品的共同特色就是都有性格生动、形象鲜明的女主角作为整部小说（及改编之后的电影作品）的核心和支撑。这与张弦自己在写作时偏好塑造女性形象，书写她们的悲欢离合、爱恨情仇，及其情感和家庭生活的风格特色是趋于一致的。可见在转向中，张弦发挥所

---

[1] 刘志权：《现实主义的探索与困境——张弦小说创作简论》，《扬子江评论》2015年第6期。

长,保留了其特点和长处,也从自己最为擅长,堪称驾轻就熟的题材领域入手去拓展新领地。这种改编也可看作是后辈作者对前辈作者知名作品的二次创作,既有致敬,又有翻新,体现了不同代际的小说家与不同的艺术形式之间的承继、转换和衍生。

显然,从20世纪80年代后期起,和小说相比,张弦在电影剧本创作方面的成就和贡献无疑更为突出。1985年《收获》第6期上刊载了张弦改编的电影剧本《湘女萧萧》,这是他继70年代改编王蒙的《青春万岁》以来第二次尝试改编他人的小说。这个剧本改编自沈从文的短篇小说《萧萧》,讲述了湘西少女萧萧从13岁嫁入杨家做童养媳到为自己10岁的儿子牛儿娶童养媳的故事(原作中萧萧是12岁嫁人,牛儿也是12岁娶亲)。原作篇幅很短,正如沈从文其他小说一样,整个故事充满了浓郁的乡土风味,如同一幅笔墨轻淡的写意画,极大地冲淡了情节的戏剧性和人物的动作性,同时也隐去了作者本人的姿态,看似浅白无物,实则言有尽而意无穷。改编这样的小说是最难的,如何在电影艺术的画面与场景中呈现原作的风骨神韵,同时又留下改编者自己的思考印记,这个"再创作"的过程注定是艰辛的。张弦在同钱建平的一次谈话中将这一过程比喻为一次"美的转换",即把沈从文笔下的"恬淡淳朴美",借由电影特殊的语言呈现为"强烈的悲剧美"。在置换中,张弦考虑到电影与小说表现形式的不同,在改编中着重于加强情节的冲突性,通过可视的动作、情节和事件来突出电影的具象特性。

剧本中有两处重要场景的置换:一处是萧萧这个主人公的出场。在小说中,沈从文是这样介绍这个女孩子的:

> 也有做媳妇不哭的人。萧萧做媳妇就不哭。这小女子没有母亲,从小寄养到伯父种田的庄子上,终日提个小竹兜箩,在路旁田坎捡狗屎挑野菜。出嫁只是从这家转到那家。因此到那

一天，这女人还只是笑。她又不害羞，又不怕。她是什么事也不知道，就做了人的新媳妇了。(《萧萧》)

这段话至少包含了两条重要信息，一是萧萧孤苦的身世，二是她单纯却不羞怯的性格。张弦在剧本中用三个简短的细节场景完成了对这段话的转述。第一个场景中，萧萧的花轿坐船渡河去婆家所在的杨家坳，送亲的队伍实在是有些寒酸，花轿前只有"一个吹唢呐的老头儿"，而新娘的亲长陈老四则穿着一件新长衫，却并不合身，不由让人怀疑这件新衣很可能是从别处借来的。在船上，陈老四拿出红纸包送给船老大讨吉利，两个人在客套推让间，红包散开了，露出了四枚铜钱，主人于是立时窘迫地干笑起来，承认这四枚铜钱是"拿不出手"，要船老大"莫要见笑"。这两处细节充分表现出了萧萧家境的贫寒，嫁给别人做童养媳也便是顺理成章。萧萧的出场有如《红楼梦》中的王熙凤，"不见人先闻声"，在这个场景的最后，伯父掏出两块苞谷饼子唤萧萧吃饭，只听轿中一声清脆的应答，一只"瘦弱、粗糙的少女的手"伸出来，接过盛满河水的瓢，毫无新嫁娘的羞怯，大口喝着水，呛着了，便"响亮地咳嗽起来"。萧萧"又不害羞，又不怕"的形象就这样显出一个大体清晰的轮廓来。第二个场景是花轿下了船，行走在山花烂漫的狭窄山道上，萧萧憋了尿，急得敲窗子，见无人应答，干脆大声敲响了轿门，待花轿一停，便猛地推开轿门冲了出来，"她撩起过长的红裙子，慌不择路地穿过灌木丛，一直跑到大树背后，蹲下小解"。若不是四伯将她按回轿里，她怕是还要留在外面看松鼠。对即将面临的新生活，她毫不在意，既没有恐惧也没有憧憬，好一个鲜活而"稚气的新娘"！在接下来拜堂这一场景中，萧萧懵懂无知的形象得到了淋漓尽致的体现，面对客人的调笑和小丈夫春官的吵闹，萧萧根本不知道这一切对自己而言意味什么，"她丝毫不感到悲哀，只觉得很热闹，很有趣。她还没弄明白，这哭闹的三岁孩子，就是她的丈夫，她终身的依靠"。这三个场景由远及近、由表及里地呈现了萧萧这个单纯而无知的少女形象，暗示了她一生悲剧的开端。

另一处是萧萧出嫁后的日常生活，以及同小丈夫春官之间满是童真的亲昵之状。小说中提到萧萧每日应做的事便是抱着弟弟到村前柳树下或者溪边玩耍，"饿了，喂东西吃；哭了，就哄他"，对于弟弟的淘气萧萧通常都非常宽容，只是偶尔被抓痛了，也忍不住是要打几下，哭过之后仍旧十分要好。紧接着是一大段对萧萧在婆家日常生活的叙述，寥寥几笔写到萧萧白昼里的活计，更多的笔墨留给了夜间的梦与真：

天晴落雨日子混下去，每日抱抱丈夫，也帮同家中做点杂事，能动手的就动手。又时常到溪沟里去洗衣，搓尿片，一面还捡拾有花纹的田螺给坐在身边的小丈夫玩。到了夜里睡觉，便常常做这种年龄人所做的梦，梦到后门角落或别的什么地方捡得大把大把铜钱，吃好东西，飞到天上众星中，没有一个人，只是一片白，一片金光，于是大喊'妈！'人就吓醒了。醒来心还只是跳。吵了隔壁的人，不免骂着：'疯子，你想什么！白天玩得疯，晚上就做梦！'萧萧听着却不作声，只是咕咕的笑。也有很好很爽快的梦，为丈夫哭醒的事情。丈夫哭到婆婆无可奈何，于是萧萧轻脚轻手爬起来床来。睡眼迷蒙，走到床边，把人抱起，给他看月光，看星光；或者仍然啵啵的亲嘴，互相觑着，孩子气的'嗨嗨，看猫呵！'那样喊着哄着，于是丈夫笑了。玩一会儿，困倦起来，慢慢的合上眼。人睡定后，放上床，站在床边看着，听远处一传一递的鸡叫，知道天快到什么时候了，于是仍然蜷到小床上睡去。天亮后，虽不做梦，却可以无意中闭眼开眼，看一阵在面前空中变化无端的黄

边紫心葵花，那是一种真正的享受。（《萧萧》）

这段话是整部小说最富于诗情画意的文字，沈从文用几近白描的手法，却写出了最轻曼同时也最沉郁的情感。萧萧和她所照料的春官是亲姐弟，洗衣服、搓尿片、捡田螺、哄孩子入睡这些琐事本是再平常不过的家庭生活，然而当她亦姐亦母的行为指向了妻子的身份，温情中便都忽然渗透着悲戚。这篇小说尽管也有批判的意味，却明显和批判现实主义强调塑造典型环境中的典型人物的写法不同，人物的性格、行为和思想全都是无棱无角的一片混沌，一如萧萧那些个说不清道不明的梦境。卖身作了童养媳的萧萧，日子并不就比先前苦，但此时年纪尚且稚嫩的萧萧怎么会知道，真正的心里边的苦是有口说不出的。事实上，小说中的萧萧直到最后也没能认清这种苦涩，她的整个儿的人生就像童年时代漂浮在夜晚的梦团，比黑暗明丽，距离真正的光明却很遥远。所以这段关于包括梦境在内的夜间生活场景的描写，不仅勾画出了萧萧纯真而温顺的性格，更充满了象征意味，和结局被粉饰的悲剧性遥遥呼应。可惜的是，张弦在改编中完全忽略了这一场景，只用一个非常短的镜头展现了萧萧带着春官在溪边洗衣服时的情景：萧萧捡田螺哄春官，春官喂萧萧吃米糕，通过几句简短的对话和动作来表现两个孩子之间的亲昵，无论是对表现性格还是推动情节，都不免有些粗疏无力。

剧本最大的改动还是萧萧被花狗始乱终弃的事件。张弦围绕萧萧被长工花狗引诱一事做了大量的创造工作，不仅对原小说中的情节做了很大改动，还增添了诸多细节描写，正是在对这一事件的改动中，表露出了张弦"再创造"的痕迹与意图。在原作中，对萧萧垂涎已久的花狗几乎全凭了一副嗓子和厚脸皮，为萧萧唱那令人脸红心跳的情歌，"终于有一天，萧萧就这样给花狗把心窍子唱开，变成个妇人了"（《萧萧》）。但在剧本之中，张弦对萧萧的"失身"

做了大量的细节铺垫：首先，除了唱山歌，还增添了绒线花这样一个意象。花狗带萧萧和春官进城赶场，萧萧舍弃了心爱的绒线花，将身上仅有的几个铜钱给丈夫买了鬼脸子，花狗将这一切看在眼里，于是偷偷买来送与她，而萧萧"心里发慌，红着脸，低下头，捏紧了那朵绒花"（《萧萧》）。一句话，写出了萧萧的青春萌动。

其次，张弦有意识地利用"女学生"这个意象象征了萧萧情感意识的萌发，祖父的打趣和戏谑性的描述使萧萧的心中对"自由"产生了"新鲜而朦胧的向往"。相较于小说中模糊而不真切的愿望与遗忘，张弦在剧本中加强了萧萧的情感觉醒同这一意象的关系，一是萧萧赶场时在街上亲眼见到这些祖父等人口中的"怪物"，心里充满了"崇敬与羡慕"；二是借由花狗之口对她解释"自由"的涵义，即像那些女学生一样，"个个都有一个相好的男人"。如此安排，明显是想借由"女学生"同"自由恋爱"之间的联想为萧萧和花狗的事做足情感铺垫。情窦初开的萧萧心里"乱糟糟的"，花狗健壮的身影和尿床的小丈夫形成了悲戚的强烈对比，她虽然还未能形成清晰的认识，但"看着不昧人事的小丈夫，望望那滩尿渍，忍不住幽幽地呜咽起来"（《萧萧》）。

再次，张弦在萧萧如何委身于花狗这一场景中加强了戏剧冲突，原作中这一事件的发生是凭了"丈夫下山采刺莓"的偶然，花狗趁机向萧萧唱许多山歌，又赌咒绝不让他人知道，于是"仍然什么不懂"的萧萧就这样稀里糊涂地献出了自己的童贞。在剧本中，花狗无意间撞见在草棚中避雨的萧萧，她半裸的少女新鲜的身体勾起了他压抑已久的欲望，而她显然读懂了心烦意乱背后的含义，因此两人的视线一经碰撞，"彼此都意识到即将发生一件可怕的事"。之后花狗使计支开了春官，引诱了萧萧。彼时正值四月天。剧本将萧萧怀孕从原作中的六月推迟在秋季，在这被延长的一个夏季里，萧萧和花狗偷偷摸摸地谈了一场"恋爱"。张弦在此完全颠覆了萧萧在原作中的被动形象，怀孕不是一次意外事件所导致的，而是一整个夏季恣意放纵的结果。夜间喂完猪食，萧萧故意没给后门上闩，在黑暗中"激动地等待着"，但花狗怕被同屋的哑巴发现，犹豫着到了半夜才敢出门，两人刚一热烈地相会，又被爷爷的咳嗽声吓得六神无主起来，反倒是萧萧胆大，拉着他"向庄稼地里跑去"。原作和剧本都写萧萧的"大胆"，但张弦已在不知不觉间偷换了这一概念。沈从文笔下的萧萧，是无知无畏，看似反抗了不如意的命运，自始至终都揣着一颗"糊里糊涂的心"；经张弦改造过的萧萧，已经不再是原作中那个始终懵懵懂懂无知无畏的少女，而是被失望取代了希望的"失足"妇人。小说中她同花狗所做下的事是"一时糊涂"，甚至她的一生就是一笔算不清楚的糊涂账。张弦不满足于做这样的呈现，将萧萧的无知转化成主动追求爱情（尽管这是一个非常可疑的词）的勇气，而经历过希望破灭的萧萧重新回到原先的生活轨道，在一定程度上类似鲁迅所说的"梦醒了发现无路可走"。但萧萧的觉醒毕竟是表面的不彻底的，最终由春官接替萧萧完成了思想的启蒙与蜕变。萧萧没能做成自由的"女学生"，春官却最终做了"男学生"，上洋学堂，接受新思想，因此不能接受牛儿像自己当年那样娶童养媳，决定离开这个落后的家。但不论出走的春官结局如何，萧萧已经放弃了抗争的希望，麻木地退回到那个腐朽世界中去，这就是张弦所说的悲剧之美吧。

沈从文的小说中不只是淳朴恬淡，还有隐藏在风轻云淡背后深彻的悲凉，犹如一潭微澜的死水，这是另一种风格的悲剧之美。沈从文原作的所有人物其实都差不多，都是善良、勤劳、温顺、宽厚却又机械麻木的人（甚至花狗这个反面人物，也不过是凭着无所谓善恶的本能，算不上大奸大恶之徒）。萧萧的悲剧不在于希望幻灭，而在于她从未有过真切的希望，在于她那糊里糊涂、浑浑噩噩的潦草人生，不仅是萧萧，所有人都有着同一颗"糊里糊涂的心"。在湘西人一代又一代的更迭中，是非善恶的界限远不是那么分明，各人按着那模糊而不容置疑的古老习俗本分地生老病死，甚至当萧萧怀孕一事败露时，杨家人也是"各按本分乱下去"。虽然生气，一旦"发卖"的处罚确定下来，风波也便平息下去，一时找不到合适的卖家，萧萧只好依旧住在丈夫家中，"这件事情既经说明白，照乡下规矩，倒又像不什么要紧，只等待处分，大家反而释然了"（《萧萧》），不久后便又如往常一样有说有笑地过日子；丈夫不愿意萧萧走，萧萧自己也不想离开，一时间"大家全莫名其妙，只是按照规矩逼到要这样做，不得不做。究竟是谁定的规矩，是周公还是周婆，也没有人说得清楚"（《萧萧》）。

总而言之，在沈从文的故事里，萧萧或者说她所象征的宗法制农村的悲剧在那两行辛酸泪背后，竟全是一笔糊涂账。而张弦在剧本中弱化了这一点，可萧萧的糊涂虽不再是彻头彻尾的糊涂，"觉醒"又何曾是真正的觉醒？她仅有过的那一点模糊的希冀全在诞下孩子之后忘却了，"往日的忧虑、恐惧、痛苦和朦胧的追求都已消逝尽净，全被做母亲的幸福感和自豪感所代替了"（《萧萧》）。她之所以没有像存妮那样用自杀的方式结束自己的"耻辱"，因为除了求生的渴望，她心里别无他念，最根本的还是舆论的"宽容"。然而相较于小说中"糊涂的良善者"，剧本中的杨家人显然要苛刻得多：小说的祖父与婆婆虽则生气，却不决定萧萧的生死，而是请了亲家伯父陈老四拿主意，究竟"沉潭"还是"发卖"；剧中的杨家人，若不是害怕"大肚子鬼"日后会阴魂不散地搅闹，怕最终是要置萧萧于死地。

电影和小说不同，它在很多方面更接近戏剧，强烈的人物对比和激烈的情节冲突通常可以更有效地突出它的思想主题。张弦选择《萧萧》，恐怕和他一直以来对女性命运的深切关怀有关，但和早期《被爱情遗忘的角落》相比，《湘女萧萧》在人物塑造方面略显生硬，或许张弦是有意要改变原作中萧萧身上那股灵动与呆滞的奇异的混合特质，但在增强戏剧冲突的同时，却撕裂了小说中原本同人物行动高度契合的时代背景，如此一来，无论是环境描写还是形象塑造，都没能突显出应有的特殊性。这一剧本在张弦整个的影视创作生涯中是一次并不很成功的尝试，他更擅长捕捉现代女性在新旧冲突的时代环境下的抗争心理，这一点在次年所创作的两个电影剧本《秋天里的春天》与《井》中得到了充分体现。

《秋天里的春天》改编自张弦1981年发表的小说《未亡人》，小说刊登不久便引起了评论界的一片议论之声，引起了几位比较敏感的电影导演的注意，其中就有谢晋。据张弦回忆，他们曾在一次会议上讨论过这部小说，但谢晋当时正忙于筹拍《牧马人》，未能有机会深谈；然而谢晋的话使张弦当时就意识到，这部小说的故事是"构成一个电影的"。可见他改编这篇小说的决心由来已久。但电影和小说毕竟是两种不同的艺术表现形式，张弦写《未亡人》时是完全按照小说的要求来创作的，彼时并没有考虑到日后会改变成影视剧，因此真的到了要改编之时，许多困难就浮现了出来。小说是书信体的形式，故事性和戏剧冲突自然比较淡化，且篇幅不长，仅有一万字左右，未有足够容量的事件来支撑一部电影，这些无疑都增加了改编的困难。或许是因为这个，小说发表几年之后一直乏人问津，直到张弦在马鞍山遇见白沉，两人相谈甚欢，不久后白沉拍完《大桥下面》，便决心投拍《未亡人》。张弦立即着手开始改编剧本，据回忆，这是继《青春万岁》之后又一次非常艰苦的再创作："改换视角，缩短时间跨度又不采用回忆镜头，丰富情节和人物的情感，寻找富于表现力的细节……从春末写到初冬，从上海写到南京。"到第三稿完成，张弦自己"简直像大病了一场"。[①] 这里还有一件趣事，白沉为了讨论改写第三稿事宜来南京张弦家中做

[①] 张弦：《写在〈秋天里的春天〉上映之前》，《南京日报》1986年3月28日。

客，当他走进张家所在的上海路小巷时，竟意外发现了一个绝佳的拍摄地点，可以做周良蕙十年浩劫时居处的外景，后来这条小巷果真做了电影中出现的第一个镜头。

张弦、张玲夫妇在南京上海路居室外与前来探望的好友合影
（左起：张贤亮、张玲、邓友梅、张弦、冯骥才、胡石言）

《井》则改编自陆文夫的同名小说，讲述了知识女性徐丽莎的婚姻悲剧。电影由彼时的当红女星潘虹主演，潘虹身上沉静、知性而又带股子倔劲的美非常适合主人公徐丽莎的气质，张弦就是按照她的形象对徐丽莎进行再创作的。在谈到有关《井》的改编时，张弦首先指出，之所以还会破例去改编别人的小说，乃源于和作者陆文夫的惺惺相惜，对其人其文都甚为敬重和仰慕。虽然平时自己在南京，对方在苏州，君子之交淡如水，无事也不通信，但身为多年老友，彼此都有深厚的情谊与信任，心是息息相通的。峨眉电影制片厂的编辑在陆文夫本人强烈要求改编工作只能由张弦来做的情况下，将这一光荣任务交托到他手上。张弦当时都尚未来得及阅读这篇新作，就临阵受命，接应下了改编之事。①

---

① 此处有关《井》的改编情由，参考了张弦《关于〈井〉的改编》一文，收入《张弦文集》（电影卷），中国戏剧出版社，2001年。

张弦非常欣赏陆文夫的写作风格，认为他取材自身边生活，写的就是熟悉到不能再熟悉的生活之地，即苏州的街道小巷与一桩桩凡人琐事。但陆文夫总能从容不迫，落笔不俗，在平凡的琐屑中提炼出它们风姿独具的闪光点，达到了点石成金的艺术效果。陆文夫从来不搞追随时尚、急功近利的那一套媚俗做法，而笔端却总能时时处处洋溢着时代的激情，见出作者对生活的热爱。张弦将他的写作特点总结为"平而不平，淡而不淡"这八个字，意谓其表面朴素而韵味绵长，令读者可以一再咂摸琢磨，回想反刍。张弦觉得阅读陆文夫的小说是一种颇具美感的享受，兼可得到理性的快感与审美的快意。

张弦又非常明白小说和电影是两种完全不同的艺术形式，它们是两回事，是不同的思维所构成，又以不同的符号来表述的。其中，小说是以文字诉诸作者而引起想象，但电影却是以视听形象诉诸观众来引起直观感受。故而正如许多中外电影艺术家所达成的共识：越是小说化的小说，越是个性十足的小说，就越难以再被其他的艺术形式夺胎换骨，因为它们已经体现了小说艺术最高的精髓和真谛。这类小说也是最难以改编成电影的，稍微把握不好就会弄巧成拙。在张弦看来，陆文夫的小说正属于这难于改编成电影的上品小说之列，因其已自成格局，不易拆解和撼动。他感到陆文夫的故事如同苏州园林一般，亭台楼阁，回廊漏窗，假山池水，一样样错落有致。而其小说叙述又好似苏州评弹那样，来龙去脉，前后呼应，夹叙夹议，机智幽默。总而言之，陆文夫的小说极具小说化，又特别个性化，因此成了摆在改编者面前的一道难题。

即使通读了《井》以后，张弦仍觉茫然不知所措，理不出一个改编的思路和头绪来。万般无奈之下，他只好前往苏州向作者本人求援，希望陆文夫能提供与之相关的其他素材，或许这些未尽之材、漏网之鱼能够有些启发，给他带来一点思考上的便利。岂料陆文夫的回答是，并没有这样的多余材料，能写的他已全部放在这篇小说里了。这下张弦更着急了,他指出陆文夫在小说中那些幽默俏皮的语言,嬉笑怒骂和精辟议论,都是纯文字形式的,只属于小说,在改编电影过程中并无用武之地,根本不可能再次利用。陆文夫说,正因如此才要找到张弦来承担改编工作,自己对电影本来一窍不通,将所有的事务全权委托给改编者处理。他且超然物外,不理会张弦邀请他去看到时拍成的样片之邀请,也拒绝对改编后的剧本再通读把关、提出意见等等。陆文夫显然像是完全不想在改编工作中以原作者的身份进行任何形式的参与和干扰,坚称要等电影正式上映后再到电影院去看。张弦只得放弃了找作者本人讨救兵的方式,重新回到独立思考想辙的起点。

张弦决定,从《井》的女主人公徐丽莎,和小说的核心意象"井"二者出发,努力去揣摩这个故事的主题和用意。他在重读数次小说原文之后,掩卷凝神,在心底从新想象和寻找徐丽莎的形象。他隐隐约约地看到,徐丽莎很美,面带忧郁,神色冷傲。她开始断断续续地向张弦讲述自己多难而丰富的一生:说到事业,尤其在说到她的实验时,她神采飞扬,精神抖擞;而说到了情感生活时,她立马转了神色,黯然神伤起来。张弦隐隐约约感觉到,徐丽莎似乎被强烈的爱和被爱的愿望捆绑得很紧,也承认那是她自己终于没能挣脱开的绳索。张弦想要搞清楚的关键问题是,为何徐丽莎最后会选择投井自尽这样一条寻短见的路,结束了她年轻多姿的生命。然而徐丽莎没有回答他,只是默默无言地望向了那口井。

张弦挖掘了小说中"井"的多重象征意涵,正如作者所描写的那样,它是一口"古老而很难干涸的井",本身就具有滋养和吞噬的双重相反相成的隐喻含义。它颇为幽深难测,通向中华民族文化传统的深层中去。它能够慷慨地提供人们日常饮用、洗衣洗菜洗漱等所必不可少的生活用水,冬暖夏凉,分文不取。这时它是一个温和的精灵,保护和庇佑着人们的基本生活,使得他们无缺水口渴之虞。但另一些时候，它又有着恶魔似的面向，传播着新鲜的信息和陈腐的病毒，廉价的同情与恶意的谣言。为此从前它还吞噬过一个又一个有血有肉的生灵，并且在现在和将来，会继续无情地吞噬下去。井边的喧嚣纷纷纭纭，蔓延开来，延伸到了徐丽莎的家，她工作的工厂，还有她生活在其中的这个社会。

张弦由此想到了"木秀于林，风必摧之"的古训，想到了阮玲玉辞世前留下的"人言可畏"四个字，想到了好在茶余饭后讲人闲话八卦的绅士淑女们……爱好刺探别人的隐私在其他国家被认为是极其不道德的行为，然而在中国的土地上，这一陈规陋习尚未得到有效的控制和遏止。所以井正好成了贯通传统和现实的黑洞，古老的井，新挖的井，既广布在大地上，也深深植根于人们的心中。张弦认为，井既然是徐丽莎选择的最后归宿，说明她心里也有一口井，是她目前暂时无力摆脱的，所以最终还是为其所攫。这时他才觉得自己深刻理解了这位女主人公的命运和抉择，同时带着自己心里的那口井，设身处地地与之同呼吸共命运，仿佛附身在她身上去过着她的生活，用她的眼睛去看，心去感受。他终于知道怎样开手去改编这篇小说了。

有评论者认为，小说原作《井》只为改编提供了部分素材，或者说只是一个框架。张弦的改编抓住了女主人公徐丽莎在二三十年间的命运起伏变化这条情节主线，通过她的遭遇来观察认识和剖析社会与人生。同时他又大胆运笔，较大幅度地扩充和丰富了徐丽莎和丈夫朱世一之间的生活细节，以营造情节的微澜为着眼点，来展开和揭示徐丽莎的情感波澜。特别是到了徐丽莎和朱世一之间的矛盾冲突发展到白热化的时刻，为此精心设计了徐丽莎先发表一番轰轰烈烈的爱情宣言，而后才离开家里搬到工厂，随后又从工厂被迫返回家中的反复和曲折经历。这样一来，情节进展的动力与节奏，就与小说原作中徐丽莎一直没有离开家相比，有了较大的改动。这个变动丰富了电影的场景,有内有外,在主人公的生活环境和工作情境之间做了巧妙的串联。它也造成了情节的起伏,人物情绪的跌宕,场景间的转换与人物心情的起伏彼此迎合起来,把小说原本较为平缓的叙述线索弄得更为惊心动魄,增强了电影引人注目的艺术化效果与可观赏性。这是张弦令人击节赞叹的一处重要改动。①

此外他还把改编的重心放在徐丽莎和丈夫以及婆婆的家庭内部矛盾上面,将她所面对的困难和不幸集中在这一组人物关系之中。张弦为此又加写了很多原作中不曾出现的,能够表现人物之间关系的种种细节。例如徐丽莎婚后生活中,丈夫和婆婆共同以陈旧的封建观念压迫妻子和儿媳这类的情节。它们可以很好地表现他们身上残余的陋习,以及女主人公遭遇的世俗压抑和磨难。这些生动真实的生活细节譬如朱世一蒙头大睡懒觉,徐丽莎笨手笨脚地到井边打水;徐丽莎清晨买菜受到婆婆横挑鼻子竖挑眼的责难,以及徐丽莎向婆婆上缴全月工资……不一而足。生活的具体实况最有画面感和说服力,将徐丽莎的日常所处的境遇一点点地描绘和推送到观众面前,使得观看电影的人都能对她的困窘和身不由己有所感同身受。这样从电影的表现角度来看,细节增添了影片的生动性与可视性,丰富了其内容,同时也增强了人物的动作性和表现力,充实了徐丽莎与丈夫和婆婆之间的相处关系之场景,揭示了他们的具体关系。影片通过了家务琐事的侵蚀和折磨,不合理的操劳与支使,来展现一位知识女性在家中意外的卑下受压抑的地位。

张弦还在改编中加了更为戏剧化,有直接冲击力的新桥段。例如徐丽莎独自去做完人工流产手术以后回家,非但没有得到丈夫和婆婆的半句关心慰问,反而还遭到了他们的恶意谩骂和责备。小说

---

① 参阅王人殷:《小说〈井〉在银幕上》,见《张弦文集》(电影卷),中国戏剧出版社,2001年。

中朱世一"找个老婆要既能当小姐看,又能当丫头使"的想法本身已经是对女性严重的欺侮和物化。改编之后的电影则将这样落后扭曲的婚姻家庭和女性观念直接表现了出来,让观众对其有了更为直观可感的认识。

"改编立意于刻画徐丽莎内心感情的复杂变化,和小说相比细腻许多。影片运用对比的手法,来渲染1984年新时期社会的开放、进步和蒸蒸日上的现代气氛。"[1] 这是张弦的改编又一大与原作有别之处。电影里展现了徐丽莎作为一名知识女性、职业女性,屡屡出现在职场和公开场合的形象,譬如接受电视台的采访,在省科技成果授奖大会上的领奖片段,去到博览会上和外商洽谈,表现了她大方得体、应对自如的精神风貌。影片告诉了观众,社会生活的变化对徐丽莎心理、精神的影响和冲击是大的。"外面的世界是明亮、生气勃勃的,朱世一的家里仍然是灰冷、陈旧的。影片里这种客观环境的对比是鲜明又富于思想含义的,构成了人物情绪、思想、情感变化的依托。"[2] 这段评述很敏锐地指出了张弦改编后的电影效果,将徐丽莎所穿梭进出的不同环境加以并置和对比,又延展了她在社会上工作时的活动空间,突出了她在工作中的干练与出色。这样就更有感染力和控诉效果,使观众先得到这位优秀女性在自己的工作岗位上表现突出、作风正派的印象,以和她在家庭中不受重视、备受丈夫与婆婆压迫的状况有了残酷直接的比对,为她以后的命运发展做了更有力的铺垫和伏笔。改编之后,张弦还着墨于徐丽莎周围的一些配角人物,以他们的情感故事作为副线来烘托主角的核心情节。这些都不是可有可无的闲笔,而是出于电影展现效果的

---

[1] 参阅王人殷:《小说〈井〉在银幕上》,见《张弦文集》(电影卷),中国戏剧出版社,2001年。
[2] 参阅王人殷:《小说〈井〉在银幕上》,见《张弦文集》(电影卷),中国戏剧出版社,2001年。

考虑，让整个画面更为丰满，主次人物的层次和互相作用更加有机融合。就如在影片中，厂长沈进先和小说里的表现有异，在此他给与了徐丽莎更多的同情，原作里是厂长也对她施加了一定的压力。徐丽莎的助手小高和记者的情感关系，劳动女性阿凤嫂的再婚这些其他女性的爱情经历，也是从一旁侧应了徐丽莎对情感自由的不懈追求。电影里为此突出的另一个重要情节时，徐丽莎大胆地向童少山表白了自己的心声，并在被朱世一打击败坏名声时又主动去找到后者，明确表示希望对方能和自己一起重新开始生活。这都是小说里并没有直接表现的，或者是新增补的情节，它们都携带着力度与激情，使得徐丽莎这一女性形象更有光彩，更加丰满可感。张弦独具匠心的改动点还有很多，不一而足，如在从小说到电影的位移中，主题有所变化："和小说相比影片思想主旨的变化，表明改编者和原作者对社会生活的认识，特别是剖析生活的角度、视点是不同的。我们分明看到徐丽莎是在国家政治生活走向民主，社会生活走向开放的今天，反而活不下去了。这和陆文夫笔下的因现实生活存在的阻碍社会进步的文化心理积垢所迫，遂投向深井的徐丽莎是不同的。"[1]

这个重大的改编可以见出张弦结合了当时社会的最新状况，重新对徐丽莎的命运走向加以审度和安排。这一大幅度的变化其实仍然秉持了原作的核心意念，亦即徐丽莎为何要走上绝路，放弃生命。在陆文夫的原作中，她主要是由于被封建陋习和落后观念所攻击压迫，近有不拿她当人对待的丈夫和婆婆，远一点则有同样对她心怀疑忌，不支持她的厂长。无论是家庭环境还是工作环境，徐丽莎都得不到善待和理解，处于受夹板气的不佳状态。而影片中则突

---

[1] 王人殷：《小说〈井〉在银幕上》，见《张弦文集》（电影卷），中国戏剧出版社，2001年。

出和强调了徐丽莎在社会上工作时的出色表现，与她在家庭中的被压制形成明显的对比，在一定程度上解放了人物的精神和行动。

"改编者敏感到两种艺术形式的差异对朱世一进行了改造。一是减弱了比较外露的行为，二是增添了他对徐丽莎的感情细节。"[①]原作里对丈夫朱世一的处理是距离徐丽莎最近，也与她有过最亲密关系，但同时对她危害性也最大的人物。陆文夫对其糟糕透顶的性格做派，是不遗余力地抨击，将其塑造成没有余地的反面人物形象。但若在改编后的电影里仍延续这样一下反派到底的做法，就容易使得朱世一这个人物过分脸谱化，是板上钉钉的坏人，反而缺乏了生活真实与说服力。张弦也为他酌情增加了富有人性的一些情节，力求表现出朱世一言行与性格的立体性和多面性，让他不至于沦为一具只有负面特质的土偶木梗。所谓"要想甜，加点盐"，一个不彻底的反面人物更容易因他性格中残余的基本人性和情感而显得真实可感。朱世一在其种种恶行之外，对徐丽莎也并非全无感情，只是他的自私自利，榨取他人的想法占了绝大部分比率，是不可能以常态的丈夫呵护照顾妻子的逻辑来对待徐丽莎的。但他们之间也曾有过一些小小的温馨时刻，朱世一也有过孤独寂寞的实感，这些在影片里都有了星星点点的交代和体现。唯其不是一片漆黑，徐丽莎后来的悲剧命运才愈发可悯可叹。这一点小小的光辉远远不足以抵消朱世一身上根深蒂固的恶质，让他哪怕是有一点改善和反省。悲中之喜，愈见其悲。张弦将朱世一尽可能丰富化处理，据说影片上映以后，有的观众反而因此与朱世一产生了某种程度的共鸣，进而对他有所同情，反过来觉得是徐丽莎有失当之处。

这可能是改编者都始料未及的一种观众接受反应，但绝不等于

[①] 王人殷：《小说〈井〉在银幕上》，见《张弦文集》（电影卷），中国戏剧出版社，2001年。

说这样的改动就是失败的和欠考虑的。正好相反，恰恰是朱世一在张弦的重塑下被赋予了更多的人性和特色，甚至吸引人，能使人对之产生同情而不仅仅是唾弃的诸般特质，变得比小说中更有立体感和味道。换言之，如果朱世一是单纯的恶人，那么徐丽莎的悲剧也会随之被简单化，变成坏人欺压好人的僵化模式。正是两人之间的情感联系，才使徐丽莎不得不走向自我了结的整个过程更添悲情。总而言之，张弦对于《井》的改编是一次大体成功的尝试，继承了原著的核心精神，又不为之所限。重要的是在他的精心揣摩和细致理解之下，无论是女主人公徐丽莎，抑或她周围的人物都能活灵活现地立得住也撑得起，共同演绎了一出精彩的戏。

与小说《井》的改编由张弦独自担纲不同，陈若曦小说《耿尔在北京》的改编（改后重新定名为《失恋者》），则由张弦与后来的太太、导演秦志钰合力完成的。秦志钰也亲自执导了这部电影。①小说原作者是台湾知名女作家陈若曦，她毕业于台大外文系，与同学白先勇、王文兴、欧阳子等都是《现代文学》杂志和文学团体"南北社"的主要成员，后来赴美留学。陈若曦和夫婿段世尧在1966年"文革"如火如荼在中国大地上开展之际，出于对社会主义建设的向往，毅然搭机从美国奔赴大陆，想要做实际的探访和考察。由于当时他们的台湾作家和留美学生身份颇为敏感，因此在入境以后一度受到了怀疑和阻挠。幸好在周总理的亲切关怀之下，他们两人才得以被安置在华侨饭店，而不是身陷囹圄。这样一住就有三年之久，期间陈若曦在大陆生下了他们的长子。其后在他们俩的一再要求之下，才被分配到南京华东水利学院。陈若曦就在那里教英语课。在南京生活的几年中，他们遭遇了挨整、下放劳动等艰困

---

① 有关《耿尔在北京》的改编经过，参考了张弦、秦志钰：《陈若曦和耿尔——关于〈耿尔在北京〉的改编》，《张弦电影剧本新作选》，中国文联出版公司，1987年。

苦难，整天都过得提心吊胆。随着一场接一场的运动不断开展，他们逐渐感到生活和人身的基本安全都饱受威胁，在南京继续待下去不是长久之计，也无法实现原本的理想。于是他们被迫在1973年离开中国，自香港辗转，过境先到了加拿大，最终又回到了美国定居。

这段刻骨铭心的生活经历给陈若曦提供了不少写作素材，她返美生活以后，即以此为创作内容，写出了一批反映"文革"期间中国社会生活的作品，其中有小说，也有散文。这批作品中，最为知名的就是短篇小说《尹县长》。陈若曦的这些创作可以说是开了"伤痕文学"和"反思文学"的风气之先。《尹县长》这一短篇亦作为这组作品的代表作，收入同名的作品集之中。《耿尔在北京》即属于小说集《尹县长》中的一篇。小说的主线是一位留美学生归国后两次恋爱均因政治的无情干涉而不得不以失败告终的故事。耿尔、小晴和小金这三位年轻人的形象给读者留下了美好的印象。张弦指出，这篇小说被公认为陈若曦"文革"题材小说中艺术性最高，成就最佳的一篇，也是作家本人最为肯定和喜爱的篇目。[1]

小说中的男主人公耿尔，其原型取自于陈若曦和丈夫段世尧居住在华侨饭店期间，偶然遇到的一位朋友的朋友。他是在中国科学院某所工作的归国学生。陈若曦在耿尔身上寄托了自己那一代知识分子的集体投射，因此从耿尔那里可以多少看到作者本人的影子，及其思考的路向与脉络。陈若曦将属于自己的独特感受和激情放在了耿尔的形象塑造与描写之中，但又不事宣扬夸张，而是以平静之笔写其哀情，愈发有了深刻的力度和感人的样貌。这样反而使得读者掩卷沉思，久久不能从人物的遭遇中解脱出来。

---

[1] 张弦、秦志钰：《陈若曦和耿尔——关于〈耿尔在北京〉的改编》，《张弦电影剧本新作选》，中国文联出版公司，1987年。

陈若曦的《耿尔在北京》，迟至1985年才被引介到中国大陆，并发表于《中篇小说选刊》。这时导演秦志钰恰好读到了这篇小说，深深为其中的人物和故事所触动。于是她尝试联系原作者，写信给陈若曦询问能否授权将之改编为电影。陈若曦在回信中欣然应允，并提及台湾中影的导演也曾有意将之搬上银幕，甚至到她在美国伯克利的居所商谈过此事。但陈若曦本人因其政治理念和私人思虑，对此有所顾虑，不想将改编的版权给台湾的电影业者，生怕他们会一边倒地将其诠释成"反共八股"。因为实际的情况远远要比这种简单粗暴的概括复杂多元得多了。过了这么些年，该作品终于为祖国的有心人士所发现和重视，这使陈若曦倍感欣慰。秦志钰对于陈若曦热情积极的反应大喜过望，当即深受正面的激励和鼓舞，先就《耿尔在北京》的原作改编了一个略举雏形的文学剧本。到了1986年8月，陈若曦回国访问，在南京与秦志钰碰头，交流了彼此关于电影剧本的修改意见。这时陈若曦也亲自去到张弦家中，邀请他一同参与这次的改编工作。盛情难却，张弦愉快地应承下了这个改编的任务来。

张弦和秦志钰都高度重视这次改编，在动笔起草初稿之前，他们先做了大量的准备工作。他们把陈若曦已经发表和出版的几乎全部作品再次细读一遍，这样就避免了孤立地仅仅就一部作品论作品，而先对作者的整体风格和写作意图有个通盘的把握，再将《耿尔在北京》重新放回陈若曦的著作系统中去，以求获得更加清晰和准确的定位。这也就为改编提供了更丰富的文本语境和参考讯息。同时，他们还想方设法地对耿尔的原型群体，即在中国科学院工作的归国留学生们做了采访，尽可能地从他们口中获取第一手的珍贵经历与感受。这就为想象和加深耿尔这一主要人物的塑造提供了更多有血有肉的补充素材。他们就这些基础性的准备工作，又重新讨论了剧本的大体架构、情节设置与风格底色等等因素，据此写成了初稿。为了集思广益，兼防患未然，把未来可能出现的遗憾事先消灭在剧本的草创阶段，他俩还延请了中国电影协会艺术研究部的若干专业人员一并来参与讨论。钟惦棐也为这个剧本贡献了他的意见和建议。参加研讨的人士各抒己见，都对未来的成品影片寄予了殷切期望。张弦和秦志钰采纳了众人的意见，在初稿之后又改了一稿，先是将题目定为《艰难婚事》，此后又改成了《失恋者》，最终呈现于观众面前。

张弦认为，不能将《耿尔在北京》简单地看作是一般性的伤痕文学，即使它的主体是在叙写一个人在"文革"中的悲剧情感故事。假使做了如此简单的等同和联系，那么他们一再研讨修改，苦心孤诣想要将其变成电影的做法也就有违初衷，甚至可以说是没有什么意义的行为了。正如张弦指出的那样："故事中并没有血淋淋的迫害。主人公耿尔既未挨打也未挨斗，更没有隔离审查下牢进狱。我们的观众在那个年代，几乎人人都有直接或间接的比他激烈和惨痛得多的不幸遭遇。又何须在如今来重说那样平凡的'伤痕'？"[①]

张弦分析说，《耿尔在北京》这篇小说想要告诉读者的远远不止表层的悲剧故事，它所触及的问题已经大大超越了十年浩劫，所达及的深度也远远超过了对"文革"的控诉之情。阶级斗争是个极为冠冕堂皇，实则甚为荒谬可笑的理由，它扼杀了两段真诚纯洁，又很是郑重的爱情。当事人并没有觉察到这是外部条件的压迫和限制，反而是以痛苦的自责形式加重了悲剧的程度，认为这情感的失败乃是由于自己的懦弱和不作为造成的。这样的哀叹和错位，愈发深刻地剖析和揭示出"文革"是如何摧残人性、剥夺人权和毁灭人道的，其封建专制的本质才是最害人的。而究其原因，此中种种社

---

① 张弦、秦志钰：《陈若曦和耿尔——关于〈耿尔在北京〉的改编》，《张弦电影剧本新作选》，第391页，中国文联出版公司，1987年。

会历史、民族文化心理的不合理、不文明、不健康的状况也就随之被挖掘出来，浮出水面。相形之下，赤诚之心与纯真之爱在这种境遇下则显得殊为难得，而其被掐灭、遭扼杀的悲剧意味就愈发深刻凄怆了。①

张弦和秦志钰改编的立足点基于他们对小说主题的理解，也就是该部中篇涉及和展示了诸多问题与课题。由此不仅可以借此反思过往的若干年，而且对他们身处的当下时空，亦即正处于迅猛改革开放的时代，也有着积极的现实意义。张弦认为，尊重爱护人，维护和发展善良美好的任性，既是社会主义人道主义精神的核心，也会成为不会过时的文艺创作的重要主题。这样的主题之弘扬，对于奔向四化建设的新时期来说，其实是颇为重要的。

在张弦看来，《耿尔在北京》采用了独特的叙述视角，虽然用了第三人称全知视角为主的叙述角度，但整个故事中还是贯穿了主人公耿尔的眼光，尽量用他的视角来看世界。这实则就是作者陈若曦眼光的悄然置入，寄托了一位对祖国饱含思念之情的海外游子最真挚而热烈的情怀，满腔的爱国之情与报国之志，都希望能通过回到祖国，投身实践和建设来得以纾解。然而毕竟去国久矣，加上有了海外生活和学习的经验，蓦然回到祖国大地上，耿尔对这个时空环境的感受是复杂的，一时间未必能立即适应与接受现实的一些状况。毕竟祖国还是新鲜、亲切又仿佛有点陌生的。耿尔为此也做好了心理和思想上的准备，打算在实践中去改造自我，逐渐能与环境更好地融合。他自身带有几分天真可爱的左派思想，偏偏事与愿违，在此时此地遇到了连一直生于斯长于斯的人都无法消化理解的"文革"。在巨大的时代浪潮冲击之下，耿尔不仅是个人真诚纯洁的

---

① 张弦、秦志钰：《陈若曦和耿尔——关于〈耿尔在北京〉的改编》，《张弦电影剧本新作选》，中国文联出版公司，1987年。

感情惨遭扼杀，爱国之情和报国之志也随之一并付于流水。由于备受打击，耿尔的性情也随之大变，渐渐由一位原本乐观单纯、朝气蓬勃的青年学者，转变成为一个心灰意冷、颓废自闭的孤独者。他的理想和意志被残酷无情的现实一再摧毁，与小晴、小金的爱情亦先后夭折。即使如此，耿尔总还怀抱着一丝微弱闪烁的希望，在迷茫中若有所待地度日。这是他为了维持自己的精神不致全盘垮塌的一种方法。

张弦在改编中注意把握原作的独特视角与相应独特的人物个性，突出了人物本身及其悲剧的双重典型性。除了叙述视角以外，叙事性作品的叙述顺序也是一个故事讲述成功或失败与否的关键决定点。《耿尔在北京》的小说原著中，采取了倒叙和浓缩的方式，将原本横跨十多年的故事凝聚于一个除夕的一天之中。如果改编的话，就有两种不同的选项可以选择：要么按照原作的叙述方式进行铺陈和穿插，要么索性舍弃倒叙的手法，重新用顺序方式按照正常的时间先后次序来结构故事，将其变为平铺直叙。他认为这两种修改方式各有利弊，如果依照原作的浓缩时间和事件的处理方式，其优点是可以将"文革"伊始时的社会图景虚化，作为陪衬的背景而不是故事主体场景出现。这样一来就可以将叙述的侧重点放到刻画主人公的心情上了，能够凸显其迷惘颓废、恍惚不安的心理状态。但经过再三的思量与商榷，张弦和秦志钰最终还是选择了后一种的顺叙方式。他们希望能用对比的手法强调和突出主题：将主人公十年前后的境遇做个对比，时代与环境变迁的对比，小晴、小金两位恋人之间的对比以及她们和耿尔的情感交际方式的对比等等。张弦还希望能够保持作品形式和内容的一致性，如果回忆不断穿插，镜头一再闪回，都有干扰故事叙述正常运行的危险，也与其原本淳朴自然的风格相悖了。考虑到希望保持朴素和谐的美学风格，他们遂决定尽量免除强加的哲理与不自然的象征，选用自然的生活化细节与场景而为之。

　　据《耿尔在北京》改编而来的影片《失恋者》上映以后，得到了来自不同方面的反馈。有的论者对影片中的细节观察得颇为细致入微，例如耿尔回国之后，用一辆崭新的英国凤头牌自行车换来一辆半旧的国产永久牌自行车，如此执念，还为之欣喜不已。他可谓陷入了类似宗教式的迷狂，以至于将一切标记有"中国"字样和国徽图案的物品都视为神圣不可侵犯之物，并通过拥有这样的东西之方式来纾解对于祖国的狂热眷念之情。甚至耿尔对小晴的感情之中，也包含了由于对方的纺织女工这一普通劳动者身份的爱恋，自己作为知识分子要响应当时的号召，与工农结合，故而这样的爱不无西方宗教意义上的崇拜与自我忏悔味道。耿尔的爱是痴迷于此，投身其中的献身之爱，纯洁而真挚。这样美好的感情不得不最终陨落，着实令人扼腕叹息。政治弄人，小晴和耿尔，小金和耿尔都在运动浪潮中身不由己，也因之被迫拆分开来，无法维持正常的情感关系。耿尔失去了珍贵的爱情，也由此而失魂落魄，精神遭受了严重的打击。影片注意捕捉了细节的生动微妙，比如耿尔前后三次吃涮羊肉时的不同言行和表现，逐步展示了一个人心灵失落，变得颓丧的过程。刚回国时他听到国骂都觉得刺耳，不习惯，但时间久了，自己竟也常常脱口而出"三字经"。这一由生转熟，从鄙视到顺势甚至娴熟运用的过程，表现了耿尔从不无清高自傲的知识分子身份急转直下，逐渐与一些不良世俗习惯混同并妥协的无奈。小中见大的细节刻画法十分生动可感，又能直接展现出主人公前后的变化，做了明晰的对比。爱的追求与失落象征了耿尔最终丧失了他灵魂中最为纯粹和宝贵的部分。最高的情感追求总是不易实现的。①

---

① 这里有关《失恋者》的电影反馈和评论，参考了高耘：《爱神的受难——影片〈失恋者〉观后》一文，见《张弦文集》（电影卷），中国戏剧出版社，2001年。

张弦和秦志钰这次合作改编而成的《失恋者》，把握和体现了陈若曦原著小说《耿尔在北京》的精髓，而又有改编者个人的大胆再创作和发挥，成为一部优秀而有特色的电影。尽管张弦本人不无自嘲地说改编是一次再创作，且往往是吃力不讨好的再创作，但其最终呈现形态仍是令人赞赏的。

张弦改编他人之作而成电影剧本的，比较成功的还有据王蒙的长篇小说《青春万岁》改编而成的电影。早在1956年，《青春之歌》的节选连载于《文汇报》时，张弦就颇感兴趣，曾在1957年和1962年两次去找原作者王蒙询问过改编事宜。因为外在社会环境的影响，小说很久都未能出版。等真正着手去从事此事，已经到了1979年初，王蒙的小说也是前一年才得以正式出版。历经四年多的辛苦工作，张弦终于让这部他久久难以忘怀的小说以电影剧本的面貌出现。张弦感慨这部小说起伏升沉的命运，也指出其中对青春岁月的大篇幅描写，乃是最令他心折不已之处，在改编的过程中因之获得了莫大的快慰。[①]

在谈及如何"触电"的经过时，张弦认为电影艺术相对于小说创作，有着其不可取代的极大魅力。因此他难以抗拒，投身其中而在所不惜。张弦觉得电影以文学为其大脑和心脏，以戏剧为骨骼，绘画、雕塑为其造型，而音乐作其神韵。融合了这一切升华出来的镜头语言则是电影的灵魂。博采众家之长的电影自然而然地比她的众位姊妹更丰富生动，更具有美和魅力。这就使得电影剧本的改编者们明知网有"电"，还偏向"电网"触。乐在其中，无法自拔。张弦感到身为编剧的最大乐趣也就在于，原本以文字提供表达的意图，此时换了新样子，被电影的特殊手段尽情地发挥出来，获得了

[①] 参阅张弦：《为了更真实地再现原著——改编〈青春万岁〉的一点体会》，见《张弦文集》（电影卷），中国戏剧出版社，2001年。

意料之外的效果。这是电影比文字更具备的优势之所在。然而电影也是有其自身局限的。其逼真性要求剧本作者在此呈现的一切都必须是具体真实的，不可以有任何模糊不清、语焉不详，也不能脱离具体的时空而从事抽象的联想与想象。电影携带的时间坐标，即其运动性又决定了它永远都处在一种"现在进行时"的状态之中。如果有人物过去的经历，及其前史，则一定要通过他现在的行为交代与介绍出来。还要注意不可臃肿突兀，势必要将其融合进主体之中，尽量巧妙自然地在情节发展之中将其揉入。电影的容量也是有限的，容不得编剧者信马由缰，想到哪里就讲到哪里。它要求作者在一场戏甚至一个镜头中，放进大量新鲜有效的信息，并且要做到直观和精简。精简是电影镜头语言的精粹。事件要简单明了，情感要细腻复杂。①

表面上看来，有关电影编剧的道理十分浅显，说道起来也轻松愉快，但实际操作之中还是会遇到林林总总的困难与问题。这点张弦也是从不讳言的，他经常苦苦煎熬，惨淡经营，才能将一个电影剧本完成。如果发现有不合宜之处，还要再返工修改。即使如此殚精竭虑，他还往往觉得成品的效果不尽人意，依然没有达到最初的期望。可是当剧本最终化为电影，正式上映的时候，目睹着原来文字中的人物和事件——化为生动可感的影像，那样的成就感对于张弦来说，是无限的兴奋和快慰，足以抵偿一切当初投入时的辛劳与困苦之感。他坚持要有强烈的共鸣和深情的投入，才能做好改编工作。张弦认为文学总是走在电影的前面，对其有不可撼动的先导和引领作用，文学作品时时刻刻为电影提供了丰富而新鲜的原料。因此改编也是一项长期而重要的工作。在剧本荒日益严重之时，电影

---

① 此处有关从事电影改编心得的上下文，综合参考了张弦《坠入"电网"》和《改编——电影思维的再创造》两篇创作谈，见《张弦文集》（电影卷），中国戏剧出版社，2001年。

迫切期待着优秀的文学剧本之支援，也同时在呼唤着出色的剧本改编者的出现。文学与电影互利共生，相互滋养和培育，则是身跨两域的张弦最为乐见的情景。

在为人做嫁之外，张弦先后将自己的小说《甲方代表》（电影名称为《上海姑娘》）、《被爱情遗忘的角落》、《未亡人》（改成电影以后叫做《秋天里的春天》）和《银杏树》（电影名即《银杏树之恋》）等作品搬上了银幕。这就犹如一胎双生，将一个原本的故事和意图分别在两种不同的艺术形式中得以实践，令其焕发光彩，交相辉映。张弦同时又是一位多面手，除了小说的自改与他改，他还尝试创作过越剧剧本《莫愁女》并将之改编为电影剧本，最终也颇受好评。在20世纪80年代后期以及90年代前半期，他积极参与了当代影视剧创作，与秦志钰和其他剧作者合作，先后有《金镖黄天霸》《安丽小姐》《孽女情》《杨贵妃》《玫瑰楼迷影》《杨开慧》和《陌生人》等电影剧本问世，都拍成了电影。题材横跨情感与武侠，时间纵贯古今，这就见出了张弦把握多种多样题材内容的强大能力，亦足证他从小说创作转向影视领域所取得的巨大成功。

1987年是张弦创作生涯中具有特殊意义的一年。中国文联出版社出版了《张弦电影文学剧本新作选》，收录了《银杏树》《未亡人》《湘女潇潇》《井》和《失恋者》五部剧作。同时《通俗小说报》第8期上发表了他的传奇文学《黄天霸与窦尔敦》，此后他便完全转向了电影创作，而从文学向影视正式转向的突破口，则是"娱乐化"。促使张弦朝这一方向转变的原因主要有两点：一是他想突破自己长期从事严肃文学的狭窄题材，尝试从中开辟一条新路子来；二是有感于当时国产娱乐片整体水平偏低的现实情况，想为推动高水平娱乐片的建设贡献自己的力量,并提高观众的欣赏水平。① 然而看似轻松通俗的娱乐片其创作过程却并不轻松,娱乐精神的表现同样需要精湛的技巧,若要兼顾娱乐形式与严肃的主题,则非有天赋的艺术家不能为之。张弦一贯严谨认真的现实主义态度在娱乐片的创作过程中反而有些束手束脚,而《金镖黄天霸》最后对"娱乐"的偏离以及对"深度"的偏重正说明了这一点。

在这部影片中,张弦成功塑造了黄天霸这个备受争议的艺术形象。黄天霸本是武功超强的绿林好汉,同三位结拜兄长一起行走江湖,也算颇有些威名,因为得到施仕伦的赏识,便弃暗投明做了官,后来为救施仕伦,杀死了义兄义嫂,从此同绿林身份永诀。黄天霸系黄三太之子,历史上确有其人,传说黄三太乃南北十三省的总镖头,江湖号称"南霸天",是威震一时的绿林英雄,曾用独门暗器金镖打死猛虎救下了康熙皇帝,得到御赐黄马褂,从此脱离绿林跻身官场。黄三太与贺兆雄、武万年、濮大勇并称"四霸天",他们的儿子黄霸天、贺天宝、武天虬、濮天雕也是义结金兰的兄弟,并称"小四霸天"。历史上的黄天霸因为功勋卓著,不仅被康熙御赐黄马褂,还曾官居正二品,做了旗人,荫庇子孙,世代位居高官。作为艺术形象的黄天霸最早见于嘉庆年间刊行的《施公案传》,而黄天霸与施仕伦的这一段渊源后来也相继成为评书和京剧等戏剧表演中经久不衰的著名曲目之一。早在1940年,由徐欣夫编剧并执导的电影《黄天霸》在中国大陆上映,这可能是黄天霸的故事第一次被搬上荧幕,主要讲述了黄天霸和凤凰寨主张七之女张桂兰如何喜结连理的爱情故事。这段故事后来成为张弦传奇文学《黄天霸与窦尔敦》中的一条重要线索。

---

① 老布:《北影筹拍〈黄天霸〉本刊记者走访张弦》,《北影画报》1987年第7期。

历史记载中的施仕伦与黄天霸都是值得称道的正面人物，一个是清廉耿直的好官，一个则是忠肝义胆的英雄。对黄天霸有知遇之恩的施仕伦，乃竟海侯施琅之子，据《清史稿》记载："漕宪施公，貌奇丑，人号为缺不全。"然而施仕伦不仅才智过人，且为人刚正不阿，雷厉风行，被康熙帝誉为"江南第一清官"，百姓更尊称其"施青天"。关于施、黄二人在任期间如何相互帮扶、铲奸除恶的事迹，小说与戏文中历来有不少演义传奇，在《金镖黄天霸》中，张弦就以黄天霸如何弃暗投明为施仕伦效力这一段故事为叙事主线，情节方面未做太多延伸，剪去复杂的叙事枝蔓，笔墨更是集中在黄天霸一人身上，以其细腻的笔触深入黄天霸的内心世界，较为细致地刻画了他从落草为寇到效忠朝廷的心理变化过程。

张弦选取几个关键场景，从而成功突出了黄天霸性格中一个至为关键的"变"字。最直观的当然是其身份的转变，从草莽英雄到朝廷武将，却不是黄天霸的自愿，而是外力推动所致。法场劫囚是黄天霸与施仕伦的第一次正面交锋，他的英雄气魄给后者留下了深刻的印象，这就为接下来黄天霸深夜行刺被捕却为施仕伦轻易释放做下了铺垫。若不是舍身救张桂兰脱险，以黄天霸的身手断不会轻易被俘，施仕伦将他放走，固然是出于想要笼络江湖人心的考虑，但究其根本还是为黄天霸的英雄气概所折服，这才有了下面"再擒再放"的故事。施仕伦有意招揽黄天霸为己所用，因此设计在黄三太丧礼之上将其生擒，而后晓以大义，劝他投靠朝廷。施仕伦深知黄天霸为人忠义，便从这"义"字出发，告诉他义有大小，像法场劫囚这样的兄弟之义不过是"小义"，投身朝廷为国效力方是"大节大义"所在，是真英雄所为。这番话正和父亲临终前的嘱托如出一辙！一阵短暂而激烈的心理冲突之后，黄天霸作出了改变自己一生命运的决定，以五品副官之职结束了自己的绿林生涯，开启了新的人生篇章。

然而，黄天霸这番"改邪归正"不过是一个华丽而虚假的表象而已，江湖草莽也好，朝廷命官也罢，只是一个象征身份和立场的符号，并不必然从根本上动摇一个人的信念与品质。黄天霸真正的转变是隐藏在这"凛然大义"之下内心无可挽回的堕落与腐坏，为了自己的高官厚禄、锦绣前程，他虚伪地高举着"大义"的幌子，心安理得地背弃了自己曾经不惜以命相搏的"小义"。张弦对黄天霸在这个令人叹惋的转变过程中所经受的内外压力做了比较细致的交代，因此使得后者英雄形象的跌落发生得水到渠成，令人信服。首先是权倾一时的梁公公因同施仕伦不睦，便寻了个由头，污蔑黄天霸同以前的绿林故交尚有瓜葛，革了他的职。赋闲在家的黄天霸既羞愤于自己落魄的处境，又真心为赴京离去的施仕伦感到担忧，在得知他被自己的两位义兄所虏之后，他一面叫人带兵接应，一面只身赴会，搭救施仕伦。这一幕是整部电影最精彩之处，张弦在这里再一次发挥了自己的所长，运用激烈的剧情冲突将人物的内心活动和紧要关头的生死抉择推向高潮。义兄的冷嘲热讽让黄天霸无地自容，也让他明白自己已经再无回头路可走，因此当他们准备在他眼前杀死施仕伦时，他不得不和恶虎村的兄弟兵戎相见。就是在双方短兵相接的这一刻起，黄天霸开始化被动为主动，完成了他从绿林到朝堂的内在转变之路。如果这一战尚可以说是为了报答施仕伦对自己的知遇之恩，那么在官兵成功接应营救下施仕伦之后，黄天霸对恶虎村赶尽杀绝的行为则纯粹是为自己日后的安稳人生"斩草除根"。如果他在救下施仕伦之后便撤身离去，或者还可以给读者和观众留下一个悲怆的英雄身影，可他没有。最后面对已绝望到放弃抵抗的义嫂，他仍然能狠绝地将其一刀毙命，此时的黄天霸已经泯灭了心中最后一点道义与良知。从开场时为救天保义兄不顾性命只身劫法场，失败后替兄报仇夜刺施府，到最后为救施仕伦亲手杀死自己的义兄义嫂，张弦利用这前后鲜明的对比辛辣地批判了黄天霸的无情与狠辣,讽刺了那些为获取个人利益不择手段的虚伪小人。虽然黄天霸凭着剿灭恶虎村的功绩成功地加官晋爵,作者却沉痛地告诫读者说:"黄天霸用他义兄义嫂的鲜血染红了顶戴花翎,然而这只鹰犬的下场是不会美妙的……"可见,影片的批判色彩和劝诫意味要远胜过作者最初所设想的"娱乐性"。

这部影片虽说不够娱乐化,却在当时赢得了不少好评。张弦意犹未尽,紧接着在《黄天霸与窦尔敦》中续写了黄天霸这只冷酷无情的"鹰犬"的悲惨下场。如果说恶虎村一战黄天霸尚且有几分身不由己,那么连环套一役中他的阴险嘴脸则暴露无遗。他奉命追查御马丢失一案,在确认盗马贼乃是连环套寨主爷窦尔敦后,两人凭着江湖规矩约定山前比武,只要黄天霸赢了窦尔敦,后者便答应归还御马。黄天霸深知以自己的武艺恐难取胜,便设计打听到窦尔敦专用以抵挡自己金镖的双钩藏在何处,借助师兄朱光祖的神偷手段替他偷了来。比武之时,窦尔敦因失了这得心应手的兵器败下阵来,岂料黄天霸不守旧约,非但要马,更要捉拿窦尔敦归案,踏平连环套。连环套寡不敌众,窦尔敦被擒。而黄天霸和窦尔敦不单单只是官匪身份的对立,原来黄妻张桂兰之前为替夫盗取双钩曾夜闯连环套,不幸落入陷阱之中身受重伤,窦尔敦夫妇感其忠贞,悉心照料疗伤。黄天霸却疑心妻子与窦尔敦有染,不依不饶定要她"从实招来",张桂兰一怒之下要回凤凰山,黄天霸却因为不想被妻子这样"坏了名声"而动了杀机。两人大打出手,黄天霸本不是妻子的对手,不出几招便被她一腿踢倒在地。他一时恼羞成怒,趁着张桂兰转身离去毫无防备,狠心一镖打去,正中后背,张桂兰绝望之下拔剑自刎。被困在囚车之中的窦尔敦见状,愤恨交加,挣断了锁链向黄天霸冲过去。一旁的朱光祖此时也看清了黄的真面目,痛心不已,将双钩归还窦尔敦。窦、黄二人一场恶战,失了人心的黄天霸竟无一人相助,众叛亲离的他最终为窦尔敦所杀,而曾经追随他的仆从甚至官兵，也都追随窦而去。

这个结局看似"江湖气"很重，仿佛是为了刻意弥补《金镖黄天霸》中太过肃穆的收场，但是这样的转折却未免生硬了些，妨害了故事的流畅性。尽管张弦着重使用了当时流行的武侠元素，《金镖黄天霸》却不能算是一部成功的娱乐片，他急切地想要制作"高水平娱乐片"，以此提高观众的欣赏水平，结果导致严肃的说教冲淡了影片的娱乐性。和同时期相对成熟的香港武侠片相比，该影片在制作上显得还有些单薄，矛盾冲突虽然安排得比较集中，但情节相对简单了些，几乎只有黄天霸舍身救兄到杀兄求荣这一条主线，主人公身上缺少了江湖儿女该有的快意恩仇，其他一干次要人物的刻画又过于轻描淡写，加上作者劝诫与批判的目的过于明显，娱乐性自然不足。然而虽然作者制作娱乐片的愿望落了空，这部电影本身却在当时引起了不少观众的注意，黄天霸这个令人叹惋的艺术形象至今仍叫人印象深刻。

的确，相较于铺造故事，张弦更擅长人物塑造。在《金镖黄天霸》中，他主要通过集中而激烈的情节冲突向观众展现了黄天霸丰富而深沉的心理活动，描述了堕落英雄隐秘的内心世界。在《黄天霸与窦尔敦》中，张弦突破了前者的视角限制，围绕"盗御马"事件，塑造了窦尔敦和黄天霸这一对迥异的艺术形象，同时也在对比的视域中描写了诸如张桂兰、朱光祖、郝天虎等一系列性格鲜明的江湖儿女，从不同角度表现了黄天霸卑鄙自私和冷酷无情的嘴脸。张桂兰出身凤凰山，是寨主张七的女儿，在刺杀施仕伦时与黄天霸结识，两人一见倾心。虽然父亲极力反对，痴情的张桂兰还是一路追随黄天霸的踪迹，只是碍于身份悬殊，两人虽相互爱慕却总没有机缘说破。张桂兰到底是江湖儿女，不但率真性情不输男儿，而且聪明过人，在得知黄天霸随施仕伦就在淮安附近时，不禁心生一计。她夜探施府，巧取官印的同时又留下袖箭作为记号，引得黄天霸非要亲自登门不可。凤凰山上，两人擂台比武平分秋色，由此成就一段姻缘。在男尊女卑的封建时代，张桂兰的勇敢、洒脱、机敏尤其显得难能可贵，在她身上，善良美好的人性光辉是如此强烈，愈加反衬得黄天霸黯淡无光。张弦安排了好几场黄、张对峙的情景。黄天霸见识过窦尔敦身手之后，对比武之事犹豫不决，张桂兰见状不满地嘲讽道："天霸，想不到小小一个窦尔敦，竟把你吓成这样！"一句话中包含了她在面对丈夫的怯懦时所感受到的惊讶、失望、羞愤等种种复杂的情绪。为了助丈夫一臂之力，她只身夜闯连环套身受重伤，幸得窦尔敦夫妇医治才得以死里逃生。不料丈夫阴谋夺回御马之后，非但不怜惜她为自己以身犯险，反而责怪她不听将令，更兴师问罪疑心她与窦尔敦有染。面对妻子的辩解，他不相信"送上门来的美色，窦尔敦就不动心"，反问她说："他是个绿林强盗，手下之人，奸淫妇女，无所不为。难道他还会是什么君子吗？"这番话无情地划清了自己同绿林人物之间的界限，质疑的不仅是窦尔敦的人品，还有凤凰山寨出身的妻子张桂兰。她闻言自然是怒不可遏，两人大打出手，黄天霸武艺不及妻子，竟然暗箭伤人，张桂兰此时方才真正看清这个男人卑鄙丑恶的真实面目，自觉无颜苟活于世，便拔剑自刎，用生命控诉黄天霸的阴险无情，同时捍卫了自己的尊严。无论武艺还是品行，张桂兰都远胜于丈夫，正是巾帼不让须眉的真实写照。

黄天霸自恃正派，对绿林人物横加污蔑，其实他才是徒有其表的卑鄙小人。人称赛时迁的朱光祖，虽是个盗贼，实则是劫富济贫的英雄好汉，帮黄天霸盗取窦尔敦双钩是为师兄弟之情，一旦认清了这位昔日同门的无耻面目，当即将双钩奉还窦尔敦，策马扬鞭而去。张弦在这部作品中刻画了众多有情有义的江湖游侠，最成功的当然还是窦尔敦。他虽落草为寇，却不是欺霸一方的无耻盗匪，在他的治理之下，连环套的一众兄弟行的是劫富济贫的义举。郝天虎因为抢劫小商贩、奸污民女,被罚挨了一百军棍的打,而后打发看守后寨大门去了,可见纪法严明不输军中。二十年前他与黄三太比武,被对方暗器所伤,虽是黄三太坏了江湖规矩,窦尔敦却大方认输,从此四处拜师学艺,终于练得一手天下无敌的虎头双钩,专门抵挡黄家的金镖。只可惜黄三太病逝,再无机会一洗往日之耻。手下怂恿他去找黄天霸算这笔债,他却宽厚地一笑:"好汉做事一人当。黄天霸要跟咱们作对,再找他算账不迟。"甚至明知张桂兰是为取自己的双钩,却依然为她悉心疗伤,待伤好之后仍客气地送她下山去。如此度量难怪张桂兰钦佩地称赞他为正人君子。

他的敦厚耿直和黄天霸的阴险狡诈正形成了极其鲜明的对比,这在两人第一次正式交锋时就体现了出来。黄天霸为追查御马行踪乔装来到连环套,略施计谋便骗得窦尔敦说出御马所在,在被对方识破身份怀疑是黄天霸派来的奸细之后,又以一招反客为主,索性承认自己的身份,赢得了窦尔敦的尊重,定下三日之约,更赢得了筹谋与部署的时间。比武之时,窦尔敦因失了铁钩被对方一枚金镖打中肩头,虽是黄天霸使诈在先,窦尔敦却言出如山,认输归还御马。不料黄天霸出尔反尔,不仅要御马,更要捉拿窦尔敦归案,斩草除根将连环套夷为平地。一个光明磊落,一个阴险狡诈,谁是真豪杰一望便知。张弦以黄、窦二人身份的不同来反衬德行的殊异,无疑使人物形象更具艺术感染力。

这是张弦最有代表性、其实也是唯一一次的娱乐化尝试,当他意识到娱乐片创作之难,便又重新回到了现实主义的创作路线上来——换个角度来看,《金镖黄天霸》的失败何尝不是反证了张弦在另一条道路上的成功呢?1988 年,张弦根据小说《银杏树》改编的电影《银杏树之恋》由北影拍摄上映。较之小说文本,电影的改编还是很成功的,张弦尤其加重了对戏剧冲突和人物塑造的表现。小说情节比较简单,人物形象也不够丰满,主要讲述了农村教师孟莲莲和姚敏生从相爱到始乱终弃再到破镜重圆的故事。表面上看，这就是个老套的痴心女子宽恕负心汉的故事，其实却另有新意与深意。孟莲莲最后虽然如愿以偿嫁给了姚敏生，昔日的爱情却早已是荡然无存了，但她不仅不觉得悲哀，反而由衷地感到满足与快乐。孟莲莲宁肯要一个对自己毫无感情的丈夫和一桩没有爱情的"包办婚姻"，也不愿接受姚敏生见异思迁的事实然后坚强地从这段旧情中解脱出来开始全新的生活，这种"从一而终"的思想和"大团圆"的结局给她打上了深深的悲剧烙印。改编后的电影剧本基本保留了这个故事的框架，同时为了避免使观众的注意力都聚焦在这个略带感伤的爱情故事上，张弦对叙事结构重新进行了调整，增加了常雁这个叙述者的戏份。小说中的常雁虽然是孟、姚二人整个故事的讲述者、见证者和推动者，但其实只是起到了一个贯穿情节的作用，她本人的形象则比较单薄，她的感受和她的生活我们都不了解，如果我们无法窥探叙述者的性格与内心，又如何清晰地把握由她所讲述的故事的真实性和倾向性呢？在电影剧本中，作者成功弥补了这一缺憾。

张弦在剧本中增强了对常雁心理活动的刻画，丰富了这个坚强、独立、善良的"大龄女青年"的形象，使其成为衔接整部电影结构的关键人物。电影剧本中的常雁，年近三十依然未婚，和母亲以及弟弟一家三口挤在一间两室一套的单元房里。虽然渴望拥有独立的空间，却并不急于抓住婚姻这根救命稻草。工作充实了她的生活，也为她提供了经济独立和精神自由的保障。她爱恨分明，且敏于思考，和孟莲莲麻木无知的"后果主义"相比，常雁显然是一位思考者。初见姚敏生，他坚决否认自己同孟莲莲有过感情的事实，将两人的婚约说成是包办婚姻，因而不过是没有任何法律效力的形式，这样厚颜无耻的说辞让常雁愤懑不已。就在这时恰巧接到县委郑书记的电话，被愤怒冲昏了头脑的她立刻就将这件事反映给了这位雷厉风行的父母官,对于郑书记"干预生活"的说辞,常雁当时没来得及做任何思考,郑书记的专横给了姚敏生接受"应有惩罚"的机会,这正是她想要的结果。然而就在第二天,临行前姚敏生的一番话,让她陷入沉思。他承认自己和孟莲莲有过不一般的关系,也爱过她,那时候他以为自己将会一辈子被困在银杏村的小学里,孟莲莲在这个时候出现,就成了他唯一的精神安慰。但是当他有机会去实现"更高的追求"时,他们俩的世界就注定将分崩离析。他哭诉道:

> 我的天地整个儿变了。莲莲呢?还是她的菜园、猪圈,还有那座快要塌了的小学校。整天惦着盖三间大瓦房,打一张四根柱子撑着顶棚的床……
>
> 我矛盾过,痛苦过。我承认我对不起她,耽误了她!说我忘恩负义,说我见异思迁,什么都行!我甘愿承认一切道义上的谴责。可是,我们不是都还年轻吗?人生的路还很长,已经看到了不可能走在一起,为什么还硬要走呢?(《银杏树之恋》)

姚敏生的这番"肺腑之言",让常雁陷入了深深的沉思,内心再没有恢复昔日的平静。她开始怀疑自己、怀疑郑书记等人是否真有权力去干涉姚敏生的选择,"书记包办"的"现代婚姻"和父母包办的封建婚姻有何实质的差别?因此当她得知二人已经结婚时,不仅高兴不起来,反而为孟莲莲感到深深的担忧,既然这段婚姻不是出于姚敏生的自愿,想必对她充满了怨恨,孟莲莲会幸福吗?常雁再一次为自己当初的介入感到不安。然而当她再见孟莲莲时,却惊奇地发现后者对自己的现状十分满足,结婚这个结果就足以使她感到安慰。从孟莲莲的角度来看,她是幸福的,三间大瓦房和一直爱慕的丈夫都有了，甚至还怀了一对双胞胎，她看上去是那么快活而满足，但她的幸福和常雁心中所认定的"幸福"是一样的吗？显然不是。那么这"幸福"与"幸福"之间，究竟孰是孰非呢？孟莲莲不可能去思考这个问题，面对"说不上好，也说不上不好"的婚姻状况，她觉得"反正是夫妻了嘛，不就那么回事"！孟莲莲的"幸福"让常雁再次陷入沉思和困惑，不禁发出"女人为什么要依附别人生活，而失掉了自己"的感慨！

张弦还在剧本中增加了常雁本人的恋爱经历这条情节线，代替了小说中用以和孟莲莲做对比，但是又比较生硬的女生物学家韦静怡的婚姻故事。正如任殿所指出的那样，这一条线索和孟、姚二人的婚姻线双线并进，形成了两条线索"时而平行，时而交叉，时而分离发展的复线结构"：

> 从情节发展上看，孟莲莲和姚敏生这条线是一条贯穿始终的如泣如诉的爱情故事，结构上呈现出封闭式的完整性。常雁带着自身爱情的苦恼和困惑介入孟莲莲的内心世界。她在关心、参与孟莲莲婚事的同时，也在不断地审视自省自己的不顺心的爱情生活。这条线索没有结局，是开放性的。两条线若即若离，互相映衬，互相呼应，结成一个有机的整体。双线并举的结构，显然通过对比和联想发人深省，引人入胜。既有情感的打动，又有理性的分析，在两条既不相同又相联系的情节含义线之间造成距离感，为人们留下咀嚼的余地，把小说蕴涵着的文化—社会—心理信息形象地传达出来。在揭示孟莲莲自身的精神禁锢的同时，也通过和常雁这条线的碰撞呈现出当今社会生活的新旧交替、新旧矛盾的现实。[①]

---

① 任殿：《张弦的小说、电影世界》，《当代电影》1989年第5期。

这段话准确地概括了剧本《银杏树之恋》最突出的结构特点，两条线索交相呼应，不仅丰富了整个影片的故事情节，同时在对比的视野中展开对人物性格的深层刻画。最妙的是，两对情侣四个人物彼此之间都可以进行相互比较。狭隘愚钝的孟莲莲与独立敏锐的常雁形成了最鲜明的对比，出身、教育背景和生活环境的差异造就了她们完全不同的性格特征：一个安于现状，为了守住一纸婚约宁愿接纳一个曾经背叛过自己、同时也注定是同床异梦的丈夫；一个虽然也渴望婚姻，却更珍视自己独立自由的精神世界，在看清了对方庸俗的面目之后，"局长夫人"的头衔及其所象征的优越生活并不能给她一丝一毫的安慰。孟、常二人分别代表了一旧一新两种截然不同的女性形象，在新时代物质与观念巨大的裂变面前，她们的命运也注定因为选择的不同而走上相反的道路。孟莲莲和姚敏生则有着相似的出身，他们曾经也有过同样平凡朴实的生活期待，但随着后者去读大学、接触多姿多彩的都市生活，二人的世界观和价值观产生了巨大的分歧。归根到底，是城乡经济发展程度的不平衡导致了人在精神观念上的严重偏差，开拓或限制，很大程度上取决于环境的影响。但这种影响力不是绝对的，同样是都市青年，常雁和老方对待婚姻的态度就截然不同，而这一差异主要是通过两人在孟、姚婚事的交谈中体现出来的。常雁两次向老方说起孟莲莲的境遇，以及自己对孟、姚二人婚姻幸福的担忧，后者却全然不以为意，常雁由孟莲莲的"知足"发出"女人不该依附别人而失掉自己"的感叹时，老方却盘算着让常雁婚后在家"相夫教子"，恰如孟莲莲一般。如此一明一暗两条线索交织，一正一反两种论调呼应，恰如其分地拓宽了电影的叙事空间，丰富了人物性格，较之小说层次肌理更加细腻生动。

《银杏树之恋》的成功让张弦认识到娱乐片制作之难，同时也认清自己的长处所在，而1989年《安丽小姐》创作则标志着他

"再次回到自己特长与市场的契合点,写新时期女性在商业社会的命运沉浮与情感碰撞"。① 在这部影片中,张弦重拾自己最擅长的创作主题,剧本围绕港商欧路易同环球科技中心总经理冯国江互相勾结以进口监视器为名目倒卖彩电一事,一方面塑造了安丽这个独立自强、聪明善良的新时期女性,另一方面又将触角深入改革开放后飞速繁荣的经济特区,入木三分地揭露了当时官商勾结、倒买倒卖的黑暗现实,描绘了女主人公在冷酷无情的商业社会中苦苦挣扎的生存困境。

《安丽小姐》是张弦和秦志钰继《失恋者》《银杏树之恋》之后的第三次紧密合作,在这部作品中,张弦对叙事技巧的驾驭能力明显更强了。影片结构精巧而紧凑,表现手法也更为圆熟,紧张激烈的情节铺排之中穿插着男女主人公对往事的回忆,这样既精心修剪了可能妨害叙事主线鲜明流畅的旁枝末节,使情节冲突更为集中,又巧妙地渲染出一种紧张迷离的气氛,牵引着读者的好奇心,在过去与未来的双向视域中展开阅读期待。故事从一个偶然事件切入:欧路易贿赂环球科技中心总经理冯国江,换得了大陆一张进口8000台监视器的批文,冯国江是高干子弟出身,安排这种"官倒"交易早已是轻车熟路,不料却被一桩小小的意外搅得风波不定。承办进口这批监视器的深光贸易公司经理唐辉是欧路易的表弟,他在和女秘书偷情时被对方的丈夫魏勤撞破,后者一怒之下去经济犯罪举报中心揭发了唐辉此次的交易。举报中心的工作人员林亦平凭借一点微弱的线索苦苦追查,终于掌握了他们之间的犯罪证据。为了摆平这件事,欧路易示意安丽色诱林亦平"私了",却不知安、林在大学时代本就是一对甜蜜的恋人,安丽当年不幸遭人凌辱,又被流言蜚语所伤,伤心绝望之下不得已才远走他乡。而昔日奸污她的纨绔

---

① 任殷:《张弦的小说、电影世界》,《当代电影》1989年第5期。

子弟，正是冯国江。三人在这样的境遇下再次相遇，在表面便已经十分尖锐的冲突之下更掀起另一重汹涌的暗潮。安丽同林亦平假戏真做，共度良宵，但当他得知安丽不过是在利用自己对她的感情做罪恶交易时，便怒气冲冲地弃她而去。同时欧路易早已串通冯国江拍下了两人海边嬉戏的亲密照片，冯国江一边玩弄权术阻碍林的调查，一边将他与安丽的事情捅了出去，导致林被停职检查。安丽知道真相后决意报复，她假意答应同冯国江合作，却暗中录下他和欧路易私下交易分赃的证据交给了林亦平。安丽厌倦了商海沉浮，向欧路易提出了辞呈。是夜，被安丽摆了一道的冯国江来到她的住所，打算和她同归于尽，幸好林亦平及时赶到，冯国江败走，安、林二人则决心同腐败力量斗争到底。虽然结尾处情节略显浮夸生硬，但整个故事几条线索紧密交织，详略得当，情节曲折生动，扣人心弦，是一部成功的现实主义作品。

女主人公安丽是张弦电影世界中又一个令人印象深刻的女性艺术形象。她曾经是美丽纯洁的大学生白丽，不幸被冯国江奸污，毁了清白，也毁了她对美好的信心。她自觉无颜面对恩爱的恋人，留下一纸书信便只身来到特区闯荡。一个偶然的机缘使她得到欧路易的赏识，于是化名安丽做了欧路易的情妇，同时也凭借自己的聪明才智成为他在大陆的业务经理。但她不甘心受命运摆弄做金钱的玩物，一边默默地忍受着残酷现实带给她的屈辱，一边悄悄瞒着欧路易私下里准备成立属于自己的服装公司，想要脱离弱者的处境。昔日柔弱的白丽已经蜕变为能够独当一面的"贸易之花"安丽小姐。但这只是她残酷的成长道路之上所经受的外在蜕变，虽然终日周旋于商场的尔虞我诈之中，安丽养成了处事精明圆滑的个性，她的内心却并没有被生意场的污浊之气所玷污。重遇林亦平让她记起了昔日的纯真岁月，也使她急于摆脱眼下污浊的生活。得知林亦平被欧、冯的诡计所累，她不由愤恨交加，索性将计就计，拿到二人切实的犯罪证据，和林亦平一起，要将冯国江绳之以法。和荒妹、萧萧、孟莲莲等之前所塑造的女性主人公相比，张弦赋予了安丽更真实而丰满的血肉，她的遭遇既是个人的，也是时代所迫。张弦将故事背景置于商业繁荣、观念开放的经济特区中，敏锐地捕捉到女性在新时代中所面临的机遇与磨难。将"官倒"这样严肃的主题寄于安丽同欧、林、冯三人的情感纠葛中，双线并进，紧密相扣，既切中时弊，又不至枯燥，兼顾了剧情的精彩与主题的严肃，是张弦20世纪80年代后期一部具有突破意义的佳作。

娱乐片的创作经历虽然不甚成功，却毕竟磨炼了他对电影市场的敏锐感知力，当他再次回归自己所熟悉的写作路线，无论思想深度还是艺术手法都明显更为成熟。但张弦绝不是一个故步自封的作家，短暂的回归不过是他自我磨砺的另一种方式。20世纪90年代以后，张弦又另辟蹊径，全身心地投入到历史剧的创作之中，写出了一系列令人难忘的优秀剧作。

第七章 "坠入电网"的灵魂书写（上）

这些年，虽然张弦事业蒸蒸日上，风风光光，但其实私人生活却陷于混乱，他与张玲的婚姻几经反复，到 1988 年 10 月，这对曾经的苦难夫妻不得不黯然分手。其实，这个结局好几年前就在书信中显露出了一些征兆。应该说，张弦与张玲还是颇多共同语言的，在张弦的影响下，她的写作天分也逐渐显现，发表了《波折》等小说，还加入了省作协。张弦的小说或剧本，她往往都是第一读者，总能提出不少有益的意见给张弦参考。早在 1982 年，两人之间就开始有了矛盾。张弦常年不在家，张玲也时常能听到一些不好的传闻，由此与张弦发生了激烈的争吵。而张弦却不以为然，认为跟张玲的基本矛盾是，张弦爱自己的事业胜过爱自己和爱张玲，而张玲爱自己胜过爱其他一切。[1] 这次矛盾爆发，甚至惊动了王蒙和二哥张新时来做调解。王蒙信里说，他本不愿干涉别人的私生活，但是他批评张弦"利用帮助业余作者改稿胡作非为"，警告张弦要"做好一切思想准备和物质准备"承担后果。[2] 二哥张新时信里提醒张

---

[1] 《张弦致张玲》（1982 年 4 月 18 日），未刊。
[2] 《王蒙致张弦》（1982 年 9 月 24 日），未刊。

弦要注意作风问题,不要做负心人,有则改之无则加勉。[①]于是,张弦赶紧承认错误,请求张玲原谅,毕竟家庭于他还是最珍贵的,"这次影协如此重视我,出国、金鸡奖评委,都更鼓励我自珍自重。过去的荒唐与错误,我想来颇感后悔,决不应重犯了。同时回想一下,这些都毫无意思,只会导致身败名裂,一切应以事业为重,以家庭的和睦为重。所以无论来北京时或回国后在北京住了几天,我都心地坦然,毫无杂念。希望你从此信任我"。[②]1984年前后,张玲又听到外面传来的一些议论和传闻,张弦则抱怨:"总有人对我不满意,总要找出各种话来议论。唯一的办法就是自己坚强起来,不受它的影响,否则根本就活不下去。我为自己活着,我们要好好地生活,我们要热烈地相爱,一切舆论,一切谣言,一切利用我抬高自己,都见鬼去吧!我们活着,活得快活这才是最最重要的。"[③]

然而,言犹在耳,两人的婚姻还是最终走到了末路。张弦1988年的日记中写道:"回家即收到法院通知——这次的通知很正规,有如传票。9月8日上午8点30分离婚调解。当时心情颇烦乱。"陈凯歌说的"人生就是痛苦——想做的太多而能做的太少",张弦认为说得很好,觉得自己更加应该珍惜时间,写小说才是正经。[④]当然,9月8日的调解并没有成功,拖到10月份,两个人彻底分手。离婚,对于张玲来说,是难以接受的。当年,张弦背负着政治包袱,落难安徽,张玲却仰慕张弦的才华,同情张弦的遭际,不顾世俗的压力,毅然嫁给了他。张玲后来说起这一段时间的自己,是"一厢情愿的盲目,我行我素的痴情,爱憎交织的狂热"。[⑤]而现在张弦功成名就,却抛弃妻子孩子,追求自己的快乐去了,这无论如

---

① 《张新时致张弦》(1982年10月22日),未刊。
② 《张弦致张玲》(1983年11月14日),未刊。
③ 《张弦致张玲》(1984年8月1日),未刊。
④ 《张弦日记》(1988年9月5日),未刊。
⑤ 张玲:《偶像》,《十月》1989年第4期。

何是张玲难以接受的。她在《十月》1989年第4期上还发表了一篇散文《偶像》，诉说离婚后的痛苦与纠结。

与此同时，张弦与北京电影制片厂的编剧兼导演秦志钰的关系也迅速升温，开始谈婚论嫁。两人最早结识于1986年左右，当时秦志钰想改编陈若曦的小说《耿尔在北京》，陈若曦推荐了张弦来改编，两人由此认识。秦志钰也是南京人，1943年出生，父亲潘宣夫是一名画家，当年曾留学法国，是潘玉良的学弟。而她的母亲是李鸿章的曾孙女。秦志钰是家里的第三个女儿。受家教的影响，秦志钰修养不错，1960年考入北京电影学院表演系，1964年分配到北影演员剧团，期间结婚生下一双儿女。① 弦弦结识秦志钰时，秦志钰已是小有名气的编辑与导演，电影《甜蜜的事业》里的主题歌"我们的生活充满阳光"的歌词，就出自于她的笔下。1989年4月，两人重组家庭。为了摆脱南京的烦心事，他们两人曾一度想落户深圳，并且见了当年深圳的周锡武市长，没想到无论是编制上，还是进深指标上都有问题，深圳专业作家八个编制已满，要与深影商量或由张弦去找大公司大企业联系等落户，张弦心里十分气愤，他认识的一个处级干部，可以很顺利地从成都调来，"而一个如我这样的作家竟没有地方可以安置。中国之事，大抵如此。想为深圳干点事的人则无存身之地"。② 此事只得作罢。两人后来合作了不少电影或电视剧，如《银杏树之恋》《玫瑰楼迷影》《独身女人》《寻觅骄杨》，这些片子基本上都由张弦编剧，可惜都没什么产生他们期待的巨大反响。

事实上，虽然张弦心里一直认为写小说才是正道，也多次表示

---

① 参见《改革开放40年，玩转影视编剧且影响力最大的十三位作家之2：张弦》https：//baijiahao.baidu.com/s？id＝16136352363473123391&wfr＝spider&for＝pc。
② 《张弦日记》（1988年10月21日），未刊。

20世纪90年代初张弦与第二任妻子秦志钰合影

要告别影视,潜心小说创作,希望以后的文学史上能以"小说家"的身份占据一席之地。但是,由于种种原因,张弦其实从来就没离开过影视创作,而大量的影视创作与改编,也毋庸讳言地影响和掩盖他的文学创作,以至于现在的新时期文学史的书写中,张弦的地位远远不如与其同时出道的一些作家,自然也没有能达到他所梦想的文学史地位。从20世纪80年代以来,除了上面提到到《湘女萧萧》《银杏树之恋》《玫瑰楼迷影》《独身女人》《寻觅骄杨》外,还改编了《秋天里的春天》《井》《失恋者》,创作了电影电视剧本《艰难婚事》《金镖黄天霸》《安丽小姐》《孽女情》《独身女人》《唐明皇》《双桥故事》《杨贵妃》《杨开慧》《陌生人》《红颜无尽:赛金花传奇》等。有时候,他也是人情难却,比如他就说:"我写电视连续剧《唐明皇》,完全是出于偶然。当时老友张天民出任中国电视剧制作中心主任不久,打算拍一部规模宏伟、气势辉煌的历史剧《唐明皇》,邀我和叶楠参与。盛情难却,就这样去了。起先是四位编剧各写四分之一,后来让我修改另四分之一,再后来把统稿的担子压到我身上,三稿我统了四分之三,四稿则又从头至尾来了一遍。当时是四十三集，近七十万字，写得我昏天黑地，日月无光。"① 但不可否认，他从内心还是无比热爱影视创作的。张弦在接受采访时也坦承，电影的诱惑太大了，"它有那么大量的观众，当你坐在影响院里听他们品头论足时，就得到了一种交流和沟通的愉快，这是小说创作绝对没有的。因此尽管一再说不写电影了，照样还一再写，惯性的力量是难以阻挡的"。② 电影的诱惑固然是一个重要原因，但与秦志钰的感情关系，可能也是驱使他不断投入影视创作改编的重要因素。

张弦的恩师钟惦棐曾这样评价张弦："张弦和文学的姻缘，首先是和电影的姻缘。"电影创作是张弦文学生涯中无法忽视的绚烂的一笔。尤其是在他的后半生，几乎整个地"坠入电网"，满溢的才情倾献给了电影文学。张弦在其1991年发表的自述文章中，以"坠入'电网'"来形容自己与电影的缘分。"小说作家去写电影剧本，人称'触电'，意谓危险之至。……尽管如此，还是有人'触电'，笔者可算其中的顽固分子，一而再，再而三，坠入'电网'而不能自拔。电影究竟有什么难以抗拒的诱惑力？电影以文学为大脑和心脏，以戏剧为骨骼，绘画、雕塑为她造型，音乐赋予她神韵而融合了这一切升华出来的镜头语言则是她的灵魂。于是，她理所当然地比她姐妹们更丰富、更生动、更美，更富于魅力，惹得作家们明知网有'电'，偏向'电网'触。"③ 可电影却又是个难以捉摸的情人，一忽儿温柔满溢，一忽儿潜流暗涌，一忽儿欲语停留，时常叫人边数着怀中的爱意，边苦苦地经营着、煎熬着。"它（电影）的逼真性要求你所呈现的一切都是具体的，真实的。容不得半点含

---

① 张弦：《我写〈唐明皇〉》，《艺术世界》1993年第5期。
② 钱建平：《联姻：小说与银幕——与张弦对话》，《电影新作》1988年第1期。
③ 张弦：《坠入电网》，《张弦文集》（电影卷），第207页，中国戏剧出版社，2001年。

糊不清，容不得虚假，也容不得脱离具体时空的想象。……它有限的容量制约了你的故事和人物。要求你在一场戏甚至一个镜头中，注入大量新鲜的信息。事件要简单明了，感情要丰富复杂。道理十分浅显，说起来很轻松，写起来可真不易。苦苦煎熬，苦苦经营，却总也没有达到自己较为满意的境界。"① 1957年，《上海姑娘》让张弦初"触"电影的魅力，从此，他成了徜徉在文学和电影之间的思考者、摆渡人。他的美学思想和见解也给电影带来了丰厚的营养。到20世纪90年代，三十五载探索路上，同时代的电影人已是凤毛麟角。尽管中国电影潮起潮落、景观杂象，张弦依然坚定地向创作的高峰攀登，留下了一串非常清晰而独特的足迹，他身后是《被爱情遗忘的角落》《银杏树之恋》《井》等数部优秀的经典作品。

当他站在创作的巍峨峰顶，居高望远时，他看到了新时期以来中国电影"欣欣向荣"的复苏，也看到了20世纪90年代经济浪潮下良莠不齐的迷境。

1985年之后，电影面临着一个新的形势：在此之前，电影为国家挣得六十个亿，而现在电影不仅开始不向国家提供资金，而且还得考虑自身的生存问题。"中国电影受到商品经济的制约。大量低劣的娱乐片纷纷出笼，银幕上乌七八糟，距离高尚的艺术越走越远，这绝不是电影创作者的愿望，而是被某种潮流推上去的。"② 从80年代后期到90年代，中国社会政治、经济发生了根本的变化。中国民众经久不衰的政治热情开始退潮，消费主义观念逐渐渗透到文化的创造和传播中。有评论家指出，无论是国家意识形态文化或是启蒙主义的知识分子文化，也无论是现实主义，或是浪漫主

---

① 张弦：《坠入电网》，《张弦文集》（电影卷），第208—209页，中国戏剧出版社，2001年。
② 张弦：《中国电影创作、生产、市场的现状和问题——在〈江苏电影〉第二届笔会上的发言》，《张弦文集》（电影卷），第284页，中国戏剧出版社，2001年。

义、现代主义，都悄然退出或者被基础了文化舞台的中央。那些五彩缤纷但昙花一现的文化"快餐"几乎垄断了中国的文化市场。①随着中国一元化政治文化的解体和人文主义启蒙文化的衰落，随着从计划经济向市场经济的变革进程的深入，大众的心理从文化学习转向文化消费，此时的中国文化进入了大众化转型时代。金钱、财富、经济活动在社会中的地位和重要性迅速加强，个体思想和生活空间不断扩大，社会经济地位和利益形成了不同的阶层，生活方式和审美需求也出现了分化和多样化。

作为文化经验的视觉和心理表达形式，电影成为中国文化的直接"能指"。电影逐渐摆脱了政治意识形态的严密控制，开始在社会主义市场经济的条件下寻找自身的艺术规律。这一时期的电影发展较之以前呈现更加多元化的发展，也面临着更大的挑战。清华大学教授、评论家尹鸿指出，20世纪90年代的中国电影进入了一种"一仆三主"的困境。"它一方面作为工业产品，受制于商品生产规律，另一方面作为一种艺术样式，又受制于艺术创造的'美的规律'，同时它作为一种行之有效的大众传播媒体，又被制定负担确定的国家意识形态使命。"电影是一种"需要弘扬社会主义主旋律的政治意识形态载体"，也是需要"通过流通和消费转化为资本的工业产品"，更是一种"表达了对人生的审美体验的艺术作品"。②在商业、政治、艺术的角逐中，一些电影创作者们面对这一喧嚣的话语较量，越来越失去了自信心和对立性，逐渐放弃了自己的话语立场。随着电影市场的滑坡，电影制片厂面临着严重的生存危机，不少制片厂选择拍摄成本低的娱乐片。这类影片对剧本的要求往往

---

① 尹鸿：《镜像阅读——九十年代影视文化随想》，第37页，海天出版社，1998年。
② 尹鸿：《镜像阅读——九十年代影视文化随想》，第59页，海天出版社，1998年。

偏低，有的甚至没有剧本就直接投入拍摄，这极大地挫伤了电影编剧的创作激情。一些颇有成就的老编剧因与"商业模式"的隔阂，出现了"识途老马止步不前"的状况，纷纷停止了剧本创作。一些成名作家面对混乱的影视状况不敢轻易"触电"。专业编剧不断流失，电影制片厂越来越少，观众的流失、拍摄资金的匮乏，导致了胼手胝足的背后是高高挂起的负债的红灯。

电影是筑梦的云梯，而电影人的梦想和希望却在市场洪流的冲击和喧嚣的商业风暴中孤零摇曳。洪流与风暴同样裹挟了张弦。面对商业化电影涌溢的激流，张弦也曾尝试写作纯粹的商业片。当时的中国电影"大量低劣的娱乐片纷纷出笼，银幕上乌七八糟，距离高尚的艺术越走越远，这绝不是电影创作者的愿望，而是被某种潮流推上去的"。① 1988 年，他在武侠片盛行的风潮下创作了《金镖黄天霸》，这也是对商业化电影市场的一次投石问路。然而，这颗石子投出去后却空空无声，只在张弦的创作史上留下了一抹迥异的画风。

在张弦的人生旅程中，最不惧怕的便是失败。失败的尝试反而让张弦对时下格局中的电影和电影发展有了更清醒的认识。他体味到市场和电影观众对剧本创作的重要意义。市场，是生死之路，存亡之道，不可不察，不可不问，不在市场中觉醒就在市场中死亡，再好的剧本也要经过市场的论证，经过市场的检验和反馈。② 电影不像画画、小说、歌曲、音乐，首先是自我理解、自我欣赏，然后碰到一二知音再交流。这是少数人的艺术。电影不能"看三流电影、写四流电影"。而电影本体理论当中，一定要包含接受美学。

---

① 张弦：《中国电影创作、生产、市场的现状和问题——在〈江苏电影〉第二届笔会上的发言》，《张弦文集》（电影卷），第 284 页，中国戏剧出版社，2001 年。
② 王兴东：《汲取生活激情，创作电影精品》，《北京电影学院学报》1997 年第 1 期，第 32 页。

只研究电影创作是极不完整的。电影当它完成的时候，只是刚刚开始。只有当观众掏钱了，以后又有复映，那么价值才有了存在，才有了存在的继续。当观看、评论这部分没有存在和体现，或是起了反效果，电影的价值也就不存在。

张弦认为电影困境的根源在于剧本本身。"这与长期以来的错误思维模式有关。我们常常都是从剧作者的本身来考虑我写什么。中国电影市场，首先要在剧作者这一关解决。剧作者没有市场意识，决定了片子卖不出去。"① 要面对市场，就不得不面对这样一个现实：70％以上的观众是农民，其中包括约两亿文盲。在其余30％观众中，平均文化程度是初中。观众的观赏水平和剧作者的专业水平犹如平谷与高山，隔着空旷与辽远，遥不可及。张弦对观众有这样一个生动的比喻："观众不是钱塘江的潮，每到八月十八准定滚滚而来。不是，他们，是无定河的水，忽而汹涌澎湃，忽而涓滴不流。"② 这个比喻来自他的一次观影体验。台湾片《妈妈，再爱我一次》轰动全国，票房第一，救了日趋萧条的电影院的命。而专程去看的张弦，却在满场的唏嘘叹息之声中沮丧之极，对这部令观众如此迷醉的"三流煽情片"大失所望，也对能如此迷醉在"三流煽情片"中的观众大失所望。他调侃道："你以为有意思的，他们未必买账；他们看得津津有味的，你恰恰不屑一顾。"③ 尽管"衣食父母"的品位令人懊恼失笑，但坎坷艰辛的人生经历和站高望远的事业视野，让张弦比同时代的剧作家少了一些书生傲气，多

---

① 张弦：《中国电影创作、生产、市场的现状和问题——在〈江苏电影〉第二届笔会上的发言》，《张弦文集》（电影卷），第284页，中国戏剧出版社，2001年。
② 张弦：《坠入电网》，《张弦文集》（电影卷），第209页，中国戏剧出版社，2001年。
③ 张弦：《坠入电网》，《张弦文集》（电影卷），第209页，中国戏剧出版社，2001年。

了几分先锋者的思辨与清醒。他认为,电影并非没有市场,而是电影的潜力没有发挥。"电影本身具有不可替代的优越性。人们在欣赏电影的过程中有一种群体的互相感应、群体交流、群体感受,以及宣泄、享受的群体连锁反应,得到'我欣赏了,我的智慧表现出来了'的那种智慧被认同的心理感应的满足"。① 电影是工业与艺术、商品价值和美学价值的一种对立统一物。② 要让这个"物"满溢艺术的气息,表达积极的人文理想,实现用真善美的境界去陶冶灵魂,需要在意识形态载体、商品、美学创造之间形成和维持张力和平衡,把政治、商业、艺术这三个电影的"主人"变成"三驾马车",实现"物尽色而情有余",为中国电影文化提供健康的、积极的发展活力。"雅俗共赏仍应是我们努力的目标——尽管这越来越显得很难。但我想既然坠入'电网',就没有什么退路可走,唯有挣扎前进。"③

张弦如同引吭的歌者,需要凝神地在主流意识、商业冲击、艺术理想这三段音阶中声色婉转,以吟唱出动人的乐章。他内心深处知道,观众在等待着点燃心灵的作品;他内心也期待着,"观众为你所设计的人物故事而紧张、担忧、振奋、感叹,或会心微笑,或感动落泪"的幸福时刻。④ 从《金镖黄天霸》后,张弦意识到,艺术的探索不能脱离自己熟悉的生活,也不意味着摒弃原有的成果。如何在最能唤起自己创作灵感的富有个性的题材领域里,深入下

---

① 张弦:《中国电影创作、生产、市场的现状和问题——在〈江苏电影〉第二届笔会上的发言》,《张弦文集》(电影卷),第285页,中国戏剧出版社,2001年。
② 尹鸿:《电影美学笔记之一》,新浪博客,http://blog.sina.com.cn/s/blog-48258027010002u5.html。
③ 张弦:《坠入电网》,《张弦文集》(电影卷),第209—210页,中国戏剧出版社,2001年。
④ 张弦:《坠入电网》,《张弦文集》(电影卷),第209页,中国戏剧出版社,2001年。

去、延伸下去、拓展开来。很快，他寻找到一条更合适的攀山之路：在坚持自己原有创作风格的基础上，追求艺术品格与商业因素的融合，在坚持他独有的女性题材的优势的基础上，追求与新时期社会风貌相吻合、与新一代观众审美口味相适应的突破。

作为第四代导演，秦志钰的电影创作同样也受到商品经济大潮影响。夫妇二人一同站在了洪流崖边，观察电影市场的发展动向，调整创作方向。秦志钰认为，电影缺乏娱乐性必然丢失大多数观众。作为一个有责任感、有追求的艺术家不能仅仅迎合观众的娱乐需求而塞给他们低级庸俗的东西。她总结以往几部电影的经验，决心拍出熔思想、艺术与娱乐于一炉的雅俗共赏的影片来。这就是他们合作的《安丽小姐》。[1]《安丽小姐》带着新的时代所需要的新色彩、新格调、新内容，以新的动人的姿态，出现在20世纪90年代伊始的电影舞台上。这是一部典型的现代都市故事片，影片以中国80年代现实生活为舞台，以改革开放以后在经济特区出现"官倒走私"的经济犯罪现象为故事主体，以安丽小姐在这种官商勾结、以权谋私的犯罪行为中与几位男人之间的情感纠葛为线索。有评论者认为，作品在正义与罪恶、纯洁爱情与世俗肉欲、金钱享受与清贫自在的较量中，赞扬了以安丽小姐初恋男友林亦平为代表的正义力量，歌颂了安丽小姐善良纯洁人性的回归。[2]

有评论者认为："是不是说中国女性已经取得真正意义上与男人平等的地位呢？影片《安丽小姐》告诉我们：女性，还隐藏着深深的困惑。"[3] 在安丽的感情之路的描写中，张弦运用了其擅长的女性

---

[1] 张弦：《不信命运的女导演秦志钰》，《张弦文集》（电影卷），第329页，中国戏剧出版社，2001年。
[2] 参阅刘霞云：《论张弦影视剧作的内核构成与价值得失》，《井冈山大学学报》2014年第3期。
[3] 念琪：《女性，走出困惑——〈安丽小姐〉留给人的思考》，《电影评介》1990年第7期。

悲剧情节。安丽八年前被人强奸而不得不放弃爱情出走特区。八年后她成为香港富商的情妇回到内地，又遇到当年的强奸者和心上人。在时代及观念变化的晴雨表上，可能女性是最具表现力的。安丽与众多缺乏独立意识的女性一样，成为依附在大款身上的寄生虫，失去了女性起码的自由与尊严。从这层意义上来看，安丽还处于蒙昧不觉醒状态。作家用残酷的现实和温情的重逢唤醒了安丽。在她看透老板只把她当作摇钱树和可有可无的情人时，当她再次遭遇昔日毁掉她美好爱情的冯国江，看清对方依然卑劣龌龊的嘴脸时，当她重逢昔日恋人林亦平，虽然清贫拮据却光明磊落、一身正义时，"冷峻的现实使安丽小姐作了理智的选择，实实在在走出了女性的困惑"。[①] 安丽在交易与爱情、虚伪与真诚、罪恶与正义、物质享受与精神自由之间选择了后者，最终以安丽回归初恋情人而告大团圆结局。这样的结局也体现着编剧张弦的良苦用心。有评者将其归为作家自身的"田园诗"的情结的"作祟"："不断地将现实的安丽拉回到过去时，以强调现在的存在的不合适或不符既有规范，却不料将编导自己对现代文明的不自觉的抵触意念和期望回归的情绪尽情流露。"[②]《安丽小姐》把改革开放以来中国社会的人的变化和关系及其观念冲突的景象作了某种角度（女性价值）的缩相，具有一定的反映客观现实的价值。但较之于前期作品的反思力度与思想深度，《安丽小姐》难免有"太流于故事的表面叙述和人物的简单类别处理"[③]的不足，在深层次剖析社会方面逊色于以往的作品。

这一阶段，张弦夫妇尝试着在影片的包装上先实现"雅俗共

---

① 念琪：《女性，走出困惑——〈安丽小姐〉留给人的思考》，《电影评介》1990年第7期。
② 此段关于电影《安丽小姐》的论述，参阅刘霞云《论张弦影视剧作中女性主体意识的构建与发展》，《乐山师范学院学报》2014年第2期。
③ 《部分领导、专家、学者在张弦电影作品研讨会上的发言》，《张弦文集》（电影卷），第402页，中国戏剧出版社，2001年。

赏",用将富有现代都市气息的场面铺设和扣人心弦的情节安排满足了观众的娱乐和审美需求。这样的创作手段也如法炮制在了《玫瑰楼迷影》和《焚心欲火》的创作中。

《玫瑰楼迷影》是由张弦编剧、秦志钰导演的故事片,时评为"一部哲理性很强的,融艺术和娱乐为一体的故事片"[1]。电影交织着为人们津津乐道的"暴发户""情人""私生子""认亲""重病""谋财害命"等热点话题。故事情节曲折,人物关系复杂,悬念起伏,带有很强的戏剧倾向。尽管作品不乏动人的细节和语言,但是人物失于概念,缺少个性的血肉,丰满不够,厚度不足。并且,浓厚的商业意味和娱乐气息让力图向社会弊端伸出的重重一拳,化为"绵掌",在审美层面和精神层面上略显无力。张弦曾"疾呼",要研究观众的欣赏心理,满足群众的娱乐愿望,就要多拍、拍好娱乐片。《玫瑰楼迷影》《焚心欲火》可以看作其在娱乐片风潮中的尝试。尽管作品还不够完善,但我们仍然可以看到张弦在平衡、融合商业性和艺术性中作出的努力。他在多方面地尝试既能满足大众化消费需求,又能带有深刻审美情趣和社会意义的创作,力求"叫好又卖座"。同时,张弦也在不断反思,"在商业化社会中,应掌握好娱乐片等形式题材的写作。电影编剧有愧于这个时代,是到了该坐下来冷静思考、调整自己的时候了"[2]。

张弦作品中最具有美学价值的,是他塑造的一系列女性形象。他当时是最关注女性命运的男性编剧之一,敏感、温和、富有同情心、时时处处给予聆听的意愿和共情的姿态。他细腻地勾勒出女性的心路历程,深刻地蕴意着人生的反复、曲折和苦难。在他的笔下,周良蕙、荒妮、存妮、孟莲莲是苦难深处温柔的池水,倒映出

---

[1] 刘霞云:《论张弦影视剧作的内核构成与价值得失》,《井冈山大学学报》2014年第3期。
[2] 张弦:《电影编剧有愧于时代》,《电影创作》1995年04期。

社会的斑驳与凝滞，蕴藏着深刻的批判色彩和反思意味。这些善良、温柔、纯洁的女性是皎洁如月般的女人，她们的光芒来自男性世界的折射，高洁、含蓄、清冷。随着改革开放的日益深入，女性精神世界的大门被推开，自由、平等、自强的光芒倾至心灵，一批新女性从月亮的清辉中觉醒，她们更执着于成为暖意盈怀、光华万丈的太阳般的女人。随着女性意识的崛起、使命感的加强、社会地位的改变，时代对女性美的评判新的标准，"已不单是柔，而更为关注柔中之健，已不单是传统的属性，而更为关注现代的属性"。①

这些阳光女性如雨后春笋般冒出，与男性比肩而立、一争高低。她们昂首于社会各个领域，坚韧不拔，坚决果敢，耀眼夺目，灿若春阳。女性的温婉掩不住心灵深处要与男性一决高下的凌云壮志和为理想而勇往直前的远大抱负。她们用坚实的人生足迹改写了"弱者，你的名字是女人"的定论，用高扬的生命风帆改变了"女性的天空是低的"偏见，活出了生命的力度、强度与厚度。在张弦早期的作品中，笔下的女性都是柔弱而美丽的。到了20世纪80年代后期，张弦的视域里女性的类型丰富了起来，他所描绘的女性更多饱满、更多样。加上身边多年的合作伙伴、第二任妻子、女导演秦志钰个人魅力的影响以及秦志钰对坚强女性的偏爱，张弦笔下的女性从温柔含蓄的弱女子蜕变为坚韧不拔的新女性。在《不相信命运的女导演秦志钰》中，他是这样讲述他所熟知的秦志钰的：

    正当秦志钰一步一个脚印地朝前迈进时，命运之神偏偏又给了她重重的一击：她与丈夫的感情长期不和终于破裂了。她带着小儿子离开原来的家。人到中年，孤身独处，上无靠山、

---

① 任一鸣：《抗争与超越——中国女性文学与美学衍论》，第141页，九州出版社，2004年。

下无帮手，但秦志钰没有退缩，没有彷徨，勇往直前，主动请缨，自编自导严文的小说《下次开船港游记》。这是我国第一部大型彩色童话片，剧中的洋铁人、橡皮狗、小鸭子、灰老鼠等十几个人物都要塑形化装，特技镜头就有50多个。有经验的导演都会望而生畏，而她第一次执导就啃这么块硬骨头，朋友们都为她捏一把汗。她上武夷山，下新安江，访千岛湖，跑广州植物园，历尽千辛万苦，终于圆满地完成了任务。这部童话片的公映，深受孩子们的欢迎。处女作的成功使她的自信心大大增强了，也使她艺术追求的自觉更加清晰了。她要选择和自己生活感受相近的题材，创造出真实感人的艺术形象，于是她拍了《盛夏和她的未婚夫》。

在这部影片中，秦志钰塑造了一个心高志傲、奋发自学的女主人公盛夏：尽管她为了追求知识而失去了爱情，但她那自强不息的形象，对青年观众鼓舞很大。秦志钰显然把自己的性格和价值观念熔铸到这个姑娘的身上，使她丰满生动，细腻感人。在导演处理上清新、流畅，隽永深沉，被公认为1984年优秀影片之一。报刊上以《自学成才的导演拍自学》为题，赞扬了她的成功。这部影片成为秦志钰拍"女性电影"的开端，她信心十足地计划在银幕上创造出一系列不同身份、不同命运、不同追求的女性形象来。[①]

一个娴熟的作家能够从自己最熟悉的亲身经历和身边人的命运中，看到人身上最高贵的东西，激发自身的情感，产生强烈的冲动，从而在笔尖绽放出人的美好。秦志钰所散发出的新时代女性的

[①] 张弦：《不信命运的女导演秦志钰》，《张弦文集》（电影卷），第328—329页，中国戏剧出版社，2001年。

不屈不挠、坚韧不拔的光芒点亮了张弦的心灯一盏，让他想要提笔勾勒出一个这般"太阳一样的女人"。而经历过艰难人生的秦志钰也一直有着拍摄女性影片的梦想："女人在男性主宰的社会中奋斗，格外费力艰苦，而失去男伴的独行女性，则是双倍的艰难，我自身有过这种经历，也目睹许多姐妹在逆境中自信地昂首而行，对于这种精神的赞美，是我一直的愿望，我为这种'孤军奋战者'自豪和骄傲，为那样一种在人生颇为尴尬的境遇中尚能镇定自若，执着地求索的精神深深感动，也相信它会感染许多的人，无论是年长的或是年幼的，也不论是学者还是文盲，我深信，他们也都会被这种精神所感动。"夫妻二人决定第三次合作，携手将独身女人带上荧幕，讲述离婚女人的故事，"让更多人了解她们，感受她们的酸甜苦辣，从中品味那人类共有的滋味，咀嚼自己的人生"。[①]

触发张弦灵感的另一位缪斯是当时的"中国第一悲剧女星"潘虹。张弦与潘虹的第一次结缘是电影《井》。张弦应陆文夫的邀请将他的小说《井》改编成同名影片。潘虹在剧中饰演了"悲剧"女主角徐丽莎。在进行《井》的改编创作时，张弦就萌生了为潘虹写戏的念头。二人再次相见时，是在潘虹离婚半年后。彼时的潘虹正在北影拍王君正导演的《女人·TAXI·女人》。张弦在《影星潘虹》中回忆了见面时的场景："大冬天，她穿着裙子，一拍就是一天，冻得直发抖"，"一到摄制组，你会觉得她成了另一个人。跟摄影助理、机械员、照明工人、司机说说笑笑，一块儿吃盒饭、打扑克，没有一丝毫大明星架子。她还处处替别人着想，拍特写镜头时她的动作幅度大了，给摄影助理带来困难，她下来马上向他表示感谢。忘带套服装要回去取，她又连忙向司机道歉。全组人人觉得跟

[①] 秦志钰：《人生艰难人生奋斗人生光明——〈独身女人〉导演阐述（摘）》，《电影评介》1991年第11期。

她合作再苦再累也心甘情愿"。①

不同于离异女性悲痛、可怜的刻板印象,工作中的潘虹高贵、坚定、干练、敬业,透露着坚强明丽之美。举手投足中的成熟、清冷、独立的女性气质像浓淡相宜的珍珠,闪耀温暖的光芒。"她有时很自信,很豁达,有时又感到茫然。她不相信还会有死去活来的爱情,但自然也不会愿意总是这样孤寂地生活。……作为一个女人,她又有多少辛酸,多少缺憾,多少只有她自己才体会到的酸甜苦辣!"②这个为爱疯狂过,也因孤独煎熬过的离婚女人,不恰恰正是张弦凝注于笔尖的那个"独身女人"嘛!

张弦找到编剧倪震,二人以潘虹为灵感女神,合作塑造一个与她气质相近的、奋斗型的中年女性知识分子,充分发挥她的独特的艺术魅力,彰显独身女性的独特的魅力。这样"量身定制"的写法开启了国内电影为明星写戏的先河。在国外,专门为明星写戏已经不奇怪了,但在我国还是首例,它需要一个相应的体制。专门为潘虹写剧本,并不是写潘虹本人的生活经历,而是根据潘虹所独有的气质和她的表演风格来写的。潘虹比较善于表现人物内心的复杂心态,而且她有这种独身女人的体验。"量身写戏"在国外是常见的商业电影操作手法。编剧为演员写戏可以充分考虑到演员的气质、个人条件、艺术风格,帮助演员扬长避短,在艺术上珠联璧合,相得益彰。事实上,剧作家为演员写剧本在我国和国外戏剧史、电影史上成功的例子展见不鲜。追溯起来,也许可以从关汉卿为朱帘秀写戏算起。20世纪30年代的戏剧创作中,田汉和应云卫也曾专门为周漩写戏、拍戏。在西方和日本,剧作家为演员写戏,已是习以

---

① 张弦:《影星潘虹》,《张弦文集》(电影卷),第303页,中国戏剧出版社,2001年。
② 张弦:《影星潘虹》,《张弦文集》(电影卷),第305页,中国戏剧出版社,2001年。

为常。新中国成立后，国内极少有人再专为演员"量身写戏"了，连呼吁之声都少有响起。面对这片领域的荒芜，张弦再一次成为智慧的勇者，引入了"量身写戏"这一成功的商业模式。他在文人身份下的商业头脑、前瞻视野再一次得到了彰显。

潘虹看了剧本后，表示愿意扮演这个角色。一直以来，她也很想饰演一个现代的、独特的女性形象。剧本几经修改延误了原定的拍摄时间。潘虹为此辞去了一位比利时制片商的片约，放弃了一笔可观的收入。她对这部影片、这个角色同样期待，"不愿意牺牲艺术去赚钱"。1991年，这部电影正式上映，名为《独身女人》。

一次失败的婚姻后，她把全部的精力和热情都投在了自己的服装事业中。尽管她的身边不乏追求者，但她依然用事业的忙碌填充生活的空隙。命运在欧阳已经超负荷的生活中又加了一道关卡：服装生意受阻，董事长梁大明打算卖掉公司。此时，欧阳录取了美院毕业的新设计师舒蕾。舒蕾的到来为服装公司带来一线转机。然而，尽管二人才华横溢、斗志勃勃，却难敌梁大明的退意已决。焦急中，欧阳求助了五洲公司顾问齐方。二人曾在医院有过一面之缘。正是这一面之缘，挽救了欧阳的服装事业，更开启彼此情感的大门。在与齐方的不断接触中，两人越走越近，对彼此有了好感。但是因为失败的婚姻而对感情谨慎甚至畏怕的欧阳，不敢直面对齐方的感情。此时，舒蕾离开、梁大明执意卖掉公司，事业坠崖直落。正是在人生的寒冬之际，凄风苦雨淋湿了欧阳孤独的心，却滋养了爱情的种子。炽烈的爱破土而出，逆风绽放——这一对失意的中年人终于抱在了一起。"独身女人"欧阳是否从此不再独身了呢？命运再一次将她拒绝在幸福门外：在欧阳的时装表演会进行的同时，齐方在来的路上遭遇意外身亡。故事的最后，失去了爱人的欧阳重又回到独身女人的角色。面对命运一次次的嘲弄，她潇洒转身，坚定以对。

《独身女人》以"女人"为题,却不局限于"女人"这一性别主题。从更深层次而言,《独身女人》既关注"女人",更关注"女人"作为"个人"存在与社会的困境与价值。独身女人的身份加重了女性在家庭、事业、社会环境中的困境,加重了内心世界内外的不平衡,却也使得这类女性不得不继续坚强地奋斗下去,勇敢地迎接命运的挑战。有评者认为:"作为新崛起的'女性片'的代表作品之一,《独身女人》拥有独特的魅力。它力求用通俗的电影语言叙述一个'女强人'欧阳若云的事业追求和情感生活,实质上是对女性自我追求和独立人格的弘扬和肯定,打着鲜明的时代络印。"①作品蕴涵着体现女性独立自主、自强自重的精神气质和男女平等、互敬互补的意识,不把女性形象作为男性的被动欣赏对象,而是刻画与呈现女性自我的命运遭遇、价值观念和心理特征。

在对欧阳若云的勾画中,张弦以对比塑造的方式开掘她的内心深处,照映出复杂的心路历程。大量的场景设置在时装公司、设计室、时装发表会,凸显出欧阳干练、专业、果敢的一面。为事业奋斗的欧阳端丽大方,与任何人都谈笑风生,闪烁着女强人的光芒。而同时,张弦又用他惯以观察社会生活、人生世相的窗口——爱情和婚姻,来展露了这个独身女人内心的柔软、克制和犹疑。面对老孟温情的照顾,欧阳既保持着朋友的礼貌距离,又不得不接受他给予的帮助:购置冰箱、照看孩子,甚至做感情的顾问。年轻女孩舒蕾坦荡地表达出对齐方的喜爱时,以及齐方的前女友潘丽雯向欧阳寻求帮助时,同样对齐方抱有情愫的她,不动声色,牢牢地压制内心的涌动。作家对她的描写是极克制、冷静的,她总是"看着",没有任何形容词作前缀地"看着"。直到在感情爆发时,张弦用

---

① 王冰:《"女性片"的困惑——从〈独身女人〉说起》,《电影评介》,1993年第8期。

"孤单"来形容欧阳那一刻的姿态。"欧阳孤单地站在那里。欧阳思考片刻。一辆红色轿车疾驶在京津公路上。欧阳坐在车上。公里表指 100 迈。汽车在行驶。欧阳焦急地向车外张望。车轮飞转。汽车驶过海门大桥。"① 此时的她奔泻着情感涌溢的激流,向爱人疾驰而去,渴望打开久封的心门。张弦如同剥开一颗紫色的洋葱,一层层地展现出独身女人那剔透的、紧裹的内心。

颇有意味的对比塑造出现在影片的结尾,也是故事的高潮。原本苦尽甘来的二人,即将迎来事业和爱情的丰收。而就在欧阳举办时装发布会的同时,齐方在赶来的路上死于非命。时装发布会上,白色的婚纱展示圣洁、典雅,象征了美好爱情的永恒。而作为设计师谢幕的欧阳,"戴着一袭黑色饰纱,身穿一件黑色旗袍,神情恍惚"。拖在地上的黑纱、噙在眼眶中的泪水、一步一步缓缓向前的身影与齐方在血泊中倒下的身影交替闪回,形成强烈的对比。穿着黑色的旗袍宣布爱人死讯的欧阳和身后穿着洁白婚纱的模特们,交织着生命的喜与悲、起与落、生与死,也让这个独身女人形象的悲剧性达到了顶峰。

如果只把"独身女人"看作一种生活状态,即脱离了婚姻状态独自一人生活的女性,那么张弦早就开始关注这一类女性的生存状态。从周良蕙到徐丽莎,再从安丽到欧阳若云,张弦笔下的女性从寂寞地端坐着站起来,潇洒地大步前行。独自面对生活时,周良蕙将心中的苦楚饱蘸在笔尖,写信给亡夫倾诉内心的痛楚、精神的孤寂,字字如泣。也由此可见她在男性话语世界中是常常只能沉默无语,在男性身后、在自我的寻找中独尝失落与悲痛。她无法也无力打破身边传统道德的厚壁,"独身"是铐在她生活中的枷锁。而对身处改革发展浪潮中的欧阳来说,"独身"却是一张自由的车票,

---

① 张弦:《独身女人》完成台本,第 183 页,北京电影制片厂,1991 年。

带她去往奋斗事业、实现梦想的未来。她更具有直面困境的智慧和乘风破浪的勇气。

同样对自由充满渴望，《井》中的徐丽莎也是一个"独身女人"。在无爱的婚姻中，她的内心像"独身女人"一样孤寂。离婚且失爱后，她要像其他"独身女人"一样面对世俗的眼光和传统道德观的审视。徐丽莎和欧阳都是有着双重个性的女性，她们身上兼有现代女性对独立人格的追求，又有着温柔贤惠的传统美德，既怀抱着对爱情的矜持，又能怀抱着追逐所爱的勇气。但身处20世纪80年代的徐丽莎尚未彻底摆脱个人命运的悲剧，身边交织着封建的、世俗的网。在传统与现代文化碰撞、更替中，她感受到的是不安、苦闷和躁动。哪怕挣脱了无爱的婚姻，仍然在世俗社会的包围中困难重重，举步维艰。即使争取到身份的自由，也难以摆脱精神上沉重的枷锁。而身处20世纪90年代的欧阳若云，则获得了身心的双重释放，拥有着真正自由的、宽广的内心世界，从生活状态到灵魂深处，从女性性别到女性身份真正实现了"独立"。面对未知的未来，徐丽莎留给观众的是纵身一跃的悲凉，而欧阳若云留在荧屏上的却是沿着石路坚定地向远方走去，秋风扬起，衣角翻飞。

与同样关注时代女性在事业与家庭、爱情与婚姻的冲突中挣扎的《安丽小姐》相比，《独身女人》在立意和人物塑造上都有了鲜明的突破。欧阳若云和安丽都是漂亮大方、聪明能干的都市女性，爱慕者如云。安丽持着美丽的利剑于男人中游走，却又只得甘为依附者。一次又一次的失望与挣扎，终于褪去了软弱与附庸，重新点燃了自我的光芒。安丽的理性回归，可以看成是女性成长之路上的新出发。安丽之后的欧阳若云，则更加坚定地走出追求独立、实现个人价值的人生长路：珍惜自己，完善自己，达到另一个高度。安丽和欧阳情感的归宿也颇有意味。她们都倾心于高洁、智慧的知识分子，在世俗的喧嚣中选择宁静的、田园式的爱情。张弦塑造了一个宛如太阳的女人,却给她取了宛如云朵般温柔绵软的名字。这个温婉的名字,既传达出欧阳优雅的女性魅力,又暗示了她身上传统的女性特质。这个在外身披盔甲的女性,内心深处终究是柔软的,如同云朵一样纯洁、轻柔。这或许也代表了男性视角下对独立女性的美好理想。

在欧阳若云的身边,有个年轻的"独身女人"舒蕾。舒蕾的"独身"和欧阳的有所不同,她从未进入过婚姻的围城,也尚未经历刻骨铭心的爱情。她年轻,活力四射,有着出身牛犊不怕虎的青春气息。工作被拒,她毫不气馁,一次次向欧阳展示自己的才华与理想。在觥筹交错间,她用爽利的笑声帮欧阳化解客户的别有用心。面对爱情,她坦坦荡荡地表达自己的渴望:"我要是喜欢上一个男人,我就不在乎他有没有老婆。"尽管她已察觉出齐方对欧阳的情愫,但在自己出国前依然抓住最后的机会,勇敢地表达爱意。"舒蕾含泪望着齐方。齐方继续看着表格,没理她。舒蕾一把抓住齐方的双肩,把齐方扭过来:'看着我!干吗老把眼睛躲开?!'舒蕾深情地望着齐方。齐方理智地把头转过去。舒蕾:'我知道你心里很难受。可是,你为什么让自己活得那么累呢?'舒蕾想凑近齐方。齐方怔怔地看着她。舒蕾期待着齐方吻她。齐方却转身将她手中的烟按灭了。舒蕾愤怒之极。起身出画。随即他听见了一声轻轻的抽泣。舒蕾背身抽泣着。齐方转头发现舒蕾哭泣。站起身喊:'舒蕾!'舒蕾仍然哭泣。齐方安慰她:'舒蕾,别这样!……'但舒蕾推开他。舒蕾:'别管我!'走了两步,又回来拿起桌上的表格,强忍着泪朝门走去。'舒蕾!'齐方叫住舒蕾,舒蕾站下,'我送你回去,好吗?'舒蕾摇摇头。舒蕾:'不必了!'出画。满面泪水,但竭力忍住。齐方怔住。"①爱人面前的舒蕾是温柔含泪的。

---

① 张弦:《独身女人》完成台本,第166—168页,北京电影制片厂,1991年。

被无声拒绝的她，又是坚强果断的。舒蕾比欧阳更具有太阳的特质，她更热烈、更自我、更勇敢、更充满生命力。年轻一代的独立女性，已经从被动走向主动，从等待走向发问，从寻找走向抗争。她们在追求女性的自我期待中确立自身价值，实现"她们是什么"，而不是"被期望成为什么"。她们不愿做攀缘而上的凌霄花，而要长成分担寒潮、风雷、霹雳的木棉。

整部影片现代意味浓厚。声音、用光、用色都极为讲究，表演细致真实。影片配了大量的音乐，在情节的推进中渲染着人物的情绪。《独身女人》上映后，引发了热议，女性影片和女性主体意识一时成为关注的热点。从这个角度来看，作品实现了最初的主旨立意。有趣的是，这部表现女性意识的作品，编剧是男性，导演是女性，一位用情节设置和细节描写勾勒女性，一位用镜头语言和电影技巧表达女性。描绘于纸页上的"有声画"和展现在荧屏上的"无声诗"，表达了不同性别主体对女性意识的认识。张弦对于女性的塑造向来细腻，是位"写女人的高手"，但再细腻的男性作家，在深入开掘女性人物的表现力上仍会存在局限性，在进一步把捉独身女人这一特定群体内心的跃动上仍有性别的罅隙。引发热议的是故事的结尾，在欧阳若云终于在爱情与事业上都守得云开见月明时，恋人齐方却死于非命，美好的爱情之花瞬间枯萎。

然而，齐方的死令人不禁有这样的疑惑：结局的设置是否是为了强调欧阳若云独身的人生命运？女性直面人生的风雨，却不曾想是无尽的漩涡，一次次的逃离又一次次地陷入命运的捉弄，似乎永远也无法摆脱宿命。犹如欧阳若云终守独身女人的宿命一般，注定无法寻求最终的皈依与归宿，要用接踵而来的挫折凸显她的自强，用爱情和幸福的剥夺塑造她的自立。这是否存在张弦男性身份下对"女性意识"的理想化的认知？

作为女性导演，曾经的"独身女人"秦志钰充分地用其女性的镜头语言弥补张弦男性身份界限,深入且细致地挖掘独身女人的深刻内涵——女性的特质是独一无二的,女性的世界是广阔而多彩的。加上同为"独身女人"的潘虹精湛的演出,镜头下的欧阳若云色彩停匀,富有层次,"在不同的男人面前,她或者高傲矜持,或者拘谨多礼,或者亲切随便,而当她生活里闯进了个经济学家齐方,使她蓦然唤起爱的向往时,她又变得年轻活泼起来"。① 张弦曾用这样一段话来形容潘虹:"每个女人都是一本书。在潘虹这本精美的厚书中,有许多地方是难以读懂的。好在这本书只写了一半,更加优美的华彩段落还在后面。"② 这样的形容并不只是比喻潘虹的华彩,也是对欧阳若云、舒蕾、秦志钰的形容,是对那样一群具有女性意识的独立女人的赞美。

20世纪80年代的张弦是知识分子张弦,他踏出命运的低谷,创作了个人辉煌的电影时代,在电影创作的道路上开花结果。20世纪90年代的张弦,是身为江苏省电影家协会主席的张弦。他自觉地背负起探索新时期中国电影发展方向的责任,迎上时代浪潮,不断尝试,不断挑战,苦苦探索新时代要求下中国影视创作的艺术形式。在大量创作实践的基础上,张弦创作的视野也更加开阔起来,目光回望,开始转向历史深处,光影摇曳中是一张张动人的面孔。他的笔落在了历史上传奇女性的故事里,将文学想象融入历史史实,通过爱情和婚姻经历的点染,拨开历史的面纱,将女性与历史都化成"史"的文学符号。于是,一个"一枝红艳露凝香"的美人在他的笔下顾盼生辉。1992年,由张弦担任主创的电视剧《唐明皇》、电影《杨贵妃》先后上映。

《唐明皇》是张弦参与创作的第一部电视剧。20世纪90年代是

---

① 张弦:《影星潘虹》,《张弦文集》(电影卷),第304—305页,中国戏剧出版社,2001年。
② 张弦:《影星潘虹》,《张弦文集》(电影卷),第303页,中国戏剧出版社,2001年。

中国电视剧经过"文革"十年浩劫后重新蓬勃发展的时期。中国成为世界上生存电视剧最多的国家，电视剧进入了"基地化"生产，一时风光无二。然而对于一些传统的专业作家而言，通俗化、大众化、娱乐化的电视剧写作不具有文学性（事实上，他们同样如此看待电影文学）。市面上剧本泛滥、良莠不齐，甚至办起了剧本拍卖会，一次拍卖三千多部作品。混乱的市场更是让一些专业作家不愿意放下身段进行电视剧创作。此时的电视剧创作队伍表面"遍地开花"，实际上"溃不成军"。

或许是电影创作中积累了创新的思维和前瞻的眼光，同样是专业作家出身的张弦，对电视剧创作有着更客观的认识。早在1987年访问日本时，张弦就特别记下了日本电影剧作家在电影萧条的形势下如何进入电视界写电视剧的情况。如果他们不写电视剧，只靠写小说，就养不活自己，这给了张弦深深的震动。秦志钰对此有同样的认识："中国作家大概是世界上最幸福的作家了，拿着不算低的工资，作品有地方发表，发表了还有稿费；这是计划经济大锅饭的产物。但是一旦把这些人丢向市场，有几个人能不去写电视剧？"[①] 张弦再一次站在市场经济的潮头，打破"文学家不谈钱"的文人风雅，转变观念，更新思想，将探索之路延伸到电视剧创作中，也将文学的语言、文学的价值观、文学的审美带入电视剧创作。

《唐明皇》讲述了李隆基富有传奇色彩的一生，从"大唐中兴"到"安史之乱"，重现唐代由盛极而衰的历史真貌。作品气势恢宏，"倚天把剑观沧海"，展现了一幕幕历史画卷。宫廷政变血雨腥风，宫闱高墙巍峨庄严，市井繁华喧闹，文化韵味无穷。"斜插芙蓉醉瑶台"，诗歌、绘画、书法、音乐、舞蹈、马球、围棋、斗鸡、拔

---

① 秦志钰：《写给张弦》，《张弦文集》（小说集），第429页，解放军文艺出版社，1999年。

河争相斗艳,意蕴绵长。人物众多,形象塑造各具特色。姚崇刚正不阿,李林甫口蜜腹剑,杨贵妃雍容华贵,安禄山"外若痴直,内实狡黠"。《唐明皇》将历史真实与艺术创作进行了较成功的结合,富有艺术美感与欣赏价值,在同时代表现李杨情爱、描写安史之乱的影视作品中,是最完整也是最有分量的。

这是一部充满"人情味"的作品,既没有重弹"女人是祸水"的老调,也没戏谑历史、调笑人生,而是以写"人"的方式,塑造最接近真实面目的帝王和贵妃的形象。作家将皇帝作为一个真正的人来描写,在由盛而衰,获得挚爱又痛失所爱的一生里,帝王既有"君主之风",更显常人之情,与所有人一样有喜有悲、有情有欲、有血有肉。

张弦认为李隆基是个了不起的皇帝,他把中国经济文化推到了历史的辉煌顶峰,其英明伟大不亚于他的曾祖父唐太宗。但在人物塑造上,并未偏重于"帝王之相""天子之威"。作家以辩证的眼光来审视皇帝,强调"国君"是"人君"。人君者,人之君也。人君者,是为君之人也,是身在君位而不免常人之情欲、一世人之苦乐的平凡之人。张弦从人性的角度剖析唐明皇的一生,尤其是晚年对杨玉环的倾心和专宠,正是人性真实欲望的反映。"男人在年轻时,往往倾慕有见识有智谋的女人,在他事业的进取中有所助益。老年男人则渴望一个年轻单纯的女子,她会唤回他逝去的青春,激起他生命的活力,给他带来一个远离现实烦恼的无忧无虑的感情世界。"不要名分、不要富贵,杨玉环要的是真真切切的爱情。而作皇帝最大的悲哀偏又是得不到真诚的心。在美人的怀抱里,老皇帝获得了新生,"他摆脱了帝王的神格重负而获得了人性的复归"。对于唐玄宗晚年政治上的错误,张弦也从人学角度给予解释,"为人君者,感到自己渐渐老去,眼见法定接班人渐渐羽翼丰满,构成威胁,因而或杀之,或废之,或软禁之,在历代王朝是屡见不鲜的。这既是维护皇权的政治需要,又有老年人对青春的妒恨心理"。他认为,李隆基的悲剧只是一个政治家的悲剧。与历史上许许多多政治家相比，唐明皇在老年获得无限绚丽的爱情，那是瞬间胜过永恒的幸福。就此而言，依然是值得庆幸的。①《唐明皇》开播后饱获赞扬，放映时可谓万人空巷。观众认可了作品中关于爱情的书写，"《唐明皇》真诚描写了李杨爱情，并且一扫某些文人的脂粉气而赋予了史诗般的历史凝重感"。也认可了期间渗透出的人性的准确把握，"在封建专制高度发达的盛唐，徘徊于幼稚与成熟之间的玉环的理性之光只能艰难而隐约地折射。惟其如此正体现出编导对人物性格基调和艺术分寸的准确把握"。②

电影《杨贵妃》与电视剧《唐明皇》同时拍摄、同时上映。和电视剧相比，电影更注重诗意的渲染和节奏的调度，风格朴实、自然，具有深度美和旋律美。影片也采用了诗意的抒情手法，对人物的情感世界加以拓展和挖掘，使其更为真切和感人，如影片中"对月盟誓"一段就颇具诗情画意。影片的叙述色调由前至后大抵呈现为渐趋黯淡的趋势、表达出人物命运的起落和唐王朝的衰败，含蓄而朦胧，达到了很好的艺术效果。在苍凉的历史叙述和诗意的情感表达的基础上，影片创造出了具有鲜明个性的银幕形象。杨玉环对爱情的追求和感情的渴望自始至终构成影片的诗意中心，而她的命运则成为贯穿始终的主线。她的"在天愿作比翼鸟，在地愿为连理枝"的理想和梦幻终于在一场巨大的政治风暴中破碎和熄灭了。影片一开始对这一结果的暗示使作品的结构完美精致，寓意深刻而含蓄，逾过这历史的表层使我们更能看清世道人心的本来面目，影片结尾，远处群卒高呼"万岁"的声音隐隐而来，缕缕不绝，不禁令

---

① 这部分介绍参见张弦：《唐明皇杨贵妃之恋》，《张弦文集》（电影卷），中国戏剧出版社，2001年。
② 这里有关《唐明皇》电视剧的讨论与反馈，参考了晓弟的《千秋功罪重评说——电视剧〈唐明皇〉读解》及田爱群的《敢有歌吟颂玉环——观〈唐明皇〉》，均刊载于《电影评介》1993年第1期。

人感慨和沉思。①

但囿于电影的叙事容量和时常，未能像电视剧那样充分叙述历史事件，难免引人疑惑："为什么会引发安禄山的叛乱？为什么要诛杀出场不多的杨国忠？杨玉环为什么成了众矢之的？"观众热议更增加了电影热度，其中既有赞美声："影片是一部具有强烈历史感、文化感的爱情悲剧，特定的历史内容和特殊的文化氛围是影片的两个基点，从而建立起影片的总体框架结构。"也有质疑声："影片缺少对历史事件必要的叙述和交代。影片加重爱情描写，想为杨玉环鸣冤，又不想对唐明皇不解。"也有评论将其定义为"一部反映受封建四大绳索束缚的中国妇女的血泪史。在女性悲剧这条主线的延伸下，揭露了封建文化支配下社会产物的丑恶性，对现代人有借鉴价值"。有观众指出："针对皇帝与虢国夫人同池调情，玉环敢于斥责他'偷偷摸摸，哪有皇帝的尊严'，切莫狭隘地理解这是玉环的吃醋，其实，在皇上可以任意纵欲的封建时代，玉环这一要求男女平等、忠贞不渝的爱情观正是对皇权的大胆否定！"也有人认为"对一个由朝堂所演出的悲剧故事，削弱其中的朝堂事件，加重爱情描写，想为杨玉环鸣冤，又不想对唐明皇有所谴责，结果使人对这一悲剧的产生感到突兀和不解"，而影片开场杨玉环进入"空空"佛堂，结尾处杨又一次进入"空空"之门吊死，被认为是消极的宿命论的表现。②

电视剧《唐明皇》和电影《杨贵妃》是由同一套制作班底同时开拍、制作完成。这是 20 世纪 90 年代盛行的"影视套拍"模式。电影艺术领域常用"两生花""一鸡两吃""一箭双雕""一举两得"

---

① 参阅施立俊：《历史与文化的双重建构——影片〈杨贵妃〉浅议》，《电影评介》1993 年第 1 期。
② 这里有关电影《杨贵妃》的讨论与反馈，参考了施立俊的《历史与文化的双重建构——影片〈杨贵妃〉浅议》及赵虹的《影片〈杨贵妃〉缺点什么》，均刊载于《电影评介》1993 年第 1 期。

"双黄蛋"来形容。电影和电视都是对社会有复杂影响的文化传播方式，具有文化艺术和娱乐功能。电视文化侧重点在于文化传播方式，而电影文化更倾向于文化艺术和娱乐功能。影视套拍作品是电影文化和电视文化的共同体，结合并继承了电视剧或者电影的优秀特质，既能满足精英文化的价值取向，也能满足大众文化的审美需求，是一种独特的传播形式。电影、电视剧双信道的互相冲击还能获得传播空间上的张力，获得更多观众。在拍摄过程中，套拍也可以集中优势兵力（创作人员、演员阵容等），最大限度地节约资金，减少创作人员的重复劳动。[①] 这种新鲜的创作模式，自然吸引了张弦的关注。《唐明皇》《杨贵妃》的影视套拍，以两种形式丰富了题材的表现，打破了电影、电视剧创作中各自为政的旧格局，取长补短，互相融合。张弦的第一次影视套拍尝试双双结下硕果。《唐明皇》获得飞天奖特别奖、金鹰奖，《杨贵妃》获得第十六届大众电影百花奖最佳故事片。《唐明皇》《杨贵妃》的成功，代表着张弦剧本创作进入更加成熟的阶段，在平衡文学审美、历史价值、市场需求和商业效益的探索中寻找到了更恰当的创作模式。

一直以来，在众多编剧的笔下，对杨贵妃的评价或是诉其红颜祸水，或是哀其政治牺牲品。而在张弦的笔下，杨贵妃是且只是一个"女人"。她和天底下所有沐浴在爱河中的女人一样，除了爱别无他求。"爱"的底色让杨贵妃的形象有了质的突破。张弦是擅长写"爱"的。爱是人的天性，是人的本能。……世有男人和女人，就有爱情。世界存在着，发展着，爱情——人类感情的升华，就将永远常青。他感慨白居易的《长恨歌》之所以千古流传，除了诗的魅力外，更是爱情本身的魅力。爱情是性爱的升华，它的前提是平等。不平等的男女之间只有占有和服从。所以拥有至高无上权力的

[①] 参阅姚楠、邸力争所著《影视艺术观赏指南》（河北大学出版社，1992年）对"套拍"的界定。

帝王，从来得不到真正的爱情，尽管他们有成百上千个女人。李杨之恋，也许是历史上唯一的例外。

为李杨二人的爱情故事所动，张弦除了两部影视作品外，还写下散文《唐明皇杨贵妃之恋》，细数帝妃恋，重吟心中长恨歌。文中，他对二人爱情的真切作了详尽的分析。最能说明他俩相爱之深的是两次"出宫"事件。一次是天宝五年（746年）七月，"妃以妒悍不逊，上怒，命送归兄铦之第"。第二次是天宝九年（750年）二月，"杨贵妃复忤旨，送归私第"。什么原因呢？史籍没有任何记载。但罪名是"妒悍不逊"，就透露出了端倪。显然是皇帝与别的女人调情，贵妃见妒，竟当面跟他大吵大闹起来。这很能显示贵妃爱的执着，无视皇帝的特权而要求他用情专一，也不怕自己有失宠的危险而敢跟皇帝讲平等。这"妒悍不逊"，在当时是多么可贵的品格！弄得皇帝下不了台，大发脾气，命送她到堂兄杨铦府去。但随即他就懊恼起来，感到难以名状的孤独和焦躁："比日中，犹未食，左右动不称旨，横被棰挞。高力士欲尝上意，请悉载院中储侍送贵妃，凡百余车；上自分御膳以赐之。及夜，力士伏奏请迎贵妃归院，遂开禁门而入。"（《资治通鉴》）朝出宫而夜迎归，唐明皇一天也离不开她，并以实际行动向她认了错。

贵妃之所以被遣送出宫，是因不满皇帝心落旁人而生妒意，当面与皇帝争吵，史料记载为"妒悍不逊"。张弦觉得这样的"妒意"很是天真和可贵，恰恰显示了贵妃的爱是专一的、执着的，如同每一个沐浴爱河的女人，无视皇帝的特权而要求他用情专一，也不怕自己有失宠的危险而敢跟皇帝讲平等。这"妒悍不逊"的样子"在当时是多么可贵的品格"。贵妃出宫后，皇帝"遣中使赐以御膳。妃对使者涕泣曰：'妾罪当死，陛下幸不杀而归之。今当永离掖庭，金玉珍玩，皆陛下所赐，不足为献，惟发者父母所与，敢以荐诚。'乃剪发一缭而献之。上遽使高力士召还，宠待益深"（《资治通鉴》）。贵妃的献发泣诉在一些史料品评中被认为是唤回帝王怜意的故作姿态。张弦对此类评价表示了不赞同,他认为贵妃此举"完全出于真情",真诚可爱,纯净无邪。①

电视剧《唐明皇》中有多处情节来表现杨玉环的不谙政事、知足常乐。被寿王问到是否想当皇后,她回答说:"我不想当,我真的不想当。我虽说是皇族之后,可一直生长在养父家中,不过是个洛阳小吏之女。如今我入宫当了寿王妃,已经算是一步登天了,再说,我有你这样一位好夫君,还有什么不满足的呢?陛下赐给我们的九龙玉杯,就是说人心要知足,心太大太满,就会漏得一滴都不剩的,你说对吗?"(《唐明皇》)毫不关心自己的名分,从当女道士到被封为贵妃,长达五年,她没有向皇帝提出什么要求。甚至,比起女道士的身份,她更关心元宵闹市的盛况。在被送出宫后,也是哭诉爱情的飘忽:"难怪人说宁嫁浇水卖菜的,也不嫁给穿袍带玉的,皇帝的情分真是靠不住。"(《唐明皇》)她对皇帝的爱无关乎地位、权势,她所爱的是唐玄宗本身,她所追逐的是爱情本身。"对于杨玉环来说,李隆基令她倾慕的并非至高无上的权威。他是个极富魅力的男人。'仪范伟丽,有非常之表。'(《旧唐书》)……善骑射,马球打得极好……文采风流,诗词书画无一不精……更是一个出色的音乐家,精晓音律,会作曲……尤擅长击羯鼓……如此文武全才风流倜傥,虽然年逾半百,风度不减少年,或者更显成熟雍容。她丈夫寿王瑁则相去远矣。……当皇帝向她展开猛烈的攻势时,她在惶恐之余不免有几分惊喜和激动,而一旦排除了伦理上的障碍之后,她发现这位比她大 34 岁的皇帝竟如此懂得女人,对她如此体贴、疼爱,任由她顽皮、撒娇在音乐舞蹈的艺术世界中,彼此相知相悦,一个挥槌击鼓,一个起舞翩翩,陶醉在浪漫的忘我境

---

① 参见张弦:《唐明皇杨贵妃之恋》,《张弦文集》(电影卷),中国戏剧出版社,2001 年。

界里。"① 她是深宫里最别具一格的女人。"她要的是一个男人对她真心的爱。这正是老皇帝最理想的伴侣。"

张弦还把杨贵妃与唐明皇过去宠幸过赵丽妃、王皇后和武惠妃相比较。杨玉环跟她们迥然不同。她的祖先是隋朝皇室杨汪，出生在蜀州，从小丧父，由叔父河南府士曹杨玄璬领养，既有贵族的血统和教养，又在东都洛阳的衙吏之家长大，有许多平民女子的气质，天真活泼，纯净无邪，不像那些在宫廷中成长起来的女人那么关心宫闱的斗争，那么渴望权势、地位。② 我们可以看到张弦对杨贵妃的偏爱。杨玉环远不同于其他妃嫔，也没有妃嫔能分得杨玉环的一丝天真一分无邪。她渴望爱情，也爱慕荣华富贵，她爱生妒意，却不恃宠而骄、独断专横。她平日娇憨可爱，却也敢挑战皇权，只为追求爱情的平等和人格的尊严。杨贵妃是个纯粹的女人。除了爱情之外，她不为任何别的去抗争。爱情是她的生命。她为爱情而活着，最终为爱情而死去，成了唐明皇荒政误国的牺牲品。他将杨贵妃比作希腊神话中的维纳斯，她是美的象征，更是爱的象征。与其说张弦书写的是历史悲剧和历史悲剧中的女人，不如说是爱情悲剧和爱情悲剧中的女人。

重吟长恨歌之后，张弦脑海中浮现出另一个传奇女子：赛金花。比起为爱而生、因爱而死的杨玉环，她更富有时代色彩和更深厚的审美价值。1900 年，八国联军入侵中华。京师名妓赛金花，因与八国联军及日后的和议有关而显赫一时，成为晚清史上与叶赫那拉氏互为一朝一野的传奇人物。作为中国近代史上具有传奇色彩的女性，自 20 世纪 30 年代起，赛金花传奇一直是文学家、史学

---

① 张弦：《唐明皇杨贵妃之恋》，《张弦文集》（电影卷），第 309 页，中国戏剧出版社，2001 年。
② 张弦：《唐明皇杨贵妃之恋》，《张弦文集》（电影卷），第 309 页，中国戏剧出版社，2001 年。

家、传播学家爱讲的故事之一。改革开放后，这一题材被重新开掘。20世纪90年代也出现了一批以赛金花为题材的影视作品和小说作品，例如1990年的《赛金花》（赵淑侠）、1991年《清末名妓赛金花传》（柯兴）、1998年的《绝世风姿》（阿成）等。这些作品有以传记形式为赛金花辩护的，也有以商业社会文化快餐的形态戏说历史逸闻的，"赛金花"作为文学符号的意义并不明显，并不具有文学的创造性。一些女性作家也以赛金花为窗口，表达女性视角下对女性历史的重新书写，例如1996年的《末路风流》（陈望尘）、1998年《赛金花凡尘》（王晓玉）等。与同时期的"赛金花"们不同，张弦笔下的赛金花被赋予了大胆的艺术想象，她是自尊自爱的大女子，也是为爱情赴汤蹈火的小女人。

我们先来看一段节选《赛金花看〈赛金花〉》，讲述的是晚年的赛金花去戏院看话剧《赛金花》的故事。台上的赛金花风情万种，如梦似幻，台下的赛金花落魄衰败，神色恍惚：

> 老妇头上蒙着的一条粗羊毛织成的绿灰杂色大围巾遮住了脸部，只露出两只眼睛，使人看不出她的面孔及年纪。她身穿一件深棕色旧呢长大衣，腰身合适，下摆很长，几乎拖到了脚面；领口及袖口镶有黑色皮毛，但皱折处已磨出了白黄色的皮底子。脚穿黑色半旧棉裤、棉鞋，隐约看得出她是一双小脚。
>
> ……
>
> 正好，舞台上赛金花要上场了，台下的人都伸长了脖子翘首以待。只听见一阵清脆的笑声响起，紧接着，身材高挑的赛金花扮演者白珊小姐身穿华丽的绣花礼服上场了。她满头珠翠花朵，盛妆浓抹，手中握一把檀香木团扇，步履轻盈，神采飞

扬。观众们被这美人的亮相征服了，剧场里响起一片掌声。[1]

　　台下的衰败映衬着台上的光鲜，台上的光鲜凸显了台下的衰败。作家借用台下与台上赛金花的对照，隐喻了她的风光亮相终而落寞收场的一生。这个"名扬全国，有人骂下地、有人赞上天，上过金安宝殿又下过大狱，出过洋当过公使夫人又落入风尘的奇女子"，却因掏不出一元钱的戏票而被拒之门外，不得不当掉最珍惜的裙子和绣花袄。"今天早上，她从箱底的包袱里翻出一套绸裙子，那是一条紫红缎子百褶裙和绣花袄，曾陪伴她度过许多光鲜的日子，这是家中少数还值点钱的东西之一。她让顾妈陪着，把它拿进了高台阶路拐角那间多为穷人光顾的同义号当铺，当了五块钱。本来以为可以多当点，但老板发现裙子上有几个虫蛀的小洞，袄上还有几圈泛黄的水印子，那是前两年下大雨漏湿了箱子所至，但老板不同情，只给了这么点。'再加一点吧，花了30块银钱在上海做的呢！'老妇站在齐她头顶般高的柜台下哀求道。……老妇曾想死的时候可以穿着这套裙子，不管怎么说，自己嫁过的都是正经人，也算当过几天夫人，所以宁可饿着，一天只啃一个窝窝头也没卖它。可她昨天突然听说新新大戏院正在上演的话剧叫《赛金花》，心里就翻腾起来，说什么也要去看一眼。死的时候穿什么还不一样吗？反正人已经死了，还管什么夫人不夫人的。而那台上演着的可是活生生的、跟自己的一生都有关系的事。"[2]

　　戏台上重演着当年惊心动魄的时刻。台上的"赛金花"能言善辩对簿孙家鼐，台下的老妇人遇到查票，支支吾吾，躲躲闪闪，除了"我……"，说不出一个字来。因为拿着白票却坐了红票位置被

---

[1]　张弦、秦志钰：《赛金花看〈赛金花〉》，《出版参考》2005年第11期。
[2]　张弦、秦志钰：《赛金花看〈赛金花〉》，《出版参考》2005年第11期。

驱赶,"她悻悻地起身,闪到侧座边贴墙站着。这里看得清楚些了,只是太偏了点","正在这时,为前排雅座端茶递手巾的人从她身边走过,险些被她绊倒。'你站在这儿干吗?边上去!'那堂馆恶狠狠地瞪了她一眼。她忽然发现旁边有一个空位子,就势坐了下来,这下可以好好看看了。"此时,台上正演到赛金花在德国军官拦截时急中生智化险为夷的桥段。场景描写精同细沙,轻缓细致不着涟漪,清淡的笔触反而更加凸显出现实的酷戾。戏剧化的比对写法,叫人不禁好奇,究竟是怎样的人生风浪,令赛金花从智勇变得渺小。[①]

全文不足两千字。作家落笔针线翻飞,忽儿台上,忽儿台下,忽儿当年,忽儿当下,交替式的描写如同电影创作中的闪回手法。戏台上"被塑造出来"的赛金花越是夸张刻板,戏台下"真实存在着"的赛金花越是凡尘本相。这是非常巧妙、独特的切入点,定下了赛金花人物塑造的基调:不以文学符号来阐释她,不以传奇色彩来描绘她,而是擦抹去被传言与猜想重重覆盖的戏剧面纱,重现一个沉浮在时代洪流中的女人,重现一个普通女人的一生。

作品于虚实间留下了赛金花沉浮一生的足迹,她从战火、跌宕、悲壮中走过,在社会和男权的双重压制下,从一个深受封建伦理道德束缚的旧式女性走向自尊自爱、刚烈坚强的新式女性。她在封建社会传统思想中侵浸,又因着特殊的身份、特殊的经历而不断与民主精神、先进的西方思想相遇。她不畏惧迎面而来的浪潮,主动迎上命运的浪头,不断地摆脱"旧我",洗出"新我"来。她从开蒙到成长的历史是一个时代烙印于"个人"的历史。最有别于同类题材作品的,是在赛金花的蜕变之路上,设置了一个虚构人物——进步人士顾恩宇。借对顾赛二人爱情悲剧的密密书写,张弦

[①] 张弦、秦志钰:《赛金花看〈赛金花〉》,《出版参考》2005年第11期。

细腻地展现了赛金花内心的成长过程。与顾恩宇的离合际遇，唤醒了她身为女性的清纯、天真、善良，重拾对爱情和幸福的向往。赛金花爱情的起起落落是一个时代烙印于"女人"的历史。因此，潜藏在历史之下的，是作家对个人命运、女性命运的探讨。

　　杨贵妃和赛金花延续了张弦笔下女性形象的特质，他们大多是善良的人，但在特定的社会背景中，却逃避不了悲剧的命运。赛金花的大起大落，是专制又混乱的世道下的无奈，也是封建男权社会对女性的倾轧。在命运的更迭中，赛金花不断洗刷自己，乘着时代新旧交替的齿轮努力寻求自我的蜕变。赛金花在同样的被命运左右的历史境况中，赛金花比杨贵妃更多了一些敢于冲破历史和现实的幽禁而寻找自我的勇气。在这个角度上，赛金花有着现代新女性的光彩。可惜，耗时一年半写成的《赛金花》剧本，却因为种种原因未能投拍。导演黄蜀芹曾在张弦电影研讨会上回忆道："两年前（1995年），张弦写了一个30集电视剧《赛金花》，写之前和我和周洁都有约的（我导，周洁主演）。写的过程中我们通过多次电话，我们都明白，最想写的不能写。于是我很担心，不知他怎么写。……写完之后我看了，觉得真是非常好。……后来因为资金和其他各种各样的原因，包括题材的禁令等等，到现在也没有成事。我小年夜去看他的时候，他还跟我念叨：'哎呦，那个《赛金花》怎么弄呀，怎么办办哪……'我无法回答他，因为我能怎么办？我也不能怎么办，就是这样！"① 张弦去世后，秦志钰将剧本改写成了长篇小说《红颜无尽：赛金花传奇》（上、下部），并于2004年由南京出版社出版。张弦心中的赛金花，终于在时隔十年后与读者见面。我们无法得悉原剧本的本来面貌，但是从这部六十余万字的小说中，我们

---

① 《部分领导、专家、学者在张弦电影作品研讨会上的发言》，《张弦文集》（电影卷），第388页，中国戏剧出版社，2001年。

可以看到张弦最初的创作思路：以历史的回溯剖析社会沉沦中女性的命运。他力求还原赛金花最本真的身份——女人。

　　以一个女人的命运观照一个时代的命运，将一个时代的命运写进一个女人的命运，历史命题让张弦的女性书写获得了新的突破。邵燕祥回忆一次与张弦的交谈，他说："不记得是提到杨玉环，还是历史上的别的什么女性，张弦说起中国历来读书人与女性在命运上的相似之处。诚然，被豢养的地位，依附于人，不能自主，无独立人格可言，从思想到行动都是不自由的：难道不正是这样吗？"[①]或许，我们也可以联想，在书写这些历史浪潮中沉浮的女性命运的笔墨中，张弦有意无意间，也寄托了一个读书人的悲悯之心。

[①] 邵燕祥：《忆张弦》，《张弦文集》（小说卷），第3页，解放军文艺出版社，1999年。

第八章 "坠入电网"的灵魂书写（下）

张弦或许是 20 世纪 90 年代影视剧创作队伍中身份最多的编剧之一。除了电影编剧、电视剧编剧，他还是作家、电影制片人、江苏省电影协会主席、江苏省政协委员。身份越多，责任自然也越大。越是在市场经济浪潮中拼搏，张弦作为文艺创作者的使命感越是强烈。在一次采访中，张弦表示："作为一名文艺创作者，要责无旁贷地为推进社会主义精神文明建设奋力笔耕，要做人类灵魂的建设者。"① 一直以来，张弦也是如此践行的。自《唐明皇》《杨贵妃》开始，他以更强烈的社会责任感反省历史，以更全面的眼光审视历史与现实，探讨历史发展的本质规律，开掘主题，拓展视野，倾注更多对人性与生命共同体的关怀，表现出深沉的忧患感和浓郁的生命意识。

张弦认为："在我们今天的银幕和荧屏上，这样的富于人格魅力的英雄实在太少了。商品经济下的文化多元化的格局，是为了满足各种层次的文化需求，而绝不是提倡软化，排斥崇高，模糊善

---

① 高击鹰：《作家应成为人类灵魂的建设者——采访政协委员张弦》，《江苏政协》1996 年第 8 期。

恶，取消理想，游戏人生，嘲讽真情。今天的观众，固然需要消遣，但更需要奋斗的目标，精神的支柱。"① 听闻1995年世界妇女大会将在北京召开，张弦很是兴奋。作为关注妇女题材的编导，他立即想到要创作一部有点分量的影视作品。"倒不全是为了应景儿，赶热闹，而是深感中国妇女实在可歌可泣，向世界介绍中国妇女的典型形象，是我们责无旁贷的。"② 于是，他想到了杨开慧。

1994年初，张弦开始了影视套拍剧《杨开慧》的创作。在经历了重病一场、九死一生、艰难险阻、飞来横祸后，电影、电视剧终于在1995年先后上映。有了《唐明皇》《杨贵妃》影视套拍的经验，此次套拍剧的表达更为成熟，从影视各自的艺术性出发，分别进行艺术创作，体现了明显不同的艺术风格。电影《杨开慧》采用叙事性手法，以杨开慧烈士被捕入狱为引，通过她在狱中的思绪将镜头回到她短暂的一生中去。而电视则《寻觅骄杨》使用纪实性手法，用了两个角度、两个时空来叙述：一是历史，一是当下。后人循着杨开慧的人生路迹，探访亲人、寻找遗物，继而展开故事内容。两个时空交叉进行，将历史与现实融为一体，又造成一定的间离效果，真切、客观地展现了杨开慧从进步青年成长为贤惠的妻子、慈爱的母亲和大义凛然的革命烈士的短暂而又辉煌的一生。

"我失骄杨君失柳"的歌声曾经一夜之间唱遍全国。话剧、京剧、舞剧争相上演《杨开慧》。"但那时，戏剧式是治批判的武器，受'三突出'模式的影响，杨开慧被描写成一个硬邦邦的、概念化的英雄，与真实的她相距甚远。"③ 在塑造这个"大家都知道，却又所知不详"的人物时，张弦以"人"的塑造为底色，着眼于恢复

---

① 张弦、秦志钰：《我们寻觅骄杨》，《中国电视》1995年第8期。
② 张弦、秦志钰：《我们寻觅骄杨》，《中国电视》1995年第8期。
③ 张弦：《寻觅真实的骄杨》，《张弦文集》（电影卷），第274页，中国戏剧出版社，2001年。

历史的本来面貌（不同于杨贵妃等作品的虚构性），淡化政治色彩、英雄概念，从独特的女性视角出发，"摒弃了仅仅从政治、社会视角取舍素材的狭隘性，从而呈现出杨开慧个人命运的独特性，一层层揭示出她作为一个平凡而伟大的新女性所具有的丰富性格色彩和人生涵义"。[①]

从电影题材来看，以烈士杨开慧为主要人物的电影《杨开慧》和其套拍电视剧《寻觅骄杨》属于主旋律的影视作品。但在艺术表达上，张弦和导演秦志钰更倾向于将其作为女性作品来演绎。为能呈现出一个真实的、平凡的、有如常人的杨开慧，张弦着力关注她作为女性的成长过程，尤其是她的情感历程：她如何热烈地爱上了父亲的得意门生，那个高大英俊、以改造中国为己任的毛润之；如何发现另一位姑娘和她一样爱着他而痛苦万分；如何反叛封建礼教，毅然与毛润之不举行婚礼而同居的惊世骇俗之举；婚后如何默默地做丈夫的好妻子、好助手；又如何因为想"独立出去做点事"而与毛泽东发生误会与争执。直到后来，当毛泽东去了井冈山而音讯杳然时，她又如何彻夜难眠地痛苦地思念。[②] 在与毛泽东相遇相知相爱中，张弦用来形容杨开慧最多的词是"羞涩"。他用细致的细节描写来表现杨开慧的羞涩以及对毛泽东的崇拜、倾慕。不同于刚强的向警予，也不同于思想开放的李一纯，传统礼数教育下的杨开慧身上饱蕴着大家闺秀的矜持、纯真。初遇毛泽东时她还是天真烂漫、情窦未开的少女，"杨开慧注视着他，直想笑。向振熙发现了，微笑着用汤匙舀了两块肉，放进他碗里。毛泽东显得很尴尬。杨开慧忍不住捂着嘴偷偷笑起来"。作家用少女一次次的微笑表达

[①] 黄世宪：《礼赞崇高的人格——略谈〈寻觅骄杨〉的叙事创意》，《中国电视》1996 年第 6 期。
[②] 张弦：《寻觅真实的骄杨》，《张弦文集》（电影卷），中国戏剧出版社，2001 年。

她内心不断升温的情感。"这时,门上的铜铃一响,杨开慧高声答应着,一阵风似的奔去开门。"(《杨开慧》)不料来的不是毛泽东,而是杨开济的另一位学生安和清。面对安和清,杨开慧将失望写在了脸上:"显得很失望""杨开慧勉强地说,没有接,喊道……""杨开慧有点不耐烦""趁机走开了。"而当毛泽东登门时,作者用门外传来门铃声、开门声、杨开慧的笑喊声代替了杨开慧开门的细节,一声"润之哥!"将少女雀跃的内心展现得淋漓尽致。与毛泽东的相处中,"杨开慧一直含笑注视着他","微笑地、兴奋地、笑着"。她羞于表达爱意,作家设置了这样一个细节,在借李一纯和哥哥的婚事中,她第一次谈"爱":"他老人家只觉得一纯姐人好,没想到她和哥哥之间并没有……爱。"(《杨开慧》)而说出最后一个字后,她羞怯地低下了头。

少女时期的她在爱意的表达上是羞怯的,但是在行动上却是坚定果敢的。知晓毛泽东心意的第二天,杨开慧换上新做的暗红色旗袍,拎着藤编的枕头箱,"轻盈"地走进了毛泽东居住的院子。"毛泽东在学生们簇拥下走出了教室,进了他在教室旁的单身宿舍,一抬头,怔住了,只见杨开慧正在叠被子。杨开慧羞涩地一笑。毛泽东的目光落在枕头箱上,完全明白了。顿时露出惊喜的笑容。杨开慧过来给他掸掉身上的粉笔灰,又接过他手中的一大摞作业本。围在门口的孩子们窃窃地笑。毛泽东笑着向他们挥挥手,把房门关上了。一回身,杨开慧却远远躲开了。毛泽东犹豫片刻,激动地大步上前一把将她抱了起来。猝不及防的杨开慧低声惊叫着,她的脚划过桌边,将那一摞作业本碰翻了,纷纷飘落在脚边。"(《杨开慧》)没有直白的爱情表达,没有大段的爱情宣言,在杨开慧和毛泽东感情线的描绘中,作家有层次地点染落墨,有匠心地疏密相衬,简而意足,淡而愈浓。看似是温和无波的湖水,而当观众沉浸在这镜像的春水中时,恰恰感受到水底深处的激荡的潜流,是一股令人无法自持的感情的漩涡。在这温柔的水底，人物心灵的震颤、情绪的涟漪、心潮的起伏化作纷飞的感情境界，萦绕着观众的心，不知不觉地被打动、被陶醉，进而发生共鸣，产生认同。

电视剧《寻觅骄杨》的剧名源于毛泽东的《蝶恋花·答李淑一》（1957年）。在这首词中，他首次公开提到杨开慧，以"我失骄杨君失柳"创造了"骄杨"这个独特的词，艺术地概括了杨开慧的美丽、傲岸和坚贞的风骨，也流露出他深深的思念之情。《寻觅骄杨》的创作形式是作家对历史人物书写方式的突破。作品以鲜明的当代意识叩问历史，构建了双重叙事时空，呈现出多样的人生意蕴。第一时空是现实，1982年、1990年两次从板仓杨开慧故居发现的杨开慧的自述、诗文、未寄出的书信。这些文稿是她生前藏匿于泥墙砖缝里的。第一时空以摄制组的活动为主线，展现了珍贵的历史文稿，着重记录了与杨开慧有关的人及其后代的回忆。历史穿越时空，展信而来，由此引出第二时空的往事叙述：杨开慧与毛泽东的相识、相恋、投身革命直至入狱、就义。镜头自由穿梭于历史与现实之间，两重时空的交织与对应，凸显了强烈的历史感和现实感，宛如现实与历史的一次次对话，质朴、凝重而充盈着历史的悲情。杨开慧的艺术形象也借此穿越晦暗的历史，呈现在当代观众的面前。

电影《杨开慧》则是专注于历史空间的构建。尽管主旋律题材规定了电影的基本格局，但并未束缚住张弦对人物的挖掘与对主题的表达。在这样的格局下，他选择了最温情而充满力量的表现视角，摒弃了概念化、抽象化的创作思维，采用了声画时空和日常化的虚构来塑造人物，多方位、多侧面、多视角地展示人物行动和心理的丰富性和复杂性。在日常情感、生活方式和思想智慧的合理虚构与再现下，杨开慧走出历史的重重帷帐，带着活生生的形态呈现在观众面前，获得新的审美形象。

在张弦以往的作品中,他常用戏剧性强化冲突的手法,渲染大幅度的情感变化和震撼心灵的情绪高潮。而在杨开慧的塑造中,则用散文式的淡淡的描写,一层层弥漫出悲剧性的艺术情调。电影以杨开慧的审讯和狱中生活为引线,多次运用闪回手法,插入杨开慧的回忆,在往事与现实之间产生呼应与交响,串联起她短暂的一生,形成独特的艺术对照。不同于文学以间接形象的产生作用于人的心灵,电影是通过不断出现的直接信息构成观念从而打动人心的。对电影创作者而言,设置富有韵律节奏的闪回镜头能够通过特定频率的刺激,在观众心中产生独特的触动。在日渐成熟的电影创作中,闪回手法、"回忆"这种手段早已被普遍运用。张弦本人也在《被爱情遗忘的角落》等作品中将"回忆"大法运用得炉火纯青。对如何巧妙地、恰当地运用"回忆",他颇有体会:"如果'回忆'的目的仅仅是交代情节,就容易失之于平淡。我觉得要考虑到为什么'回忆',在什么时候'回忆','回忆'之后又怎么样,即'回忆'的特定环境和情绪,以及'回忆'后导致的变化等,这样才能使'回忆'这种手法与内容有机地联系起来,成为情节发展不可缺少的一环。"[①] 看到台阶上的一道殷红血迹,杨开慧回忆起童年时哥哥们虐待小老鼠的场景;审讯官以父亲杨昌济的名声来威逼利诱她时,她想起秉持先进教育思想的父亲(用洗冷水澡、做体操、厚厚一书匣书本来表现);寂静无声的牢房让她耳畔想起毛泽东的问话声,眼前出现了第一次见到毛泽东的情景。这些回忆的插入,既交代了往事,又成为推动人物发展的力量。

在被捕受刑时,每次痛不欲生中,她眼前浮现的都是毛泽东的身影。"又一支尖尖的竹签扎进她的食指。'嗷!'她痛彻心扉地叫

[①] 张弦:《漫谈电影文学中的戏剧性》,第228页,《张弦文集》(电影卷),中国戏剧出版社,2001年。

了一声。眼前顿时一片黑。随即又变成了一片雪白。那是大雪覆盖下的北海。毛泽东娓娓而谈的侧影，恍恍惚惚，由虚而实，又虚幻了。又是一张毛泽东的脸。他笑着。那是在长沙领导泥木工人游行。又是他的脸。那是在广州。现在出现的是毛泽东1927年在棉花坡与她告别的形象，神情凄楚。瞬息间，那些影子又化为虚幻了。眼前又是一片黑。她在此昏厥过去。"（《杨开慧》）这段"白"和"黑"的景象在杨开慧临死前再次出现在她的眼前。"杨开慧一个踉跄倒下了。她抽搐着，挣扎着，一声不吭。她从泥土里竭力抬起头来。刹那间她眼前出现一片白色——那是北海的雪景：晶莹的树挂，覆盖在白塔上的雪，还有一张朦胧的微笑着的毛泽东的脸……"（《杨开慧》）作家缘何让杨开慧两次失去意识时，都浮现出北海的情景呢？北海是父亲去世后，杨开慧凝视远方、寄托哀思的地方。当她的生命也濒临垂危时，她跟随了父亲的脚步，去往的寄托父亲灵魂的地方。北海也是毛泽东、杨开慧互通情愫的地方。毛泽东在北海边安慰悲伤的杨开慧。毛泽东为杨开慧递上大衣，关照她早点回去，"杨开慧接过大衣披上，搓搓手，感激地瞥他一眼，似乎有一肚子的话要向他倾诉，却又默默地低下了头。毛泽东握住她的手，也想说些什么，但望着她美丽哀切的脸庞，又什么也说不出了"（《杨开慧》）。北海更是纯净的象征。"大雪笼罩下的北海，一片洁白，显得格外庄严和绮丽。……毛泽东望着树挂，突然感慨地说：'多神奇呀！人间的浊气升到天上，竟然会变得这么干净，这么壮美！'杨开慧喃喃地说：'那是苍天的魔力！……我想父亲是上那儿去了！这对他是一个解脱！'"（《杨开慧》）北海的白雪可以看成作家美好的寄托，那是苍天净化人世间的能力，是纯净的灵魂的归处。我们可以相信，杨开慧也一定是"上那儿去了"，去往干净的、壮美的世界里，"这对她是一个解脱"。

作品的闪回不仅是在现实与往事中穿梭，还通过镜头在同时进行的事件中的切换,来实现时空的共响,在杨开慧生子和毛泽东为农民谋利的两个场景中,张弦将镜头作了"静"与"动"、"沉默"与"呐喊"的比较。镜头在产房和县公署间来回切换。产房里的杨开慧忍受疼痛,不吭一声。县公署的毛泽东挥舞手臂,高声辩驳。当"哇"的一声啼哭打破产房的静默时,工人们震天的口号也替换了毛泽东的呐喊。这吼声与婴儿啼哭声交融在一起。

除了闪回外,电影还运用画外音作为串珠的另一根引线。不同于闪回的全篇幅出现,画外音只运用了四次。而这四次画外音均是杨开慧的独白,以第一人称展现杨开慧被捕后的内心活动。"杨开慧回头望着白发苍苍的母亲和两个幼小的孩子,一阵心酸,泪水夺眶而出。画外音:我知道这是跟他们永别了。我早已看见死神那冷酷的面孔⋯⋯"(《杨开慧》)内心独白是塑造人物性格和表达主观心理感受的有效方式。面对即将到来的残酷命运,冷静、简洁的画外音凸显了杨开慧的从容赴死、大义凛然,勾勒出了一个勇敢、坦荡、大气的英雄形象。作者画外音对人物自我意识的叙述,将我们带进了人物的内心世界,同时也起到了引起回忆、连接闪回的作用。"火车隆隆作响,从气窗投射下来的光束在闪动。杨开慧的画外音:父亲,难道我要随你而去了吗?⋯⋯"(《杨开慧》)在反映人物内心的同时,作家也借助杨开慧的画外音表达了自我的精神与态度。"台阶上留下一道殷红的血迹。杨开慧的目光里充满了愤怒。杨开慧的画外音:人为什么这样残忍,为什么这样狞恶?⋯⋯"(《杨开慧》)

画外音和残酷的现实画面交相辉映,让观者更深入、直接地产生愤怒的共鸣。鲜血淋漓的画面让杨开慧想起了小时候看到兄长们捉弄小老鼠的场景。"杨开慧的画外音:我从小就怕看到血,怕看到杀戮⋯⋯""杨开慧的画外音:⋯⋯哥哥和别的小孩捉小老鼠玩,我不能理解他们,怎么下得了手,完全把这些小生命当做不知同样的东西对待……"(《杨开慧》)她看到小老鼠刚爬上木板,就被开智挥动竹竿猛击,顿时鲜血四溅。"开慧惊恐地大哭起来,捂着脸跑开去。男孩们诧异地望着她。杨开慧的画外音:那时候,我就能像大人一般地沉思。我想,人为什么要欺侮比他弱小的动物,并以此为快乐呢?……"(《杨开慧》)张弦对杨开慧童年往事的虚构,映射了她的命运、革命者的命运、中国无数平民的命运。杨开慧母子被捕、革命烈士被虐杀、中国大地遍洒平民的鲜血,无一样不是对弱小者的欺侮,无一样不是揭露人的残忍和狞恶。在这段虚构的童年回忆里,小老鼠并不带有物种本身的褒贬色彩,它只是个弱小的生命。而张弦让老鼠从杨开慧的记忆中窜到现实中,在牢房里游走,在脚边溜窜,甚至可以看作是带有象征意味的意象之一。"大雨倾天盖地。牢房内。杨开慧凝望着被雨幕覆盖着的走廊,沉思着。一只老鼠悄悄地从她脚边溜过。""牢房内,睡着的岸英突然大叫一声惊醒了。杨开慧搂着他,只见一只硕大的老鼠咬了岸英脚一口,溜走了。"硕大的老鼠欺侮弱小的孩子,和孩子欺侮弱小的小鼠带有强烈的讽刺意味。"一只老鼠正沿着墙根肆无忌惮地跑来。杨开慧迅速脱下鞋子,向老鼠猛击。老鼠被打死了,流着血。杨开慧瞪大眼睛,厌恶地望着它。"(《杨开慧》)此时的老鼠不是弱小的生命,它卑劣、残暴、欺侮弱小,是行刑官、军警、清乡队员的象征。借由老鼠的串联,暗示了杨开慧从心怀慈悲的少女成长为勇敢抗争的战士的历程。

　　张弦对杨开慧的想象与重写,是他历史女性书写的延续,也是从被命运摧残的女性到敢于挑战命运的女性的转变。他热烈地书写杨开慧的一生,书写她的勇敢、她的浩然正气、她的伟大斗争。他热烈地证明女性的温柔之下丰沛地蕴含着改变世界的力量。当我们仔细研读杨开慧的人物形象,可以从这个20世纪初的女性身上体会到女性在一个世纪以来的不断进步,体会到当下新女性的精神。

作家对来自旧时代的杨开慧的想象，可以看出历史对当下的叩问，从而在她身上寄托女性解放、女性精神的理想，探索对"独立"的女性的新认识。她不是新时代的女性，却比安丽、欧阳若云更具有真正意义上的"独立女性"的意识。她倡导女性解放，寻求精神的独立、灵魂的平等。她勇敢追求爱情，冲破礼教束缚，以"同盟"的形式与毛泽东结合；她强调男女平等，敢于指出与辩驳毛泽东偶尔的大男子主义；她顾全大局，夫唱妇随，自觉担当起革命者的伴侣与革命工作的助手角色；她铁骨铮铮，独立工作为女性解放事业奋斗；她坚贞不屈，面对敌人的严刑拷打和威逼利诱，从容选择死亡。她最后的献身，既是为革命献身，更是为她忠贞不渝的爱情、为她作为新女性的尊严而英勇就义。[①] 可以说，站在毛泽东身边的杨开慧，是高举着英勇火炬的女性形象。值得一提的是，杨开慧身上所体现出的"独立女性"精神，并不是鼓励女性完全脱离家庭生活，以单一的社会个体而存在，而是丰富和饱满女性这一角色，美丽、娴静、外柔内刚、执着追求真理、追求真爱，既有笔直的枝干，更有红硕的花朵。

所以，《杨开慧》《寻觅骄杨》在关照主旋律、历史性之下，本质上仍是展现女性形象、表达女性精神的作品。由此，我们可以看到，在娱乐化、商业化的背后，张弦对不同语境下追求精神独立与美好爱情的女性的反思以及对其女性主体意识的肯定与礼赞。[②] 在作品的底部，是他永在燃烧的心和永远在渴望未来的眼睛。

重新回到车水马龙中的张弦，早已习惯了大城市的繁忙与喧闹。而城市的繁忙与喧闹却宛如空壳，忙忙碌碌、风风火火的背

---

① 刘霞云：《论张弦影视剧作中女性主体意识的构建与发展》，《乐山师范学院学报》，2014年第2期。

② 刘霞云：《论张弦影视剧作中女性主体意识的构建与发展》，《乐山师范学院学报》，2014年第2期。

后，心与心之间的交往时常浅薄。居于城市的张弦也是忙碌的，忙着写剧本，忙着找投资，忙着参加各类研讨会、座谈会，忙着省电影协会主席一职的公务。繁忙中，常常无法与人深入相处，只能借着亲朋故旧邻里观察生活。他的身边有官员和平民，学者和工人，有千万资产的大款和清贫如洗的退休教师。虽然彼此间的物质条件与精神世界千差万别，却都有一种共同的心态：烦躁。穷的烦躁物价上涨、住房拥塞，富的烦躁治安恶化、商战无情，有权的烦躁官场勾心斗角、人心险恶，有志的烦躁社会腐败成风、前途渺茫。连他自己也是烦躁的。他不禁困惑，这是不是经济转型期的时代病呢？

1991年冬，烦躁的张弦去了一趟苏南，在苏州、无锡一带跑了二十几个镇，尤其是在盛泽住了些日子。小桥流水人家的绮丽幽静落在了他的心头，像早春的风般抚平了烦躁的心绪。不仅是风光沉静如水，人们的心态也和大城市迥然不同。这里几乎找不到烦躁不安、激愤不平、牢骚满腹、长吁短叹的人。细水长流中的是乐观、平和、奋进和豁达。探访苏南，是为了写一部以乡镇企业发展为背景的电视剧。电视剧编写的起因是江苏省委宣传部和江苏电视台想请他为江苏写一部反映农村题材的电视剧。当时，他担任统稿《唐明皇》尚未完全脱手，重担之下仍欣然答应，并主动要求希望能探访苏南。

对于张弦的欣然"奉命"，并最终三次"下江南"的不辞辛苦，我们并不意外。在一次政协会议期间的采访中，张弦谈到江苏省精神文明建设的现状及其看法。张弦认为，江苏是有着数千年丰厚文化底蕴的大省，近些年来更多强调的是经济大省，文化大省的地位应当得到重视。假如对文化建设忽略，将会造成人们精神生活的空缺。他呼吁全社会都切实地做些工作，文化部门更要肩负起文化建设的神圣使命。文化产品既有商品的属性，更有意识形态的属性，对于那些能净化人的心灵、提高人的素质的高雅文化，社会应予以保护和扶持。正确的态度应当是，在保证精神产品社会效益第一位的前提下，努力求得相应的经济效益。① 由此可见，作为文艺工作者、江苏省电影家协会主席、江苏省政协委员的张弦的高度使命感和责任感。这部电视剧也成为张弦影视剧创作中鲜有的带有命题性质的主旋律作品，最初被他戏称为"遵命文学"。

命题来源于 1991 年底召开的 1992 年度电视剧创作题材规划会。会上排出了诸如太平天国题材、国共合作题材、新四军抗日题材等许多有江苏特色的重大选题。最终决定创作一部表现苏南乡镇企业题材的作品，并将其定为江苏省 1992 年度"五个一工程"中一部电视剧的创作目标和江苏电视台 1992 年的重点题材。在这部肩负重任的"遵命文学"的创作中，张弦力求呈现新农村、新农民、新面貌，表现新一代农民身上蕴藏着的深厚乡土情怀和道德精神，表现他们掌握命运、维护尊严的人格精神，适应时代发展、追求文明进步的进取精神，表现他们的"新"气象、"新"面貌、"新"作为。很快，张弦找到了搭档方洪友，共同进行剧本创作。彼时电视剧圈里"侃"风盛行。几个作家之间互相"侃大山"，便能"侃"出几十集的电视剧来。"侃"电视创作周期短、投入低，但是脱离现实，缺少动人的生活细节。尽管如此，依然很受追捧，尤其是在大型电视剧的创作中。在这样一个大题材面前，张弦拒绝以"侃"虚构生活，而是渴望深入生活、了解生活，到生活中抓"活鱼"。于是，张、方二人再次来到苏南农村，于一桥一水一户中体验生活。

久居城市后的烦躁在江南的青水黛瓦前荡然无存。幽静的风景、淳朴的民风让张弦有恍若世外桃源之感。一次在前塘村，张弦

---

① 高击鹰：《作家应成为人类灵魂的建设者——采访政协委员张弦》，《江苏政协》1996 年第 8 期。

一行看到沿街户人家，小二楼装潢得十分漂亮，想进去参观，敲敲门没人应，领头的村干部把门一推就开了，径自进去，到后院喊出了主人来。张弦奇怪地问她，大门不锁就不怕来人偷了你家的东西吗？她憨笑摇头："谁来偷呀？左右邻居大家都差不多，大白天的谁来偷呀？"电视剧的创作从冬天到次年的盛夏。江南的冬天，可不像她的春日那般温柔沁人。寒冷与潮湿拧成湿漉漉的水汽，偏要往人的毛孔里、关节里、骨头缝里钻，哪怕是躲进被窝里，寒气的锋利也能沿着针线钻进来。江南的盛夏，也不像她的秋日那般秋高气爽。炎热和潮湿也拧成湿漉漉的暑期，偏要往人的脸上、身上、鼻孔里、耳朵里呼去，哪怕是用蒲扇不住地扇，暑气的熏烤也能沿着蒲叶漫进来。最寒冷的和最炙热的季节里，张弦都在一寸寸丈量青石板路上历史的痕迹，踏过一座座石桥，走过一间间厂房，寻找传统精神与现代精神的融合。"眼界大开，情绪大振，兴致勃勃，议论纷纷。见到的每个农民企业家，都是一本深邃而丰富的书。活生生的形象，热腾腾的话语，酸甜苦辣五味俱全的情感，有如这里的小河流水，源源而来，取之不竭。"① "遵命文学"的压力迅速转化为由衷而发的创作冲动，创作热情随着温度的攀升而不断高涨。这部关于苏南农村企业的电视剧《双桥故事》就是这样从寒冬写到酷暑，在1992年盛夏完成了20集的初稿。

改革开放以来，江苏省乡镇企业异军突起，发展迅猛，十几年中形成了宏大的规模，"苏南模式"的中国特色的社会主义工业化道路，充分展示了它的优越性和生命力。在经历了由作坊式的小生产转向大工业的生产，由内向型经济模式向面对国际市场的外向型经济的发展历程后，日出而作、日落而息的农民终于开创了一条中

---

① 张弦：《〈双桥故事〉后记》，《张弦文集》（电影卷），第341页，中国戏剧出版社，2001年。

张弦《"苏南模式"与"苏南心态"》手稿

国农村共同发展致富的根本之路,使农村形成了工业化、现代化、城市化的新格局。接受创作电视剧的任务后,二度"下江南"让张弦进一步走进乡村企业,对这些乡村企业家们有了深入的了解。他在回忆文章《"苏南模式"与"苏南心态"》中写道:"成功的厂长们充满信心,报出一连串令人吃惊的数字,昂奋之情溢于言表;失败的厂长谈起来也并不沮丧,没有怨天尤人,细细分析自己决策的失误,愧疚之余不乏重新大干一场的雄心。大厂厂长历数他们规模经营的优势在跟国营同行相比较时,谨慎的措辞中带着无法掩饰的优越感;小厂厂长则向你解说小有小的好处,'船小好掉头','人少效益高',并不热衷于跟人家攀比而怡然自得。"① 在《双桥故

---

① 张弦:《"苏南模式"与"苏南心态"》,《张弦文集》(电影卷),第315页,中国戏剧出版社,2001年。

事》创作座谈会上,张弦讲起一段遇见大款的经历,他遇见了一个两只手上戴着八只金戒指、在付长途电话费时掏出厚厚一大沓百元大钞、对没有零钱找他的服务员大发其火的外地客商。话音刚落,在座的苏南人便异口同声地叫出来:"肯定不是本地人!"本地的企业家们都是从泥土地上生根、从大风大浪中闯荡来的,"清一色是本地土生土长的农民,有种种当过教师、会计队长、支书的经历,能人中挑出来的能人,文化不高,经验丰富。市场经济把他们锻炼得精明灵活,而又不失农民纯朴、务实的本色"。[①] 他们不喜欢张扬,不喜欢做广告、拍专题、写文章宣传自己,别说花钱,不花钱也不干,告诉他宣传你厂长就是宣传企业形象,就能增加效益,他们微笑摇头,说那样利少弊多,上级光临检查啦,外地参观学习啦,多路神仙求援捐款赞助啦,受不了。或许因此得来些荣誉,那是虚的。有那工夫不如实干。他们怕冒尖、怕出名、怕露富,宁可"闷声大发财"。这是典型的苏南人独特的风格。

这里的人对趾高气扬的暴发户是鄙视而憎恶的。没有人相信"越有钱越证明他贡献大"的说法,更没有人认为"让一部分人先富起来"就必然导致暴发户与贫困户的两极分化。他们承认差别,但倾向于大体平衡的、有限度的差别。生活的富足改变了苏南农民对城乡的看法,也改变了张弦对城乡差距的认识。"各个岗位上的职工普遍对自己的处境相当满足。不久以前他们还在田里劳作,而今有一份稳定的工资,享受工人应有的各种福利待遇。奖金浮动,多劳多得,公平合理。谈起大城市,他们是羡慕的,但也不无感慨地数落那里街道的喧嚣、住房的狭窄、菜蔬的昂贵、空气的污浊,

---

[①] 张弦:《"苏南模式"与"苏南心态"》,《张弦文集》(电影卷),第315页,中国戏剧出版社,2001年。

而收入似乎不见得比他们强多少。"① 张弦不禁感慨道："苏南的经济模式是苏南人创造的，必然融入了苏南深厚的传统文化积淀。苏州地区至少从命名为'苏'那时起，就是有鱼有禾的地方。鱼米之乡，经济发达，文化繁荣，才子辈出。儒与商的结合，大陆与沿海的结合，形成苏南传统的文化和经济特色。到今天，就有了苏南模式的经济和与之相互映照、相互影响的'苏南心态'，独特而在现阶段中国又极具普遍意义。"②

张弦的第三次"下江南"是和秦志钰一起实地考察取景。这是夫妻俩的第五次合作，也是秦志钰第一次涉足电视剧领域。她将这次经历称为艺术经验中最有价值的一页。二人将目光锁定了吴江市盛泽镇。这里不仅有先进的大丝织厂、印染厂，也有比较初级的小厂，既有宏伟的城镇建筑，又有普通的农民家庭，全面展现了新时代农民的生存环境。作品设定了双桥乡这个叙事空间。在双桥乡，有两座桥，一座是旧桥，一座是新桥。这个地方因这两座桥而得名，这部电视剧也以这两座桥为名。电视剧《双桥故事》由此展开。

"文革"后，苏南双桥乡农民水旺私卖蚕茧被发现，不知情的拖拉机手余兴宝放枪警告，导致水旺爹受惊吓一病不起，最终在巨额罚款的双重压力下撒手人寰。为了帮水旺减少债务，余兴宝帮他垫付罚款，也因此更加清贫而无力娶亲。青梅竹马的女友巧娣被父母许配给了城里工厂的工人朱国富。水旺远走他乡，未婚妻阿娟怀了孕，欲寻短见，兴宝救下她后，为了帮助阿娟，遂与她结婚，共同抚养孩子。转眼，党的十一届三中全会后，农民们迎来了新的机

---

① 张弦：《"苏南模式"与"苏南心态"》，《张弦文集》（电影卷），第316页，中国戏剧出版社，2001年。
② 张弦：《"苏南模式"与"苏南心态"》，《张弦文集》（电影卷），第317页，中国戏剧出版社，2001年。

遇。兴宝冲破了"左"的思想束缚，在学习和摸索中办起了维修工厂。巧娣因不堪丈夫虐待，回乡进了他的工厂。阿娟也因此对兴宝产生了误解。不久，水旺因开服装店发了财，回村里找寻旧梦，他对阿娟仍旧情难舍，再三追究阿娟孩子的身世，致使兴宝家庭风波迭起。同时，双桥绣花厂也屡遭责难打击，停产整顿。最终兴宝以其坚韧和宽厚一次次解决了事业和感情的困境。工厂日益发展壮大，成为农村经济的强大柱石，不仅改善了农村的物质生活，同时也在城乡之间、工人与农民之间架起了两座具有历史意义的桥。与此同时，他们又在艰苦磨炼中不断地改变着自身的面貌，从昔日默默无闻的普通农民成了奋发有为的企业家。《双桥故事》形象地再现了苏南乡镇企业的发展历程，表现出一代青年坎坷奋进的创业之路，展现苏南地区的经济腾飞和"苏南模式"背后草根企业家的艰辛与探索，歌颂了中国特色的社会主义工业化道路的优越性和生命力。

虽然已有不少表现农村的蓬勃新貌和光灿前景的作品，以及不少展现改革开放朗朗春风的作品，但实际上这一类剧本创作起来并不容易。它在创作中的"难"是社会主义体制下特有的难。有学者在1993年春天召开的《双桥故事》研讨会上探讨过这个"难"："假如说你就是写乡镇企业或者写这个事件，那么很可能人物就被淹没了。人物没有了，就不好看，就变成一种简单的宣传；如果你把人物写得很浓很浓，事件推到大背景上去了，人物戏倒是好看了，但跟我们这个生活脱离得就比较远。写得揉到一起太难了，我觉得就像真牙和假牙放在嘴里那种感觉，怎么都不大容易弄。"[①]《双桥故事》在人物和主题的处理上，作了紧密又富有韧性的糅合，不是孤立地写乡镇企业，也不是孤立地去写农村，而是通过人物的

---

① 杨宁：《电视剧〈双桥故事〉研讨会发言摘录》，《中国电视》1993年6月。

命运的发展反映改革的历史进程，表达对生活的认识和思考，表现了重大的社会内容和尖锐的社会矛盾。一开场，主人公余兴宝放出了"第一枪"。"船头已除了大桥桥洞，眼看要逃走了。兴宝枪口朝天，慌乱地开了一枪。'砰'的一声，惊破了宁静的夜空。水旺一怔。正弯身摇橹的水旺爹吓得一颤，腿一软，跌入水中。"（《双桥故事》）这一枪阻止了夜行偷运的水旺父子、惊病了水旺爹，更打破了水旺、阿娟、巧娣包括他自己在内的生活的平静。这一枪带来了生活的磨难，也带来改变命运的机遇。作品巧妙地以这一枪为开端，为人物命运的走向设定了伏笔，埋下了种子。作品的"第二枪"响起是在水旺出走后，阿娟发现怀了二人的孩子。这一枪宛如第一枪的余音，埋下了新的矛盾的种子。水旺出走、巧娣外嫁、兴宝娶了阿娟，这群年轻农民的命运交织在了一起。在兴宝的绣花厂蒸蒸日上、一家人享受着平静的田园生活时，"第三枪"响起，水旺归来、巧娣回乡，矛盾种子已然长出枝叶。作品所发出的每一声枪响都在推动人物的命运、双桥乡的命运发展，并不断启发人们关注乡镇企业、经济体制，由此也引发了争论。尤其是戏中的最后一场争论，宛如"最后一枪"，击中全剧的灵魂。"会议室里。范老站起来激动地发言。'首先，我们要明确：市场经济不等于资本主义，计划经济也不等于社会主义。……乡镇企业是中国农民独特的创作，是中国特色社会主义的体现！什么是中国特色？头一条就是人多，十一亿！其中八亿在农村。农村穷，全国就穷；农村富了，全国才会富。大家都知道，资本主义工业化，是以农村破产农民流入城市成为廉价劳动力起家的，他们走了一百多年，短的也是几十年。我们中国呢？只要有十分之一的农民涌进城来，天下就要大乱！而乡镇企业恰恰是农民自己兴办了工业，离土不离乡，亦工亦农，亦城亦乡。他们以中国的方式创造了财富，改造了农村，大大推动了全国工业化进程。创造了中国特色的社会主义工业化道路!'"(《双桥故事》)一段段慷慨激昂的争论,肯定了乡镇企业的价值和意义,上升到了问姓"社"姓"资"层面,具有强烈的时代冲击力。

作家将人的发展与时代的发展、人的命运与时代的命运相互交融、相互映衬,在时代的强音下刻画人物,在人物的奋进中反映时代。在展现社会主义新人的光彩时,作品自然地展示现实的全貌,并不断触及市场经济和计划经济的关系这一经济变革中的要害问题。这种历史的展现是与人物命运的揭示融为一体的,不同的人生轨迹多角度地折射出改革开放带来的农村生活的巨大变迁和农民思想观念的深刻变化。《双桥故事》于上映当年获得全国"五个一工程"奖和第十三届"飞天奖"长篇电视连续剧的二等奖。

这是一部会讲故事的作品,并以故事带动人物性格的刻画,带动了史和诗两方面的兼顾。中心人物余兴宝是新一代农民企业家的典型,也是张弦笔下少有的男性主人公。最会写女人的张弦在这部颇具"江南风情"的作品中并未着重塑造温婉多情的江南女子,而是塑造了一个具有较浓理想色彩的"江南男子"。秦志钰将张弦塑造的余兴宝称为"江南男子汉"。[①] 何为"江南男子汉"?从余兴宝的身上,我们可以理解为外柔内刚的性格、坚韧不拔的品质。他是个温和、善良的男人,拿出全部积蓄为水旺解燃眉之急,不忍辜负老人的嘱托而接纳阿娟母子。尽管新婚时心中有着难言的烦恼,面对阿娟的委屈和哭泣,仍感到不忍心,诚恳地安抚她、照顾她。他是个自尊、自强的男人,带头号召农民学技术、勤奋进,脱掉贫困的帽子。"我们都是农民,乡下人。乡下人是人家顶看不起的。为啥呢?穷,没文化!现在双桥乡办起了工厂,就是要让乡下富起来。你们当了工人,就是要学文化,学技术!当然啰,我们的工厂

---

① 秦志钰:《电视剧〈双桥故事〉导演的话》,《中国电视》1993 年 6 月。

是土工厂，乡下工厂！你们又是农民又是工厂，土工人！更加要争口气。好好学！"(《双桥故事》)在江苏的土地上生长的他还具有江苏农民特有的温厚的智慧。水旺回来后闯进绣花厂的庆功大会，想要当着众人的面出余兴宝的洋相。正当众人怔住、目瞪口呆时，余兴宝一下站起来，对他表示欢迎，并将他迎上主席台，说："水旺同志在外地经商，最近回乡要办工厂，为振兴双桥出力，大家欢迎他讲话！"(《双桥故事》)一阵阵热烈的掌声浇灭了水旺的怒气，唤醒了他的理智，化险为夷。除了正直、果敢、刚强的品质，余兴宝身上最闪光之处是其忍耐、克制的性格。他的忍耐、克制在青梅竹马巧娣出嫁当天就体现了出来。巧娣乘坐的迎亲三轮货车半路抛锚，引来乡亲们的围观热议。窘迫中的巧娣求助地看向远处的兴宝。这一眼让兴宝心中不忍，犹豫了一下后上前修车。迎亲的队伍重又行进起来，吹吹打打走过大桥。身后的兴宝回到拖拉机前，默默将手中的香烟捏得粉碎。创业成功后，面对曾经的"情敌"朱国富举报、工作犯错、恳求，余兴宝为顾全双桥乡的面子和工厂的大局一次次地忍让原谅了他。作为一个当代英雄，一个"男子汉"，余兴宝的忍耐和克制似乎有点不同于人们对这类人物的惯有认知，甚至会被误会为窝囊。但张弦要塑造的正是这样一个不同于常见的粗犷、豪迈的男子汉形象。他是一个被江南的春风吹拂、河水哺育的男儿，"风藉雨雪，男儿有泪不轻抛"，创业路上"千斤重担还要自己挑"，以过人的自制、宽厚的胸襟、富有牺牲精神的人格力量一次次平息人生路上的风雨。这个有理想、有勇气、有实干精神的"江南男子汉"不是高过于众人的传统英雄人物，而是个可学、可感的当代英雄形象。

作品刻画了两个不同性格的青年女性：巧娣和阿娟。面对命运的玩笑，巧娣从屈从走向抗战，不仅勇敢地离了婚，而且闯进了男人的领地办起工厂，历经磨炼后成长为干练的女企业家。作家从外

（外形）而内（内心）地展现了巧娣的转变，强调了她精神逐渐成长的过程，着重刻画了她在忍受丈夫虐待时内心的反抗和在事业取得成功时感情上的柔弱。和"江南男子汉"一样，这个"江南女强人"身上也闪现着独特的江南风情，是一个可爱的、充满女人味的女强人。"江南男子汉"和"江南女强人"生动地构成了社会主义新人的形象。阿娟则是传统的农村女性形象，贤惠、温顺、持家，但又缺乏独立性和豁达的胸怀。在着力渲染柔顺善良的同时，张弦也注重描绘她在丈夫和巧娣的影响下摆脱自身弱点的过程。特别是在她重病即将手术时，作家将她的善良与宽容放大到极致，呈现出独特的光彩。作品中的其他人物也都各有特点：流氓无产者习气的青年水旺、虚伪又虚弱的工人朱国富、正直乐观的农村干部李福康。人物色彩纷呈，构成了生动的生活场景。尤其是基层干部李福康、知识分子阿龙、老工人赵师傅这三个形象，是在同类题材中首次出现的带有中国农村特色的形象，作品正是由此深深地介入了体制改革的问题，揭示了计划经济束缚生产力的问题，这在1992年度的电视剧创作中是较为罕见的。[1] 细腻的描写和充满生活实感的艺术处理，使得平凡的形象都能在平实中散发光彩。

《双桥故事》创作的原型和拍摄地都是苏南农村，全程实景拍摄。实景拍摄是当时的热门拍摄方式，但是许多作品对实景的美学研究尚有空间，要么囿于其实而不足于美学提炼，环境空间只剩下一个地点概念而毫无情绪意境，要么景实戏不实，只做程序化的立体调度，后景生活化了，人还是戏剧式的人。《双桥故事》的实景拍摄将人与景柔和地交融在一起。在沉静、平和的镜像语言中，山清水秀的田园风光、简单平静的生活方式、质朴淳厚的风土人情是最常见的表达，镜头所到之处如诗如画。同样是春天的描写，1979

---

[1] 杨宁：《电视剧〈双桥故事〉研讨会发言摘录》，《中国电视》1993年6月。

年的春日田野是这样的"油菜花一片金黄。红花草开遍了田野。桑树田里绿叶郁郁葱葱。柳枝突出嫩黄的新芽。河水欢快地流着。两条机帆船突突地驶过。双桥桥头，人们面带喜色地走过。处处都透露出春天的气息，洋溢着勃勃生气"(《双桥故事》)。到了1988年，"油菜花又黄了。紫云英开满田野。麦苗青青，桑田碧绿。小河的水缓缓留着。一群鸭子扑啦啦跳下水去。大河上船只繁忙地来往"(《双桥故事》)。作品着力突出"水"和"桥"的意境，充分展现江南水乡的小桥、流水、人家的风情。"苏南水乡。一条大河和一条小河在这里交汇了，呈丁字形。两条河上各有一座桥，紧挨着，相互垂直。于是，这里便成为双桥乡。沿着大河边是一排店面房。……沿着小河边，是住家户临门。……小河里，一条水泥船懒洋洋地驶过。小河边，一个老年妇女在埠头洗衣裳。秋风吹来，河边树上的黄叶换换飘落水中。"(《双桥故事》)蜿蜒的小河、一座座石桥、一条条青石板路、高远的晴空、迤逦的夕阳。色彩清新，意境疏阔，如同一幅淡远的水墨画。水，是村庄的生命源泉，是故事发展的纽带。水的符号的使用，蕴含着意味深长的历史感和流动感，将观众带入岁月的悠悠流淌和人情变化中。作品中潺潺流淌的江南河流将青年农民们创业奋斗中的哀乐荣辱串联起来，组成典型环境中的活剧，把"戏"化作充满真实感的生活场景。水面上架起的一旧一新、一座古老一座现代的双桥，既是乡名的出处，又是剧名的来源，更带有点明主旨的意味。

张弦将《双桥故事》视为《被爱情遗忘的角落》的姊妹篇。写《被爱情遗忘的角落》时，他在农村待了很长时间体验生活、积累素材。十几年后再到苏南，农村早已今非昔比，翻天覆地。在拍摄地盛泽乡，五万人的乡镇工农业年总产值达三十五亿。在这片经济发展迅猛的乡村土地上，农民成长为创新、奋进的新一代农民。两个故事写的都是农民命运，而农民的命运已发生根本性的转变。张

1994年张弦在新加坡

弦不禁感叹道:"在走进厂办的全国唯一的防腐材料研究所时,在参观国际最先进的喷水织机时,在够得上三星级的村办宾馆下榻,在别墅式的花园洋房的农民家庭采访主人,在一色现代化教学设备的教室里跟小学生交谈时……我常常情不自禁地回忆起当年我曾经生活过的农村,北方的和南方的;回想起在《被爱情遗忘的角落》里的那些物质贫困、精神匮乏、苦难而无奈的乡亲们。时光不是才过了十几年吗?眼前这一切,岂是他们当年梦中可以想到的?"[①]

于是,在日新月异的江南农村,张弦看到了两座桥。一座是时间的桥,它跨越着传统与现代,大大缩短了中国工业化的进程;一座是空间的桥,它连接着城市和乡村,迅速实现着中国城市化的宏图。这就是乡镇企业,这就是"双桥"。

可以说,进入20世纪90年代,张弦的影视事业蒸蒸日上,声誉日隆,名利双收,可惜,命运并没有一直眷顾张弦,电影《杨开慧》开拍刚一周,张弦就被确诊为胰头癌。当时正值1994年年底,

---

[①] 张弦:《〈双桥故事〉后记》,《张弦文集》(电影卷),第342页,中国戏剧出版社,2001年。

他赴新加坡为电视剧《陈嘉庚》做创作准备，期间感到异常疲劳，并出现了全身性黄疸，只得中断工作，马上回国，结果很快就被确诊患了肿瘤压迫胆管、胰头癌。"当我得知自己患了最致命的癌症的时候，只有一个晚上我失眠了。这一夜我将人生、生命的意义彻底追思了一番，一通百通，一个人在活着的时候能够做点自己想做的事，留给后人一句话，张弦做人还可以这就够了。死神来了，我坦然相对，我将生的权利完全托付给南京肿瘤医院的医生。"① 手术的前一夜，张弦漫步走到夫子庙附近，这是他往常最喜欢逛的地方，那里留下了许多美好的回忆和人生旅途中的磨难。他走进一家小餐馆，叫了二菜一汤，回到病房后一夜睡得很安稳。第二日早上手术，妻子秦志钰有拍摄任务不能到场，只有女儿陪伴着他。手术前，女儿泣不成声地在手术单上签字，开刀的成功率只有20%。万幸，手术成功了，也并未查到任何癌细胞转移的迹象。在南京手术期间，女儿张为承担起了看护的责任，而他的前妻张玲也抛弃前嫌，为张弦送饭侍候。在化疗期间，闲不住的他还悄悄和女儿合作改编了《梦回青河》。

1995年前后的张弦

手术后的张弦病情得到了控制。只要病情稍有缓和，他就像正常人一样投入创作。养病期间，他悄悄把一架四通文字机弄进病房用来工作。1995年底，他接下20集电视剧《陈圆圆》的创作，也

---

① 罗君：《张弦含笑退病魔》，《张弦文集》（电影卷），第432页，中国戏剧出版社，2001年。

已经做了大量的案头工作，拿出了初步创作梗概。但是身体状况又开始恶化，不得不完全推掉了创作。1996年8月，他被查出胰头癌复发，可怕的消瘦一天天吞噬着他，到最后张弦体重已不足40公斤。陈申回忆道："张弦常遗憾地说，真想吃几粒仙丹，让我好起来，把要做的事做完。电视剧《陈嘉庚》《陈圆圆》的本子都还未写完，有的只拉出了个提纲；他想以自己一生的经历为蓝本，写一部自传体的长篇小说；还有关于'建设文化大省'的种种设想，要写成文字呈交有关部门；省电影家协会正紧锣密鼓地筹备举行'张弦电影作品研讨会'，想到很能见到许多老朋友，想到能在会上倾吐自己的肺腑之言，张弦显得十分兴奋，只要清醒，他就不停地想自己在会上的发言，谈种种设想。"① 原定于1996年12月举行的电影作品研讨会因医生的提议而推迟，就在会议召开的两天前，张弦突发消化道大出血，抢救无效，溘然离世。他将永远的遗憾留给了这个研讨会，留给了期待着他的文坛，留给了热爱他的读者和观众。不可思议的是，此前的1995年9月，张玲竟然也查出了癌症，张弦也是尽了自己的职责，四处奔走，寻医问药，可惜还是终告不治，带着一腔的爱与怨，于1995年底离开这个世界。张弦去世之后，秦志钰为张弦编辑文集，将张弦留下的剧本改写成了小说。秦志钰把张弦的遗产都留给了张弦的儿女，与张弦的儿女保持着较好的关系。不幸的是，2008年，也就是张弦去世11年后，秦志钰也因病去世。张弦、张玲、秦志钰，三个人的情感纠葛，至此画上了句号，留给人们的是无尽的唏嘘。②

  1997年7月，因张弦的离世而延期的"张弦电影作品研讨会"

---

① 陈申：《张弦走了——告别六十三年的人生旅程》，《张弦文集》（电影卷），第315页，中国戏剧出版社，2001年。
② 参阅《改革开放40年，玩转影视编剧且影响力最大的十三位作家之2：张弦》，https://baijiahao.baidu.com/s? id=16136352364731 23 91&wfr=spider&for=pc。

终于在南京召开。这次研讨会由江苏省文联、中国电影家协会主办，罗艺军、梅朵、谢飞、倪震、黄蜀芹等一批电影评论家、导演、学者出席研讨会，在会上就张弦的文学及影视创作进行了研讨，充分肯定了张弦为中国电影、电视的发展所作出的杰出努力。倪震将张弦的电影创作归为第四代，"他和第四代导演们一起做了一部又一部电影。在第四代表现他们人道主义精神，和形成他们的风格这一步重要的跨越当中，张弦能留下他自己作为电影剧作家的深深的痕迹"。倪震借用李泽厚在《中国现代思想史论》中关于"代"的论述来研究中国当代电影，这个"代"的研究，不但指生理年龄，也指社会年龄和政治年龄，来表明这代人的共同意识。每个人都有他这一代人的青春印记。因此这个"代"的划分，表现了整个社会政治文化和美学根基的清晰的界限。借助于李泽厚的这种观点和方法，他做出了这样阐述："吴贻弓、黄蜀芹、谢飞、张暖忻一代，人道主义的一代，感伤的一代，祭奠青春的一代，怀念失去美好的一代——第四代。陈凯歌、张艺谋、田壮壮、李少红的一代，残酷的一代，血的一代，损失的一代，始终被认为是异端的、不作为自己人的一代——第五代。如果这个不只是生理年龄，而且是社会年龄、美学年龄的话，每一代人，都标志了自己的美学理想，甚至文化理想。张弦是属于吴贻弓、黄蜀芹、谢飞、张暖芹的一代，他的作品清晰地反映出这方面的特征。"[①] 舒克以时代的造就形容张弦："一个时代，造就了一个时代的艺术家。一个时代的艺术家，又推动了一个时代历史车轮的前进。"正是厚重的人生积累成就了张弦的艺术生命，而他又以超凡脱俗的社会洞察力和独具特色的艺术创造力，为一代人和一个时代创作了优秀的文学作品。

[①] 《部分领导、专家、学者在张弦电影作品研讨会上的发言》，《张弦文集》（电影卷），第395、396页，中国戏剧出版社，2001年。

"张弦电影作品的文学意义与哲学意义,在于他始终把握着人、人性、人的命运和人生的价值。他总是以人的感情纽带布局语言、结构剧情,他总是以写实的笔法描绘人物所处的社会环境,剖析形成人物命运的社会问题。因而张弦作品的艺术价值乃是一种人文价值。"[1] 张弦于 20 世纪 70 年代末写下电影《苦难的心》。倪震用这部电影名来形容张弦:"我来来回回地看哪,我觉得这颗心也是张弦的心。今天再来读他的小说和电影,仍然可以感受到他的那份真诚。"[2] 女导演黄蜀芹形容他:"非常天真,对世界充满爱。所以他的影片能够深入人心。他具备一个艺术家身上最重要的一点,就是赤诚。"[3] 他真诚地对待家庭、对待人生、对待苦难,不断探索,不停追问,形成了豁达、智慧的人生哲学。

对于人生,张弦这样说:"尽管我们每个人都非常艰难,都很不容易,但社会总是在前进的,我们每做一份贡献,都是能对社会有所推动的。我们的力量并不是很大,但尽心去做了就会得到一分安心、一分满足。我的年龄大了,对名利越来越淡漠,我不计较待遇,不计较别人的评价。好多朋友都说我是个好人,做好人是快乐的,是无愧于心的。我们应该提倡健康的有意义的生活,等我老了,身体不好了,我就绝不去拖累年轻人。"[4]

对于经历的苦难,张弦这样说:"我承受了命运的打击,之后我还有力气重新站立起来,和我的一些有着相同命运的人比,我是幸运的。在打的环境下,每个人的个性不一样,遭遇不一样,感受

---

[1] 《部分领导、专家、学者在张弦电影作品研讨会上的发言》,《张弦文集》(电影卷),第 398 页,中国戏剧出版社,2001 年。
[2] 《部分领导、专家、学者在张弦电影作品研讨会上的发言》,《张弦文集》(电影卷),第 388 页,中国戏剧出版社,2001 年。
[3] 《部分领导、专家、学者在张弦电影作品研讨会上的发言》,《张弦文集》(电影卷),第 387 页,中国戏剧出版社,2001 年。
[4] 金丽华:《张弦——让苦难与死神走开》,《张弦文集》(电影卷),第 430—431 页,中国戏剧出版社,2001 年。

也不一样，有的人被压垮了，但更多的人还是挺了过来，并从中体会到很多不曾体会过的东西。比如我因此而接触了农民，我才知道农民生活的艰难，对农村对人生才有了深刻的感受。年轻时写作是凭着小聪明，有了这段积累才是我有可能写出厚重扎实的作品来，才使我有了今天的人生的思考和人生的境界。"①

病危弥留之际，张弦曾问秦志钰："我是一个什么样的人，虽然做错了一些事，但总是个好人吧？"妻子回忆道："你抿着苍白而干涩的双唇，朝我微微一笑，柔和的目光注视着我，我看见，你的眼中也噙着一团泪。……这一刻，真是刻骨铭心！这一刻，仿佛化为了永恒！直到今日，我凝神朝空灵望去，你那副神态就浮现在我的眼前，久久不能褪去……"② 在秦志钰的眼中，张弦有点像贾宝玉，本性柔情似水，多情而又善良，也有反抗的一面，他在作品中完全地表达了自己，他的作品就像他灵魂的镜子。张弦去世一年后，秦志钰发表悼念文字《写给张弦》，怀着深情的思念回答了丈夫提出的问题。"好人是什么？好人就是善良的人，真诚的人，勤奋的人，敬业的人，有德行的人；好人就是己所不欲勿施于人的人，就是能与亲友患难与共并能自省的人；好人就是没有害人之心而又少防人之心的人；好人就是能忍受别人难以忍受之事的人；好人就是宽厚、老实，甚至软弱的人！""你就是这样一个十足的好人。善良、谦和、富有同情心，能忍，甚至有些软弱。几乎所有和你有交往的人都不约而同对你得出这样的印象。你也曾给自己的性格写下了'温和、软弱'的定义。……温情缠绵、善待别人、同情

---

① 金丽华：《张弦——让苦难与死神走开》，《张弦文集》（电影卷），第431页，中国戏剧出版社，2001年。
② 秦志钰：《写给张弦》，《张弦文集》（小说集），第429页，解放军文艺出版社，1999年。

弱者,是你的天性。"[1] "然而,仅仅把你的个性归结为温和和软弱我感到只是表面的一层,仅有温和和善良,只能做一个平庸的老实人;唯有从苦难中拔起,笑傲江湖之人,方能创造出生命的奇迹。在温和和软弱的下面,包裹着的是坚韧和顽强,是和命运抗争的非凡勇敢,是对文学艺术苦苦求是的执着。这些品格才是你生命的核心,才使你在遭到政治迫害后获得短促的自由创作的年限中放射出那样绚丽多彩的光辉。"[2]

虽然这些话出自家人之口,不无情感的投射,但应该说,在四十年的文学创作与影视创作生涯中,张弦不懈追求和创作既符合我们民族文化传统,又能与时代步伐一致的艺术精品,践行着一个有品格的艺术家所追求的理想道路,在时代的洪流中如海燕般引吭高歌,在命运的挑战中奋力前行,终于成就了中国当代文学史与电影史上一个大写的名字——张弦。

---

[1] 秦志钰:《写给张弦》,《张弦文集》(小说集),第430页,解放军文艺出版社,1999年。
[2] 秦志钰:《写给张弦》,《张弦文集》(小说集),第431页,解放军文艺出版社,1999年。

张弦文学创作年表

刘志权

1956年

《锦绣年华》（电影剧本），《中国电影》1956年第2期（处女作，原名《大学毕业生》）。

《甲方代表》（短篇小说），《人民文学》1956年第11期（原名《上海姑娘》，收入中国作家协会编《1956年短篇小说选》，1957年人民文学出版社出版时重新改名为《上海姑娘》）。

1957年

《要有好的短片》（散文）《中国电影》1957年第6期。

《最后的杂志》（短篇小说），《人民文学》1957年第8期。

《羞怯的徒弟》（短篇小说），《新观察》1957年第14期。

《上海姑娘》（电影剧本），改编自《甲方代表》，北影1957年摄制。

1963年

《寻表的故事》（短篇小说，与张震麟合作），《安徽文学》1963年第6期。

1979 年

《心在跳动》（电影剧本），《电影文学》1979 年第 1 期。拍成电影名为《苦难的心》，长春电影制片厂 1979 年摄制，导演常甄华，主演康泰、宋晓英，获政府奖。

《心在跳动》（话剧），《安徽戏剧》1979 年第 2 期。

《记忆》（短篇小说），《人民文学》1979 年第 3 期。

《舞台》（短篇小说），《人民文学》1979 年第 10 期。

1980 年

《被爱情遗忘的角落》（中篇小说），《上海文学》1980 年第 1 期。

《污点》（短篇小说），《江南》1980 年第 2 期。

《苦恼的青春》（中篇小说），《钟山》1980 年第 2 期。（原名《青春锈》，创作于 1957 年。）

《被爱情遗忘的角落》（电影剧本），《电影作品》1980 年第 4 期。

《一只苍蝇》（短篇小说），《北京文学》1980 年第 10 期。

《最后的恩赐》（短篇小说），《雨花》1980 年第 12 期。

《莫愁女》（电影剧本），江苏人民出版社 1980 年出版。

1981 年

《未亡人》（短篇小说），《文汇月刊》1981 年第 1 期。

《读曹树基的两首诗》（散文），《南苑》1981 年第 1 期。

《惨淡经营——谈我两个短篇的创作》（创作谈），《上海文学》1981 年第 1 期。

《甘苦寸心知——〈角落〉改编漫谈》（散文），《电影作品》1981 年第 3 期。

《初春》（电影剧本，改编自王蒙同名小说，后改名《青春万岁》），《电影新作》1981年第5期。

《挣不断的红丝线》（短篇小说），《上海文学》1981年第6期。

《谈创作》（散文），《长春》1981年第10期。

1982年

《银杏树》（短篇小说），《钟山》1982年第2期。

《情投意合——我与导演张琪、李亚林的合作》（散文），《电影作品》1982年第2期。

《从两篇小说谈虚构》（散文），《钟山》1982年第2期。

《回黄转绿》（短篇小说），《人民文学》1982年第3期。

《感受和探索——〈被爱情遗忘的角落〉创作回顾》（散文），《电影艺术》1982年第5期。

《最初的启示和召唤》（散文），《南京日报》增刊《周末》1982年5月22日。

《漫谈电影文学中的戏剧性》（散文），《江苏戏剧》1982年第5期。《青春万岁》（电影剧本），《电影剧作》1982年第6期。

《春天的雾》（短篇小说），《雨花》1982年第6期。

《谈我的第一篇小说》（创作谈），《青春》1982年第10期。

《关于〈银杏树〉》（创作谈），收入肖凌燕著《东方女性婚姻伦理小说选》，文化艺术出版社1985年出版。

1983年

《莫愁女》（戏剧，与张震麟合作），《安徽戏剧》1983年第1期。

《关于〈青春万岁〉改编的一封信》（散文），《电影新作》1983年第1期。

《我的路和我的小说》（散文），《北京师范学院学报（社会科学版）》1983年第4期。

《给一位青年评论者的信》（散文），《雨花》1983年第5期。

《遗愿》（短篇小说），《上海文学》1983年第7期。

《要写"我"的题材、"我"的人物》（散文），《雨花》1983年第8期。

《"那里有我们难忘的青春时代"——访影片〈青春万岁〉编剧张弦》（与潘慧南访谈），《解放日报》1983年8月28日。

《不仅因为偏爱和夙愿——写在〈青春万岁〉上映的时候》（散文），《文汇报》1983年10月2日。

《绿原》（短篇小说），《文汇月刊》1983年第10期。

《热雨》（短篇小说），《北京文学》1983年第11期。

《生活、思考、写作——和青年作者谈小说创作》（散文），《滇池》1983年第12期。

《为了真实地再现原著——改编〈青春万岁〉的一点体验》（散文），《江苏戏剧》1983年第12期。

《真实、生动的青春群像——漫谈〈青春万岁〉的几个演员》（散文），《银幕与舞台》1983年第12期。

《漫谈电影剧本的创作》（散文），收入孟繁华编《当代作家谈创作》，第205—221页，中央广播电视大学出版社1984年出版。

《挣不断的红丝线》（小说集），人民文学出版社1983年出版。

1984年
《〈莫愁女〉的创作与改编》（散文），《江苏戏剧》1984年第1期。

《写作中的苦和乐》（散文），《语文学习》1984年第3期。

《我对陆文夫的理解》（评论），《当代作家评论》1984年第

4 期。

《张弦自传》（散文），《作家》1984 年第 5 期。

《姐妹》（短篇小说），《雨花》1984 年第 8 期。

《伏尔加轿车停在县委大院里》（短篇小说），《上海文学》1984 年第 9 期。

《关于〈路〉的通信》（散文），《电影艺术》1984 年第 9 期。

《〈花朝女〉点评》（散文），《青春》1984 年第 9 期。

《张弦关于创作心理致鲁枢元信》，收入鲁枢元《文学的跨界研究：文学与心理学》，学林出版社 2011 年出版。

《生的追求死的抗争——谈维特之死》（散文），《语文学刊》1984 年第 10 期。

《张弦电影剧本选集》，中国电影出版社 1984 年出版。

《〈被爱情遗忘的角落〉——从小说到电影》，中国电影出版社 1984 年 7 月出版。

1985 年

《请原谅我》（短篇小说），《人民文学》1985 年第 1 期。

《生活、创造、责任心——张弦谈创作》（访谈，与朱家信等），《阜阳师范学院学报（社会科学版）》1985 年第 2 期。

《创作自由和电影文学》，《当代电影》1985 年第 2 期。

《我的启蒙老师蒙圣瑞》（散文），《中国教育报》1985 年 3 月 16 日。

《净化心灵的暖流——推荐影片〈童年的朋友〉》（散文），《中国青年报》1985 年 3 月 31 日。

《临街的窗》（短篇小说），《小说家》1985 年第 3 期。

《成荫和〈上海姑娘〉》（散文），《当代电影》1985 年第 4 期。

《作家刘心武、张弦谈影片〈良家妇女〉》（访谈），《银屏舞台》

1985 年第 5 期。

《湘女萧萧》（电影剧本），《收获》1985 年第 6 期。

《与文学爱好者谈自学》（散文），《江西日报》1985 年 7 月 7 日。

《诗情和现实的交融——看新片〈豆蔻年华冷〉》（评论），《中国电影报》1985 年 11 月 15 日。

1986 年

《浅浅的游泳池》（短篇小说），《文汇月刊》1986 年第 1 期。

《八庙山上的女人》（短篇小说），《钟山》1986 年第 1 期。

《张弦给〈青春〉主编曹立侃的信》（书信），《青春》1986 年第 3 期。

《写在〈秋天里的春天〉上映之前》（散文），《南京日报》1986 年 3 月 28 日。

《秋天里的春天》（电影剧本，改编自小说《未亡人》），《影视月报》1986 年第 4 期。

《焐雪天》（短篇小说），《上海文学》1986 年第 6 期。

《真诚、创新、勇气……——白桦、张弦、雁翼谈影视创作》（访谈），《电影评介》1986 年第 10 期。

《井》（电影剧本，改编自陆文夫同名小说），《电影作品》1986 年第 11 期。

《失恋者》（电影剧本，与秦志钰合作，改编自陈若曦小说《耿尔在北京》），1986 年创作，北京电影制片厂 1987 年摄制。

1987 年

《艰难婚事》（电影剧本），《电影创作》1987 年第 5 期。

《陈若曦和耿尔——关于〈艰难婚事〉的改编》（散文），《电影创作》1987 年第 5 期。

《黄天霸与窦尔敦》（传奇文学），《通俗小说报》1987 年第 8 期。

《"爱情小说"为什么滥？——答青春文学院学员问》（访谈），《文学报》1987 年 9 月 17 日。

《陈若曦和电影〈失恋者〉》（散文），《大众电影》1987 年第 10 期。

《金镖黄天霸》（电影剧本，与李文化合作），1987 年北京电影制片厂出品。

《张弦电影文学剧本新作选》，中国文联出版社 1987 年出版。

1988 年

《我眼中的李亚林》（散文），《文汇报》1988 年 1 月 20 日。

《联姻小说与屏幕——与张弦对话》（与钱建平访谈），《电影新作》1988 年第 1 期。

《改编——电影思维的再创造》（散文），《艺术世界》1988 年第 4 期。

《银杏树之恋》（电影剧本，与秦志钰合作，改编自小说《银杏树》），广西电影制片厂 1988 年摄制。

1989 年

《中国电影呼唤行家——记江苏电影发行公司经理杨庆丰》（散文），《人民日报》1989 年 5 月 6 日。

《安丽小姐》（电影剧本），《电影创作》1989 年第 9 期。

1990 年

《孽女情》（电影剧本），1990 年银都摄制，林洪桐改编、导演，蒋雯丽主演，未公映。

1991年

《清华园，我青春的梦》（散文），收入侯宇燕编《啊，清华》，清华大学出版社2007年出版。

1992年

《影后潘虹》（散文），《文汇电影时报》1992年2月22日、3月7日、3月14日、3月21日。

《独身女人》（电影剧本），《电影创作》1992年第3期。

《唐明皇》（电视剧本，与叶楠等合作），中央电视台、中国电视剧制作中心1992年摄制。

《双桥故事》（电视剧本，与方洪友合作），江苏电视台1992年摄制，导演秦志钰。

1993年

《杨贵妃》（电视剧本），《新苑》1993年第3期。

《我写〈唐明皇〉》（散文），《艺术世界》1993年第5期。

《玫瑰楼迷影》（电影剧本，与秦志钰合作），1993年北京电影制片厂摄制。

《周良蕙向我姗姗走来——从〈未亡人〉到电影的创作随想》（散文），收入陆毅编《作家谈艺录》，上海文艺出版社1993年出版。

《坠入"电"网》（散文），收入陆毅编《作家谈艺录》，上海文艺出版社1993年出版。

1994年

《与三位常熟姑娘共舞》（散文），收入金曾豪等《文人笔下的常熟》，常熟市政协文史工作委员会 1994 年出版。

《张弦代表作》（作品选集），陆广训编，河南人民出版社 1994 年出版。

1995 年

《双桥故事》（电影剧本），江苏文艺出版社 1995 年 1 月出版。

《杨开慧》（电影剧本），《电影创作》1995 年第 2 期。

《寻觅骄杨》（电视剧本，与秦志钰合作），中央电视台、中国电视剧制作中心 1995 年摄制。

《陌生人》（电影剧本，与张为、黄军合作），中国儿童电影制片厂 1995 年摄制。

《我们寻觅骄杨》（散文，与秦志钰合作），《中国电视》1995 年第 8 期。

1998 年

《情网》中篇小说，创作于 1987 年，去世后整理发表），《中国作家》1998 年增刊。

《致崔道怡》（散文，与康濯合作），《小说》1998 年第 1 期。

《赵文瑄演"反派"》（散文），《上海戏剧》1998 年第 5 期。

《〈被爱情遗忘的角落〉自述》（散文，题目为编者所加），《中国作家自述》，上海教育出版社 1998 年出版。

1999 年

《张弦与邵燕祥的通信》（书信），邵燕祥编《旧信重温》，武汉出版社 1999 年 10 月出版。

《张弦文集·小说卷》，解放军文艺出版社 1999 年 7 月出版。

2001年

《张弦文集·电影卷》，中国戏剧出版社 2001 年 6 月出版。

2004年

《红颜无尽：赛金花传奇》（电视剧本），南京出版社 2004 年出版。

后　记

　　凡是对上世纪八九十年代的文学和电影稍有涉猎的人，大概对张弦的名字都不陌生，但可惜的是，也不过才二十多年过去，张弦及其作品竟然已经淡出大众视野，甚至学术视野，成为另一种形态的"失踪者"。而我们现在重返上世纪八十年代，显然无论如何都不应该忘记张弦这位风格独特、卓有建树的作家和编剧。因此，我很感谢丛书主编丁帆老师和江苏当代作家研究中心常务副主任张王飞老师的信任，让我有机会承担《张弦评传》的写作任务。写作过程中遇到的困难实在一言难尽，尤其是张弦的生平资料，除了张弦本人的少数自述外，几乎一片空白。幸得张弦女儿张为女士的鼎力支持，为我提供了张弦留下的一些日记、笔记、书信，这些珍贵的资料，为我重构张弦的生平轨迹提供了可能。在此，我要向张为女士表达我最诚挚的谢意和敬意。在资料整理、书稿写作以及清样校对的过程中，还得到了我的研究生或博士后杨君宁、王敏、李清越、张怡、宋奇论、张卓亚等人的帮助。在一些文本解读和论述方面，也参考和吸收了前人的研究成果，已尽可能随文加以注明。刘志权兄慷慨同意将其大作《张弦文学创作年表》作为本书附录，为拙作增色不少。凡此种种，均铭感在心，在此一并致谢。当然，由于水平有限，时间仓促，还是留下了很多的不足甚至错误，诚恳期待得到学界同仁的批评指正。

季　进

2019 年 11 月 18 日